高等院校“十三五”应用型人才重点建设规划教材

YINGYONG XIEZUO JIAOCHENG

应用写作教程

（第2版）

■ 主　编　邓志强

副主编　罗　珍　袁文英　余　艳

夏　伶　吴铝锌

合肥工业大学出版社

前　言

当代大学生除了需要掌握扎实的专业知识外，还应该具备一定的应用文写作能力。作为高校的一门重要基础课，应用文写作既可以培养学生的写作能力，又能够锻炼学生的思维，提高学生的就业基本素质。本教材在合理编排体系、选择适当内容、加强实践训练等方面做了很大努力，希望能够在提高学生的应用写作能力和专业业务素质方面发挥一定的指导作用。

本书在编写过程中，根据教学过程编排内容。为了让学生更直观地学习知识，更快捷地提高写作能力，本书每个文种的编排都按文体知识、示例分析和思考实训练习的顺序进行，让学生在学习中先简单了解相关的文体知识，然后学习、分析例文，了解例文的结构、特点等，最后通过实训练习题，检验学生的学习效果。

另外，本书为满足时代和就业的需求，在收录的文种方面，设置了申论写作部分，而通过对申论写作知识的学习，可以为学生参加公务员考试或其他就业考试提供一定的训练。

本教材内容较为丰富，注意兼顾各专业的需求。教师在教学时可根据不同的教学实际，酌情选择教材内容，讲授时各有侧重。

本书由湖南工业大学科技学院邓志强老师担任主编，罗珍、袁文英、余艳、夏伶、吴铝锌任副主编。

本教材在编写过程中参考、借鉴了许多论著、教材和研究成果，也引用了有关部门的资料和文件，限于篇幅，恕不一一注明，在此一并表示衷心的感谢。

由于编者水平有限，疏漏之处在所难免，敬请专家、同仁、读者批评指正。

编　者

2018.2

目 录

第一章 绪 论

应用写作是人类写作的重要类型之一。本章分别讲述应用写作的概念、特点、意义和范围。

第一节 应用写作的概念

写作是人类运用书面语言能动地反映生活、传递信息的行为过程，是一种熟练运用语言文字，准确表情达意，构制“辞采篇章”的技能或技巧，是人们交流思想、倾诉感情、传播经验的工具和手段。

人类写作行为的成品，称为文章。按性质和功用的不同，文章分为两种类型：一种是情感型文章，一种是应用型文章。前者主要包括各类文艺作品，如小说、诗歌、散文、戏剧等。后者则是党政机关、社会团体、企事业单位在处理事务工作中，按照特定的体例，经过一定的处理程序制作而成的具有规范格式的应用文章。它是党政军机关、人民团体、企事业单位传达党和国家的方针、政策，发布法规，请示和答复问题，指导和商洽工作，报告情况，交流经验的工具，也是科研工作者探索社会和自然规律，提出自己独特见解的语言媒介。

我们把创制应用型文章的行为过程，称为应用写作。

与其应用的目的相适应，应用写作有自己独特的写作规律。比如，在文章主旨的表达上，文艺创作强调作者通过想象和联想，塑造生动的艺术形象来表达作者的思想，表述讲究含蓄，作者不能直接站出来告诉读者自己的真实写作意图，而是让读者通过对艺术形象的鉴赏，去领悟作者的真实写作意图，而这种领悟往往与作者的真实写作意图并不完全一致，有时甚至还会出现“形象大于思想”的情况。应用写作则要求作者在写作过程中，不仅要旗帜鲜明地标明自己的真实写作意图，而且要尽量让读者明晓自己的真实写作意图，并让读者准确地理解到作者的意图。因此，作者在应用写作过程中，要不蔓不枝，力求把主要意思表述得清楚、明白。

第二节　应用写作的特点

一、受“命”而作

文艺创作的一般过程是，丰富多彩的生活刺激了作者，使作者产生了激动或躁动。作者对促使自己激动的生活有一个鲜明的判断，提炼出作品的主题，再通过想象和联想，选择恰当的材料，谋篇布局，生成生动感人的写作成品。所以，每一篇文艺作品几乎都打上作者自我情感的烙印，并以之打动和感染读者。

应用写作的过程则与之有较大差别，作者首先从自己的上司或其他方面领受任务，了解上司等所确立的写作意图及其具体要求，然后围绕其意图和要求，去调查研究，收集材料，再构思谋篇，形成应用写作成品（如行政公文或“计划”等事务性文书）。由此可见，上司的意图及具体要求，自始至终左右着作者的写作，不可能过多地打上作者自我情感的烙印。应用写作是受“命”而作，作者必须唯“命”是从。

之所以会出现上述情况，除应用写作本身规律使然外，还与应用写作者所从事的职业相关联。他们中的许多人是上司的得力助手，特殊的职业定位，使他们只能是一个出主意的角色，为领导当好参谋和助手。他们不是决策者，必须服从并听命于决策者的决策，在统一决策的前提下，去完成自己的写作行为。

二、应“景”而作

由于应用写作具有沟通信息、上传下达的作用，它的政策性较强，必须准确地体现党和国家的大政方针、决策者的决策意图，因此，作者在具体的写作过程中，必须始终有政策意识、法规意识，有时还必须交代特定的时代背景。

为贯彻党和国家的方针政策，需要写通知，写通告；上级机关为下达计划和要求，需要做决定、决议，需要发布命令、指示；下级机关反映情况，请求支持和帮助，需要打报告，写请示。而此时，作者在写作上述文体时，心中要绷紧一根弦，即党和国家的政治原则和方针政策，要遵循决策者的工作意图，要维护单位的整体利益。尽管在文章中也许不会直接体现出来，但一定要在“原则”范围内行文，不能出“格”。因此，作者必须认真学习和领会有关方针和原则，并在心灵深处打上深深的烙印，自觉去规范自己的写作行为。

三、守“规”而作

这里所说的“规”，除了党和国家的大政方针、职业的行规公约和领导的决策意图之外，还表现在以下方面：

首先，是应用写作成品的特殊格式。所谓格式，包括书写、排印、行款式样、结构环节、习惯用语、称谓、签署等。这些约定俗成的格式，使不同的文种清晰明了，既便于读者阅读领悟，也便于承办、归档和查询。比如，写“请示”时，在文末适当的位置，须加上“当否”、“请批示”或“妥否”、“请批复”。再比如，公文的主题词绝不是内容的提炼或标题的缩略，它必须受主题词表的规范。

其次，是写作过程的特殊要求。在表述方式上，不宜用华丽辞藻铺成，不宜有浓烈感情宣泄，也不追求层次跌宕、姿态横生的结构。它无须设置悬念，以求“柳暗花明”的表达效果，也不必“卒章显志”，表达作者鲜明的是非判断。只能用平实的语言，“概述”的表达方式，遵循其开头、主体、结尾的规范和通用的结构要求。

第三，应用写作所涵盖的文种非常广泛，不仅一类文种和另一类文种的要求不一样，如行政公文和事务文书。而且，同一类文种的不同的具体文种，其要求也不一样。写“请示”就不能用下达“指示”的结构和语气，“命令”不同于“通令”，“通报”与“通知”之间有很大的区别。一切都要按固定的格式撰写，违背了特定的格式，不遵循特有的规范，就会带来不必要的麻烦，甚至会造成混乱。

四、求“实”而作

应用写作的目的全在于实用，上对下，要有权威性和严肃性，下对上，必须真实和准确，平级之间也应该以诚取信。所以，在具体写作过程中，作者自始至终遵从真实性的写作要求，写出真实的写作成品。

真实性首先是内容的确凿无误，对现实状况的叙写，必须完全真实；对统计数字的选择，必须核对精确；对他人话语的引用，必须准确属实，既不能合理想象，更不能凭空捏造。

其次是语言的平实性。平实首先是感情的朴实，具体写作过程中，一般不使用带强烈感情色彩的语言，语调较为平直，多为抽象的、理性的语言，直接作用于接受者的意识系统，以便于其能够迅速了解和理解。它不像文学作品的语言，更多地作用于读者的感觉系统，使之有所感受，进而激动。为此，作家多使用形象的、带有强烈感情色彩的语言，并通过具有感染力的描绘和渲染，造成一种“意境”，刺激读者的感觉。应用写作语言所表达的是超越了表达对象的外观形态的事物的质和理，它不需要借助具体可感的形象和意境，而直接作用于具有抽象思维活动的意识系统。因此，应用写作语言表现为一种“理智”，文学创作语言则表现为一种“感情”。其次，是用词的朴素。应用文章的用词应朴实无华、诚恳实在，要使用平易、浅显、通俗的词语。不追求华丽辞藻，避免过分修饰，防止形式主义的修辞手段。如果应用写作语言过于绚丽繁华，大量使用形容词一类的修饰语，甚至各种不当的修辞方法，不仅会破坏应用文的语体风格，影响内容的表达，而且会造成浮夸，给人以假大空的感觉。例如，“我们怀着无比激动、无比自豪、无比崇敬的心情，在这里举行空前热烈、空前盛大、空前隆重的大会，欢迎从抗洪前线凯旋的最亲密、最可爱、最真挚的战友，怎能不热血沸腾、汹涌澎湃、斗志昂扬呢?”这个讲话稿连续使用三个排比句，显得做作而虚假，特别是几个“最”字的使用，更是言过其实。

五、高效而作

因为应用写作都是针对工作、学习和人们日常生活中的具体问题而进行的，在时间要求上，呈现出与文学写作不同的特点。它要求及时高效，在最短的时间内最大限度发挥其效力。应用文中各种问题的解决往往要求在一定的时间内进行，一旦延误时间，时过境迁，应用文就失去了它的实际用途。如会议通知，如果等会议开过了，再发文就没有任何意义了。再如计划、总结等文体，它们都具有阶段性的要求，超过了某一特定时段，用完之后，就不再有多大作用了，最多作存档备查之用。

正因为应用文要求有很高的时效性，所以，作者在受领写作任务后，应该迅速及时地从实际情况出发，深入了解，加紧调查研究工作，多方面获取材料，精心安排结构，按照应用文体的表述要求，生成语言，反复修改，尽快完成文章的制作。写作过程的每一步，都必须在高速中进行，切不可拖拖拉拉，贻误时机。例如，针对一些行政部门向企业胡乱摊派的不良现象，某市人民政府及时做出了《关于严禁向企业乱摊派的决定》，由于公文拟写者高效率的工作，在不到一个月的时间内，该市很快就刹住了向企业胡乱摊派的不良现象，使企业得以在一种良好的经济环境中获得发展。试想，如果文件拟写者效率不高，既影响企业效益，也影响政府形象。

第三节　应用写作的意义

应用写作由于其直接的现实应用性，广泛应用于人类社会生活的各个方面，无论是在行政公务系统，还是在市场经济领域，都发挥着重要作用。应用文撰写的质量和水平，不仅直接关系到行文意图能否正确表达和圆满实施，而且会影响到单位和管理者的威信。同时作为单位的窗口和镜子，它可以反映出制文单位的政策水平、业务能力和工作作风。因此，作者不仅要具备较高的语言素养和相应的语言表述能力，还要充分认识到应用写作的意义。

一、应用写作是人类写作的重要形式

人是社会关系的总和，在纷繁复杂的社会生活中，彼此之间有着这样或那样的联系，互相间总会有这样或那样的感情需要倾诉，有各种各样的社会事务需要处理。人们在处理复杂纷繁的社会事务和表达丰富多彩的内心感情时，需要借助各种语言形式（到目前为止人类共有书面语言、口头语言、态势语言和电脑语言四种语言形式），其中，书面语言和口头语言是人类最为重要的两种语言形式。口头语言是形之于口，应之于耳。书面语言是形之于手，应之于眼。人们把书面语言的形成过程称为写作，把写作行为导致的成品称为文章。

表达丰富多彩的内心感情和处理复杂纷繁的社会事务在写作学上是属于不同的领域，前者是文学创作，后者是应用写作，二者之间的联系和区别，我们在上一节里已经讨论过了，这里不再赘述。由此可见，应用写作是人类写作的重要形式。离开了应用写作，人们之间就少了许多联系，传递信息、宣事明理、实施管理、宣传教育等方面的目的就无法实现。

二、应用写作是发挥领导和指导作用的重要环节

社会是分层的，每个人在社会中都充当不同的角色，履行不同的社会职责。社会分工的不同，形成了管理者和被管理者。管理者为实现团体的最大效益，就要充分发挥其领导和指导作用，应用写作正是管理者发挥领导和指导作用的重要环节。这尤其表现在行政公文的写作。党和国家最高领导机关制发的有关路线、方针、政策等内容的文件，是整个国家工作活动的基本依据。党政军各级领导机关在自己职权范围内的有关决策、工作布置和处理日常事务的文件是本单位工作活动开展的重要依据。

三、应用写作是成就人生事业的重要途径

我国历来就有重视写作的传统，曹丕认为写作是“经国之大业，不朽之盛事”，我国历史上许多名人，如孔子、孟子、李白、杜甫、唐宋散文八大家等，正是通过自己的著述，实现了自己的人生抱负，这是因为写作对社会生活的重大作用。从大的方面讲，国家的宪法、政党的章程、国际的条约，不都需要通过应用写作来完成吗？从小的方面讲，科技工作者要写科技成果报告、科技论文——这离不开科技写作；军事工作者要写战斗文书、战斗总结——这离不开军事写作；经济工作者要写经济合同、经济活动分析报告——这离不开经济写作；法律工作者要写起诉书、答辩状——这离不开法律写作。应用写作已渗到了行行业业，已经成为各行各业不可割裂的组成部分，它是社会从业者成就个人事业和体现人生价值的重要途径。

综合训练

□知识训练

1. 结合阅读其他应用文写作教材，掌握应用文写作的历史沿革，了解应用文写作在中国社会发展中的重要作用。

2. 应用文写作有哪些特点？按其内容和使用范围分为哪几类？

3. 应用文写作的作用体现在哪几个方面？

4. 应用文写作的作者除要具备良好的生活素养、知识素养、思想素养外，还要具备哪些素养，才能更好地写作？

5. 应用文写作在明确主旨、选择材料、安排结构、运用语言等方面有哪些基本要求？

□能力训练

1. 结合自己的生活和工作实际，谈谈学好应用文写作的重要作用。

2. 在现代社会，为什么高级专门人才都要具备很强的应用文写作能力？请联系实际谈谈对这个问题的认识。

3. 有人认为应用文写作很简单，只要掌握其基本格式就行，请结合实际，从应用文写作对作者综合素养要求的角度，谈谈对这个问题的认识。

4. 为什么说应用文写作人员要具备健康的心理素质，强烈的信息意识？请结合实例，从正反两个方面予以阐述。

5. 有一篇表彰通报在介绍人物先进事迹时有一段文字是这样写的：

×××在科学研究上走的是一条不平凡的路，他全心扑在科研上，而忘记了个人的事。有一次孩子病了，他妻子在家里忙着护理，打电话到×××单位叫他赶回家把孩子送医院治疗。×××接了电话答应后，电话筒一放他又埋进了实验。他妻子在家中左等右等等不到他回家，急得像热锅上的蚂蚁，又往×××单位打电话，这时×××正潜心做实验，电话铃声都没听见了。他妻子又急又气只好打 120 急救中心的电话，才把孩子送往医院治疗。他的小孩高烧退后，还在问他妈妈："爸爸又出差了吗？或者还没下班……"

请从公文语言要求的角度，谈谈这段文字叙述有何不足，并进行改写，使之合乎公文写作要求。

6. 有一份处理决定，其中一处这样写道：

李××在 1998 年 9 月间收受×××工程公司的 50 万元的巨款。案发后李××还和×××工程公司经理及会计订立攻守同盟，妄图掩盖其过错。

请判断哪处语言运用不当，并进行修改。

第二章　应用写作的基本理论

第一节　写 作 过 程

一般意义上，写作过程是指作者对文章的生产过程，即文章由“物”到“意”，由“意”到“文”的“双重转化”过程。它通常分为采集、运思、表达、修改四个环节。采集是有目的、主动地输入信息，以引起写作冲动，并使文章“言之有物”；运思是一种创造性的复杂思维活动，对文章的内容和形式进行全面的“预构”，使文章“言之有理”及“言之有序”；表达是把运思的结果用语言文字表述出来，使思维的结晶物质化、定型化，并使文章“言之有文”；修改则是追求内容和形式完美统一的反复推敲过程。

应用写作由于自身的特殊性，其写作过程也有特殊的运行轨迹。

一、多途采集　积累素材

“言之有物”是读者对文章的基本要求。为满足读者这一基本要求，根本的方法就是广泛采集、详细占有材料，在占有材料的要求上，是越多越好。所谓“多”，包含着对各种不同类型材料的全面采集，既要占有历史的材料，也要占有现实的材料；既要占有正面的材料，也要占有反面的材料；既要占有具体的材料，也要占有概括的材料。这样，有古有今，有正有反，有点有面，在作者的材料仓库里应有尽有，一旦提笔为文，在取材上就能新老相参，点面相援，正反相成，把文章写得既有广度，又有深度，使文章内容结结实实，言之有物。

对于应用写作来说，作者要及时领会党和国家的方针政策，及时了解国内外的时事政治，吃透上级的精神，了解和理解直接上司的工作风格，准确掌握本单位的实际情况。比如，写一篇讲话稿，上司可能只说出几条纲目，如何把这些纲目细化，使之既有高度，又有针对性，从而有感染力和说服力，这就需要作者去调动自己的生活积累。

应用写作具体过程中，作者还必须面对这样的问题，你要写的内容，你平时从来就没有接触过，或者说，你平时根本就缺乏相应的素材积累，而你又不可能像文学创作那样，可以不去写自己不熟悉的领域（因为应用写作是受“命”而作）。此时，对于应用写作的作者，应该集中精力，充分调动自己的全部身心，迅速地收集素材，按照相关要求，高质高效地完成写作任务。

采集的主要方法有阅读、观察、调查和检索。

阅读即阅读相关书籍和资料以及上级的文件、本级的情况反映。阅读过程中要把精读和泛读结合起来，不可“好读书而不求甚解”，要把其中的意义弄清，把握准确，要及时做好读书笔记。

观察是有意识有目的地感知自然和社会的方法。观察要全面、细致，点面结合。要善于比较，反复进行，有比较才能有鉴别，要把握事物的特征，就要善于进行比较观察。观察还要善于打开五官，全面开放，使大脑通过五种感觉渠道摄取生活中的每一个细节。观察要以理性为指导，随时把观察获得的感性材料纳入自己的认知结构，加以整理、加工、分析和思考，从而提高观察效果。

调查是对写作所要反映的事物进行有意识有目的的考察和了解，它是应用写作获取材料的主要方法。调查通常采用开调查会、个别访问、蹲点调查等形式进行。调查要有切实可行的计划，要制定调查提纲，要设想出在调查中可能出现的困难、问题及对策，还要讲究艺术性，如“谈话”的艺术、“提问”的艺术。要做好调查笔记，并及时整理。

检索是利用图书馆或工具书查找有用资料的方法，应该了解并学会对检索工具和各种工具书的使用。利用图书馆手段查找资料，还可以收集对应用写作有用内容的最新研究，全面了解有关情况。特别是要充分利用计算机网络检索，它快捷高效，是获取应用写作材料的现代化方法。

二、围绕主旨　合理选材

文章的主旨，是一切应用文种的核心内容。写任何文章都需要作者在动笔之前在头脑中将该文的主旨（主题思想）思考清楚，如果随心所欲，匆忙为文，写出来的应用文就会层次不清，主旨不明。尽管许多应用文的主旨都是领导事先点明的，但有可能存在交代不是十分清楚的现象。因此，作者在动笔之前，要有一个明确主旨的过程。比如，当领导要你写一份公文时，你事先就应该明确以下内容：

文件的中心内容是什么；

准备使用何种文种；

发送和阅读的对象及范围是什么；

发文的具体要求是什么。

在围绕上述方面思考时，作者必须全面准确地了解上司的制文意图，如果有不清楚的地方，要及时请示、询问。

当应用文的主旨确定后，作者应该围绕主旨合理选材。选材的要求主要有以下两个方面：首先要可靠，即所选材料要真实、准确。材料的真实性是一切应用文章的生命，材料真实有两方面的含义，一是确有其事，不是虚假的。二是所选的材料不仅在局部是真实的，在全局意义上甚至在全部意义上也应该是真实的。准确，指的是材料的无误，写人时，其职业、年龄、环境、经历、思想认识等都应该符合实际；叙事时，时间、地点、人物、事件、原因、结果等都要准确清楚；引用时，史实、论述、数字等资料，都必须十分清楚明确。总之，一切都要经得起任何形式的检验和核对。其次要精当，即所选材料要完美、得当。它包括三个方面：第一要典型，能够深刻反映事物的本质，具有广泛的代表性，实现以少胜多、以一当十的效果。第二是新鲜，要是新发现、新产生的材料，或是人们不熟悉以及他人未使用、未发现的材料，或是虽然已被他人发现或使用过，但你却能翻新活用、从中发掘出新意的材料，给人以新启示，使人受新教育。第三要得当，能够恰当地说明问题，表现主题，做到恰到好处。

三、依据程式　合理建“构”

确立了主题，选定了材料，紧接着就是如何组织材料、表现主题，即对应用文谋篇布局。文章不在长短，重要的是要表达有“度”，要使各个组成部分主次有序，各在其位，并能各尽其能，相互为用。为此，要遵循以下原则：

谋篇布局要完整、严谨，不顾此失彼，无偏颇，不遗漏；各部分之间环环相扣，无懈可击，相互间不容变更。必须服从并服务于文章主题的需要，“以意运法”，“以纲统目”，使“灵魂”贯通全文。

谋篇布局还要正确反映客观事物发展变化的固有规律及其内在联系。大千世界，各种事物的矛盾都有它的现象、本质、内在联系及解决途径，安排文章的结构，必须以这些规律为依据，遵循事物的规律性。此外，谋篇布局要同应用文的样式、种类的要求相适应。应用文的样式多种多样，每一文种对结构的要求都有自己的特殊性，因此，安排结构时，要因文而异，量体裁衣。如行政公文，其格式《条例》上有明确规范；总结、调查报告则一般由概况、做法、经验、体会等几部分组成。

谋篇布局要遵守文章结构层次和段落、过渡和照应、开头和结尾的基本规则。层次和段落是文章结构的要素，是文章的展开的步骤、顺序。层次分明、段落清楚是对一切应用文结构的重要要求。过渡和照应是文章段与段、层次与层次之间的纽带，前有交代，后有照应，中有桥梁，会使人感到文章针线紧密，浑然一体。开头和结尾，这是文章的“始”“终”布局，文章有头有尾，结构才能完整。应用文的开头，应该开门见山，切不可“曲笔导入”。应用文的结尾，或“总结全文，点出主题”，或“发出号召，鼓舞斗志”，切不可“给人留下想象的空间”。

应用文谋篇布局的过程实际上是一个思维的过程，往往是由总体构思向具体结构推进，始终在反复研磨主题与材料、材料与材料的关系上确立具体的结构方式，再在结构方式的统领和制约下，确立结构的具体内容。应用文虽然文种繁多，但由于作者的思维的模式和表达手段毕竟有限，所以，繁多的文种最终可用几种典型模式去描绘它们结构内部所包含的思维规律。归纳起来，应用文的结构方式主要有以下几种：

1. 因果式

它是前因后果或前果后因的结构，遵循因果思路，展开谋篇布局。这种结构方式在国家行政公文的写作中使用频率较高。

2. 时序式

这种结构方式要求按照事件发生、发展的先后次序来安排应用文的结构。无论在文章中标明还是不标明时间，都要求时间概念必须清楚，时间线索必须清晰。它常用于那些内容单纯、叙事性强的应用文种。如通报、报告、调查报告等。

3. 递进式

这种结构方式通常是以某种逻辑关系为主线来安排结构。它一般是先安排叙事，然后再进行说理，最后得出结论。其整体思路是遵循提出问题、分析问题、解决问题的三段思维模式。在写作调查报告和行政公文的下行公文中较多地使用这种结构方式。

4. 对比式

文章结构的安排方式存在着某种对比关系，或正反对比，或今昔对比，并在对比中，展开思路，说明问题。它可以是同一事物在不同时期的前后对比，也可以是不同事物在同一时间、同一空间的对比。像经济活动分析报告、调查报告等常采用这种结构方式。

5. 总分式

总分式结构是演绎法和归纳法两种推理方法的综合运用。所谓“总”，有两种情况：一是体现在文章的开头，首先总括其内容；二是体现在文章的结尾，总结其观点。所谓“分”，主要表现在文章的主体部分，或分述其内容，并列几个层次，或分论其观点，并列几个小观点。这种结构方式在总结等应用文中使用得较广泛。

6. 并列式

这种结构方式只有分述，没有总括。它依据具体情况的方方面面，把整个应用文的内容分层列举，横向展开，并列铺排，不分主次，各自从不同的角度，来共同阐述文章的主旨。在法规、规章类文种以及合同等条文式应用文中，常采用这种结构方式。

四、规范语言　表达得体

应用写作过程中，当作者在确立主旨、选好材料、考虑好结构后，就是要把具体内容传递给读者，此时，作者要借助书面语言媒介。由于应用写作的特点所决定，作者在表达过程中，必须遵从有关要求来规范语言。

语言表达要清楚明白，要语无歧义，言不费解，尤其不要故作高深地使用一些晦涩生僻的词语，让人不好理解或无法理解。用词要准确，仔细分辨词语的感情色彩和风格色彩，选用那些最恰当、最能如实反映特定事物本质的语词。表达要直接，无论是记叙、说明还是议论，都必须开门见山，直截了当，一下子就表明写作意图，让受文者从语言的表达中直接了解到制文的目的。不要有话不直说，绕弯子，转圈子，或隐晦暗示，让人只能从文字的背后去领会某些意图。语言结构要简单，多用单句，少用复句；多用短句，少用长句。切不可语言堆砌，不管有用无用，不负责任地将一些华丽辞藻、漂亮的“新名词”堆在一起，让人看了眼花缭乱、扑朔迷离，不仅浪费了读者的时间，也使作者的写作意图得不到真正体现，如果是公文，那将影响公文的办理效率。许多应用文体具有强烈的政治色彩和严格的约束力，其语言表达必须严肃、整洁，具备一种庄重美。不可油腔滑调，花哨浮华，尽量不用方言土语，少用生疏的专业术语，严禁在任何场合以任何形式使用谩骂的语句。

表达又称表达方式或表达方法，它是人们在写作实践中形成的具有规律性的方法和技巧，是应用写作中必须运用的手段。文章的表达方式共有五种：叙述、描写、议论、抒情、说明。具体写作中，五种表达方式互相联系、互相补充，但在不同的文体写作中，各有侧重。应用写作主要以议论、叙述、说明为主。

叙述是把人物经历或事物发展变化过程表述出来。叙述是应用写作的主要表达方式，运用范围非常广泛。有的文体就是叙述贯穿全文，如简报；有的依据所述事实做出决策或预测，如调查报告、行政公文中的决定、批复等；还有以所述事实作为签订协议的依据，或以所叙述的事实作为凭证，如经济合同、法律文书等。叙述的方式包括顺序、倒叙、插叙、分叙、补叙等。应用写作中，最常用的方式是顺叙，它严格按照时间的顺序和事物发生、发展、结局的自然序列以及解剖问题的逻辑次序来进行，形成条理分明的叙述程序。这种方式符合事物发展的内在逻辑，符合人们认识问题的思维规律，既便于组织材料，又使人一目了然。由于应用写作是为了说明问题、剖析事物或问题的因果关系、内在联系，需要对事物做综合概括，因此，具体写作过程中，主要是用概述，它疏而快，涵盖广，能用较少的文字把事件陈述清楚。应用写作中，对人和事的叙述不是目的，其用意在于揭示事物的本质，因此，叙述往往同议论相结合。叙述为议论提供依据，议论以所述的客观事实为前提。

议论就是议事论理。它是运用事实和事理材料进行论证，从而判明是非，证明自己的见解和主张。议论有三要素，即论点、论据和论证。论点又称“论断”，它是作者对文章论题所持的观点，所做的明确判断；论据是指用来证明论点的材料根据，它包括事实论据和理论论据，它与论点有内在的一致性和必然的逻辑关系。论证是作者通过一定的方法，用论据论证论点的逻辑过程，即揭示论点和论据之间的逻辑关系。应用写作运用议论这一表达方式有自己的特殊要求，它没有过多的抽象议论和逻辑推理，通常是简括性的，其笔调多是论断式、评判式和总结式，强调说理性、逻辑性和通俗性。客观评说，观点直露。应用写作中，往往很少单一使用议论，它和说明、叙述结合在一起使用。

说明，即阐释和解说。它是用简明准确的文字对事物的形状、特性、构造、演变等或对人物的出生、名号、事业、成就等所做的解释和介绍。说明在应用写作中使用极其广泛，调查报告、计划、总结、章程、法规等文种的写作中，都离不开说明这种表达方式。应用写作中的说明通常要概括，不必做大量的诠释，也不宜出现大段的解说。其客观科学性要求更高，不允许掺进作者的任何情感。

五、反复推敲 精心修改

文章是写出来的，更是改出来的。由于事物是非常复杂的，人们对客观事物的认识，需要一个反复研究、逐步深入的过程。应用写作过程中，由于作者认识水平和语言驾驭能力的限制，除了一些极短的篇什，在绝大多数文种中，就会出现内容失之偏颇或形式思虑不周的地方，尤其是初稿，更会出现这样或那样的不尽如人意之处。所以，修改就显得非常必要，也是对读者负责的表现。《关于建国以来党的若干历史问题的决议》是中国共产党历史上的一篇重要文献，历时一年多，反复讨论，修改了无数稿，仅邓小平就至少九次对稿子提出修改意见。正是由于反复认真的修改，其意义才会如此深远。

文章的修改大致包括以下几方面：

1. 主题修改。看主题是否正确，是否鲜明，如有问题，就要及时订正。还要看篇旨与段意是否协调，段意能否以“众星捧月”之势支撑主题。

2. 材料修改。首先，看材料的选用是否真实、典型。其次，看材料的意义概括、提炼的角度是否正确，能否有效地说明观点。最后，看材料是否准确、翔实，要做到仔细审核，以增强文章的真实性和科学性。

3. 结构修改。文章结构的好坏，直接影响到内容的表达。对结构的修改，要考虑到文章的各部分的安排是否平均合理；段落、层次过渡及各部分的详略、衔接是否得当，材料的顺序安排是否清楚等。

4. 语言修改。首先，是句子的修改，对不符合语法规范，或一些表述不清的句子，要重新分解组合；对一些可有可无的句子，要断然删除。其次，是语词的修改，看词的搭配是否正确，能否准确、简练、通俗地表情达意。还有标点符号的修改，要遵循《标点符号用法》的规定，正确使用标点符号。

由于应用写作的特殊性，除写作修改的一般要求外，还有其特殊要求。由于它是受“命”而作，因此，上司的意图必须执行。可能在修改过程中，会发现上司所提供的意图有这样或那样的不足，此时，切不可自作主张，随意更改。一定要及时请示，把你的看法向上司汇报，说出你的理由，求得上司的理解和支持，得到上司的同意后，方可修改，这一点对秘书写作尤为重要。应用写作讲究高速高效，修改也要争时间，不可拖拖拉拉，特别是在瞬息万变的信息时代，迅捷更富意义。

修改是应用写作的重要环节，尽管不同的作者有自己的修改方法，但综观人类的写作行为，大致有以下几种修改方式：

1. 自我审修。初稿完成后，作者认真思考，调动自己的生活积累，结合自己的工作实践，字斟句酌，前后对照，边想边改。

2. 边读边改。这种“读”是朗读，放声诵读能够凭借语感来修改文章，有助于发现问题，对检查语病、缺字少句很有效果。这一方式可以直接发现语句不通等问题。

3. 集思广益。借助他人的力量来帮助自己修改。“旁观者清”，有时你自己无法发现的问题，别人会一眼看明。因此，为使文稿更加完美，我们可采用同事间互相传阅，听取建议；召开座谈会，收集反映；下发给相关部门或下属单位征求意见等方式，集中大家的智慧，对初稿进行修改。

思考题

1. 著名作家秦牧说过：“一个作家应该有三个仓库：一个直接材料的仓库，装从生活中得来的材料；一个间接材料仓库，装书籍和资料中得来的材料；另一个就是收集的人民语言的仓库。有了这三个仓库，写作起来就比较容易。”这段话，对你的写作有什么启示？

2. 某学校要举行教师节庆祝大会，校长要求秘书写一篇讲话稿，要求结合学校实际，说明名师在学校发展中的地位和作用，学校在这方面应该做的工作。假如你是该校秘书，你准备如何去收集有关材料？

第二节 写作要求

写作要求包括两个方面，一是写作行为过程的要求，二是主控写作行为过程的人——作者或写作主体。写作行为过程的要求在上一节里，我们已经讨论过，这里不再赘述。我们重点讨论一下对作者的要求。

一、要具备较高的写作素养

写作素养是一个逐步积累的过程，作者必须有明确的目标，确立达成目标的方法和途径。它需要一定的先天条件，但主要靠后天的学习和实践。

1. 思想理论素养

思想理论素养包括思想水平和理论水平。思想水平是指人在信仰、觉悟、人生观、思想方法以及对真善美与假恶丑的鉴别能力等方面所达到的高度。它要求作者具备高度的政治觉悟与崇高的政治品质，在大是大非面前政治敏锐，头脑清醒。要作风扎实，严谨谦逊，审美情趣高雅，具有对美丑正误的鉴别判断能力。

理论水平是指人运用理论知识对客观现象和思想观念进行分析、评论时表现出来的思想高度。只有不断学习，勤于思考，善于总结经验教训，才能提高理论水平。

良好的思想理论修养，使作者在应用写作中，能够透过现象认清本质，把握事物的规律性特征，使文章具备深刻的内涵和较强的理论色彩。

2. 生活实践修养

生活实践修养是指个人的生活经历、阅历及其生活经验。

生活经历是指在社会生活中的历程。它是应用写作最主要的素养，是其他素养形成的基础。

阅历是指个人在社会生活中观察、体验和思考的历程。这是作者不断接触、感知、识别外部世界的结果，阅读书籍、汲取经验、亲身体验、调查研究都属于增长阅历的范畴。作者只有同时获得丰富的经历和阅历，才能获得宝贵的生活素养。

3. 文化知识素养

写作的文化知识素养，主要由生活知识、专门知识和辅助知识三部分组成。在掌握了写作的专门知识的基础之上，知识越广博越好。如果作者只有贫乏的知识贮备、浅薄的文化素养，是难以完成写作大任的。此外，文化知识素养与文章的语言表达、写作技巧也是密切相关，互为表里的。

4. 语言表达素养

语言表达素养包括语词的贮藏，对字义和词义的精确辨析和运用，对成语和典故的了解和使用，对语法知识的掌握，遣词造句、谋篇布局的能力等。只有具备语言表达的基本素养，才能达到基本的写作要求。素养提高了，表情达意的能力也随之增强。

二、要具备较强的写作能力

能力通常是指完成一定活动的本领，包括完成一定活动的具体方式，以及顺利完成一定活动所必需的心理品质。作者在写作过程中所体现的能力，可分解为观察能力、思维能力和语言能力。

观察能力是一种运用各种感觉器官摄取信息、感受刺激的能力。由于观察是作者获取写作材料的重要手段，因此，作者的观察能力在整个应用写作过程中发挥着重要作用。

思维是人脑对客观事物的规律和特色的一种概括的、间接的反映过程，是人脑的一种机能。思维能力则是人们在思维活动中所表现出的一种能力。人的思维活动分为抽象思维、形象思维和灵感思维三种类型，它们都与写作行为有密不可分的关系。作者通过采集得来的素材零碎、粗糙，只是写作材料的初级产品，要把它们转化成文章中的题材和观点，需要经过思维的消化和吸收，有一个去粗取精、去伪存真、由表及里、由此及彼的加工制作过程，再把系统的、理性化的思路和构思作文字化的处理，最后形成文章。可见，作者的创造性的思维活动在整个应用写作过程中起着决定性作用。

语言能力是作者在应用写作过程中，利用语言这一特殊工具所应具备的能力。它要求作者准确地组合语言材料，熟练地掌握语言规则，使自己的表达通顺、流畅，准确无误。

需要说明的是，在人类的写作行为过程中，想象能力也具有十分重要的意义，想象是作者构思作品的强有力的手段。与文学创作相比，应用写作具有应用性和客观性。作者在应用写作过程中，其运用想象更多的是体现为对生活材料进行开掘和组合，而不是创造新的艺术形象。

三、要熟练掌握各类应用文种的性能和写作要求

要写好各种应用文章，除具备较高的写作素养和较强的写作能力外，还必须熟练掌握各类应用文章的功用、特点和写作要求。既要注意相近文种的共同点，又要重视它们之间的差异；既要善于掌握某个大类文种的共同要求，又要善于区别多个具体文种的不同的写作要求。

应用文种名目繁多，要想让每一个作者都掌握所有文种的写作要求，这是不切实际的。但我们至少要根据自己现在所学专业和未来的职业领域掌握相应的文种写作要求。比如，秘书专业应该掌握秘书写作的相关要求；法律专业要掌握法律写作的相关要求；经济专业要掌握经济写作的相关要求。

我们还应该认识到，一个人写作能力的提高，对各种应用文体写作要求的掌握，并不是一朝一夕可以做到的，而是一个循序渐进、逐步提高的过程。在这一过程中，需要不断加深对写作理论的理解和充实，需要不断经过实际的写作锤炼，还需要不断从实践中克服自己的不足，不断总结经验，经过艰苦的磨炼，才有可能达到较高的水平。

思考题

根据你现在所学的专业或未来有可能从事的职业领域，从个人成就功业的角度，谈谈如何提高自己的应用写作能力？

第三章　党政机关公文

第一节　概　　述

一、法定行政公文的含义

广义的公文，是指社会组织用于公务活动的各类文书，包括法定行政公文和机关事务文书。狭义的公文就是指法定行政公文。

法定行政公文，是特指国家行政机关在行政管理过程中形成的具有法定效力和规范体式的公务文书，即《党政机关公文处理工作条例》明文规定的十五种公文：决议、决定、命令（令）、公报、公告、通告、通知、通报、议案、报告、请示、批复、意见、函、纪要。

二、法定行政公文的特点

法定行政公文的特点主要有以下几点：

（一）宗旨的政治性

法定行政公文的政策性强，它作为行政管理的重要工具，既要制定、传达有关方针政策，又要贯彻、执行有关方针政策。因此，它的内容总是与党和国家的方针政策紧密相连的。不管是指导某项工作，还是请示某个问题，都是不能与方针政策相背离的。要保证法定行政公文内容具有政策性，写作者必须对它所传达、贯彻的方针政策进行研究，然后作为行文的依据。同时，要联系实际，对有关方针政策进行解释说明，并提出贯彻执行的具体办法和措施。党和国家的方针政策，是人民普遍意愿和根本利益的集中体现，行政机关制定政策、宣传政策和执行政策的宗旨都是为人民服务。因此，法定行政公文的政策性，也就体出它鲜明的政治性。

（二）作者的法定性

法定行政公文是法定作者在法定范围内行使职权而制发的。这里的作者并不是指撰拟文稿的某个机关工作人员，而是指法定行政公文的制发者，即某一级组织或单位。法定行政公文只能由依法成立并能以自己的名义行使职权的组织或单位来制作和发布，这就是公文作者的法定性。写作法定行政公文，虽然由领导授意，机关工作人员撰稿，有的初稿写成后，还要在适当的范围内征求意见，民主讨论，集思广益；有的较为重要的文件，则由一个写作班子共同拟稿，或由几个人合作撰写，但不管采取什么方式写，写作者只能是代笔，即代机关立言，不存在个人独立的写作动机。在特殊情况下，以机关领导人名义签署发布的公文，作者并不代表领导人个人身份，而是领导人以职务身份代表法定机关，是机关领导人在法定范围内行使机关职权的体现。

（三）内容的权威性

因为法定行政公文的制发者只能是法定的机关、单位或团体，所以，法定行政公文具有法定的权威性，特别是发布行政法规和施行行政措施的公文，一经公布生效，便有国家宪法所赋予的行政权力，即有法定的权威来保证和强制执行，对它所涉及的所有单位和人员都具有行政约束力。如若违反法规政令的规定，就将受到相应的制裁和惩处。

（四）行文的针对性

任何法定行政公文都是依据方针政策，为着解决某个实际问题而制发的，它都具有针对性。一是体现方针政策的针对性，即选择某项适用的方针政策作为行为的依据，这样就有了权威性。二是体现实际情况的针对性，即行文着眼于解决实际问题，做到有的放矢，如上级机关下发的文书，或告知要处理的事项，或说明处理事务的方针政策，或说明处理的办法、措施、步骤等，都是直接指导工作的；而下级机关报请的文书，有的是汇报某项工作，有的是反映某种情况，有的是本单位无法解决或无权决定的问题，需要向上级机关请示以便使问题得到解决。

（五）体式的规范性

法定行政公文的体式具有很强的规范性。《党政机关公文处理工作条例》明文规定了决议、决定、命令（令）、公报、公告、通告、通知、通报、议案、报告、请示、批复、意见、函、纪要 15 种公文文种，这 15 种公文通用的纸张要求、印刷要求、公文中各要素排列顺序和标识规则都有统一规定。任何机关和个人不可任意混用，更不准独出心裁，另搞一套。

法定行政公文除了上述几个主要特点之外，还具有表述的简明性、制文的程序性、使用的时效性等所有公务文书的基本特征。

三、法定行政公文的作用

法定行政公文的作用主要有以下几点：

（一）法规准绳作用

公文中相当一部分是用来制定和执行国家法规和政令的，这些文件传达到各地区、各部门、各级干部和群众中，使法规和政令付诸实践。它们作为行政管理工作和活动的规范，一经发布生效，必须严格遵守执行，有法定的强制性和行政约束力，起到了法规准绳作用。

（二）指挥组织作用

公文是各级机关、团体和组织依法行政和进行公务活动的重要工具。党和国家的各项政策法规，上级机关的指挥意图、工作意见和执行要求，都要靠公文来传达贯彻。各级组织的建立，机构职权的明确，干部的任免，也都要靠公文来宣布。因此，在实现指挥和组织的行政职能方面，公文的作用十分突出。

（三）沟通联系作用

上级机关运用公文制定和发布各项方针、政策、法规、政令；下级机关用请示、报告等公文反映下情；平级和不相隶属机关之间通过公文互通情况，加强信息交流，商洽工作问题。在各级机关、团体和组织纵向、横向的沟通联系中，公文确保了各项公务活动的有序开展。

（四）宣传教育作用

发布的公文，将党和国家的方针政策广泛传达到群众中，提高人们的认识和自觉性，使干部和群众统一思想，统一行动，从而调动积极性，完成各项工作任务。因此，传达贯彻公文的过程实际上就是宣传党和国家的方针政策的过程，其宣传教育的作用是明显的。

（五）依据凭证作用

上级机关体现工作决策和指挥意图的决定、批复等，是下级机关进行公务活动的依据；下级机关用以汇报工作和反映情况的报告、请示等，是上级机关制定政策和研究问题的依据。公文在完成其现行作用之后，立卷归档，仍可作为现实和历史查考的依据和凭证。

四、法定行政公文的分类

按照正确的标准划分行政公文的类别，把握公文种类的特点，有利于正确使用文种，有利于规范公文写作，有利于提高公文处理效率，有利于文件的科学管理。

（一）法定行政公文和机关事务文书的区别

法定行政公文，是指《党政机关公文处理工作条例》（中办发〔2012〕14 号），第二章明确规定的 15 种公文：决议、决定、命令（令）、公报、公告、通告、通知、通报、议案、报告、请示、批复、意见、函、纪要。

机关事务文书，是机关日常工作中经常使用的文书，如计划、总结、简报、会议记录、调查报告等。

两者都用于公务活动，从广义上看，都是公文。但两者却有着明显的区别，值得注意：

1. 法定性质不同

法定行政公文是《党政机关公文处理工作条例》明确规定的公文；机关事务文书则无明文规定文种。

2. 格式标准不同

法定行政公文必须按《党政机关公文处理工作条例》制文；机关事务文书则只有约定俗成的简便格式。

3. 行文规则不同

法定行政公文可以单独对外行文；机关事务文书不能单独对外行文。机关事务文书若要对外行文，必须在法定行政公文中选择一个文种作载体，机关事务文书作附件方可行文。

（二）法定行政公文的分类

根据不同的标准划分，法定行政公文的主要类别有：

1. 按公文来源分，有收进公文、外发公文。收进公文，是本机关收进的外部各级机关发来的公文；外发公文，是本机关发往外部各级机关的公文。

2. 按行文关系分，有上行文、平行文、下行文。上行文，是下级机关向上级机关上报的公文，如请示、报告；平行文，是对平级机关或不相隶属机关之间互发的公文，如函、意见；下行文，是上级机关对下级机关发送的公文。如通知、决定、批复、命令（令）、通报等等。

3. 按功能作用分，有指挥性公文、报请性公文、知照性公文、记载性公文。指挥性公文，是上级机关向下级机关发布政令、指导工作和协调部门关系的公文，如命令（令）、决定、批复、通知；报请性公文，是下级机关向上级机关汇报工作、反映情况和请求批准答复的公文，如请示、报告；知照性公文，是机关用以告知具体事项、沟通工作信息的公文，如公告、通告、通报；记载性公文，是机关用以记载公务活动情况、归纳会议精神实质的公文，如纪要。

4. 按保密要求分，有保密公文、普通公文。保密公文，是涉及国家秘密，内容不宜公开的公文。其中，绝密、机密级公文还应当标明份数序号；普通公文，是内容不涉及国家秘密的公文。

5. 按时限要求分，有紧急公文、常规公文。紧急公文，是内容事关重大，发送时限要求紧急的公文。此类公文应当根据紧急程度分别标明特急、急件；常规公文，是按常规时限要求处理的公文。

6. 按内容处理要求分，有承办性公文、参阅性公文。承办性公文，是需要领导研究批示，工作人员具体办理行政事务的公文；参阅性公文，是只要阅知内容，掌握情况即可的公文。

第二节　法定行政公文的格式

早在 1988 年，国家技术监督局按照国务院有关规定，制定了《国家行政机关公文格式》（国家标准，GB/T 9704—1988），从而迈开了我国文件格式标准化工作的第一步。

一、公文格式标准化的目的和意义

文件格式标准化，就是将文件按一定目的、用途和要求，按规定的文字表述方法，统一设计文件，使文件实现规范化。

文件格式标准化的目的和意义，在于建立起具有我国民族语言文字特色的文件体系，为实现现代化管理创造条件。

信息量的增长，对社会和生产产生了巨大影响，同时也带来威胁。当今世界，信息、能源、污染、人口被列为当今人类面临的四大挑战。据报道，全世界每年处理文件量达 10

亿页。有人按纸张大小作了估算，全世界每年处理文件用纸接起来长达 3 亿千米，可绕地球赤道 8000 圈。因此，必须采用现代计算机技术和自动化办公设备来进行公文信息处理。而要实现办公自动化，首先碰到的问题是要有相应的标准。没有标准，任何现代化的先进设备都无法对没有纳入规范化体系的各种文件格式进行识别和处理。只有文件格式标准化了，才能实现信息的有效传递，使信息资源共享，使管理工作实现现代化和自动化。所以说，文件格式标准化是实现办公室现代化管理的一项基础工作。

西方先进国家早在 20 世纪 60 年代就开始进行文件格式标准化工作。国际标准化组织（ISO）在 20 世纪 70 年代初专门成立了文件格式标准化技术委员会（TC－154），并制定国际标准 12 个。苏联到 20 世纪 70 年代末已建立了全国统一的文件格式体系，建成 13 个自动化管理通用文件系统，制定了 3500 多个各类文件格式标准，文件传递速度比过去提高了 3～5 倍。在法国，仅以制定企业报表文件统一格式标准为例，每年可节约从事填写报表人员 3 万人，节省费用 60 亿法郎。

我国制定的《国家行政机关公文格式》（CB/T 9704－1988）国家标准，是由国家技术监督局标准起草小组综合各方面意见完成的。标准送审稿于 1988 年 3 月发给全国文件格式及数据元标准化技术委员会，经讨论通过后，作为正式标准上报国务院办公厅秘书局审批。1988 年 9 月 5 日获得批准，1989 年 3 月 1 日由国家技术监督局正式发布施行。1999 年，《国家行政机关公文格式》（GB/T 9704－1999）国家标准，又经重新修订后继续施行，该项国家标准明确规定了 13 种法定行政公文通用的纸张要求、印刷要求、公文中各要素排列顺序和标识规则。国务院又在 2000 年 8 月 24 日发布的《国家行政机关公文处理办法》第三章第十一条中再次强调：公文中各组成部分的标识规则，参照《国家行政机关公文格式》国家标准执行。

二、法定行政公文格式标准

（一）公文用纸幅面尺寸

公文用纸一律采用 A4 型纸，其成品幅面尺寸为 210mm×297mm。

（二）公文页边与版心尺寸

公文用纸天头（上白边）为：37mm±1mm；公文用纸订口（左白边）为：28mm±1mm；版心尺寸为：156mm×225mm（不含页码）。

（三）排版规格。

正文用 3 号仿宋体字，一般每面排 22 行，每行 28 个字。

（四）公文各要素划分部分

组成公文的各要素划分为眉首、主体、版记三部分。置于公文首页红色反线（宽度同版心，即 156mm）以上的各要素统称眉首；置于红色反线（不含）以下至主题词（不含）之间的各要素统称主体；置于主题词以下的各要素统称版记。

（五）常规格式眉首部分标识规则

1. 公文份数序号

公文份数序号是将同一文稿印制若干份时每份公文的顺序编号。用阿拉伯数码顶格标识在版心左上角第1行。

2. 秘密等级和保密期限

秘密等级分绝密、机密和秘密三种，如需标识，用3号黑体字，顶格标识在版心右上角第1行，两字之间空1字；如需同时标识秘密等级和保密期限，用3号黑体字，顶格标识在版心右上角第1行，秘密等级的两字间则空1字距离，秘密等级和保密期限之间用★隔开。

3. 紧急程度

紧急程度分特急、急件两种，如需标识，用3号黑体字，顶格标识在版心右上角第1行，两字之间空1字；如需同时标识秘密等级与紧急程度，秘密等级顶格标识在版心右上角第1行，紧急程度顶格标识在版心右上角第2行。

4. 发文机关标识

由发文机关全称或规范化简称后加文件两字组成；对一些特定的公文可只标识发文机关全称或规范化简称。发文机关标识上边缘至版心上边缘为25mm。对于上报的公文，发文机关标识上边缘至版心上边缘为80mm。

发文机关标识推荐使用小标宋体字，用红色标识，居中排布。字号由发文机关以醒目美观为原则酌定，但是最大不能等于或大于22mm×15mm。

联合行文时应使用主办机关名称在前，文件二字置于发文机关名称右侧，上下居中排布；如联合行文机关过多，保证公文首页显示正文。

5. 发文字号

发文字号由发文机关代字、年份和序号组成。发文机关标识下空2行，用3号仿宋体字，居中排布；年份、序号用阿拉伯数码标识；年份应标全称，用六角括号〔〕括入；序号不编虚位（即1不编为001），不加第字。发文字号之下4mm处印一条与版心等宽的红色反线。

6. 签发人

上报的公文需标识签发人姓名，平行排列于发文字号右侧。发文字号居左空1字，签发人姓名居右空1字；签发人后标全角冒号，冒号后用2号楷体字标识签发人姓名。如有多个签发人，主办单位签发人姓名置于第1行，其他签发人姓名从第2行起在主办单位签发人姓名之下按发文机关顺序依次顺排，下移红色反线，应使发文字号与最后一个签发人姓名处在同一行并使红反线与之的距离为4mm。

（六）常规格式主体部分标识规则

1. 公文标题

红色线下空2行，用2号小标宋体字，可分一行或多行居中排布；回行时，要做到词义完整，排列对称，间距恰当。

2. 主送机关

标题下空1行，左侧顶格用3号仿宋体字标识，回行时仍顶格；最后一个主送机关名称后标全角冒号。如主送机关名称过多而使公文首页不能显示正文时，应将主送机关名称移至版记中的主题词之下、抄送之上，标识方法同抄送。

3. 公文正文

主送机关名称下一行，每自然段左空 2 字，回行顶格。数字、年份不能回行。

4. 附件

公文如有附件，在正文下空 1 行左空 2 字用 3 号仿宋体字标识附件，后标全角冒号和名称。附件如有序号使用阿拉伯数码（如：附件：1. ×××）；附件名称后不加标点符号。附件应与公文正文一起装订，并在附件左上角第 1 行顶格标识附件，有序号时标识序号；附件的序号和名称前后标识应一致。如附件与公文正文不能一起装订，就在附件左上角第 1 行顶格标识公文的发文字号并在其后标识附件（或带序号）。

5. 公文生效标识

成文时间用汉字将年、月、日标全；零写为〇。

单一机关制发的公文在落款处不署发文机关的名称，只标识成文时间。成文时间右空 4 字；加盖印章应上距正文 2～4mm，端正、居中下压成文时间，印章用红色。

当印章下弧无文字时，采用下套方式，即仅以下弧压在成文时间上；当印章下弧有文字时，采用中套方式，即印章中心线压在成文时间上。

当联合行文需加盖两个印章时，应将成文时间拉开，左右各空 7 字；主办机关印章在前；两个印章均压成文时间，印章用红色。只能采用同种加盖印章方式，以保证印章排列整齐。两印章间互不相交或相切，相距不超过 3mm。

当联合行文需加盖 3 个以上印章时，为防止出现空白印章，应将各发文机关名称（可用简称）排在发文时间和正文之间。主办机关印章在前，每排最多 3 个印章，两端不得超过版心：最后一排如余一个或两个印章，均居中排布；印章之间互不相交或相切；在最后一排印章之下右空 2 字标识成文时间。

行政机关联合向上行文，为简化手续和提高效率，可由主办单位加盖印章即可。

特殊情况说明：当公文排版后所剩空白处不能容下印章位置时，应采取调整行距、字距的措施加以解决，务使印章与正文同处一面，不得采取标识此页无正文的方法解决。

6. 附注

公文如有附注，用 3 号仿宋体字，居左空 2 字加圆括号标识在成文时间下一行。

（七）常规格式版记部分标识规则

1. 主题词

主题词是用于揭示公文内容、便于公文检索查询的规范化词，通常由公文制发机关的最高行政主管机关负责制定和发布。如国家行政机关公文主题词是由国务院办公厅编制的《国务院主题词表》。主题词用 3 号黑体字，居左顶格标识，后标全角冒号；词目用 3 号小标宋体字；词目之间空 1 字。

2. 抄送

公文如有抄送，在主题词下 1 行；左空一字用 3 号仿宋体字标识抄送，后标全角冒号；抄送机关间用顿号隔开，回行时与冒号后的抄送机关对齐；在最后一个抄送机关标句号。如主送机关移至主题词之下，标识方法同抄送机关。

3. 印发机关和印发时间

位于抄送机关之下（无抄送机关在主题词之下）占1行位置；用3号仿宋体字。印发机关左空1字，印发时间右空1字。印发时间以公文付印的日期为准，用阿拉伯数码标识。

4. 版记中的反线

版记中各要素下均加一条反线，宽度同版心。

5. 版记的位置

版记应置于公文最后一页（封四），版记的最后一个要素置于最后一行。

（八）页码

用4号半角白体阿拉伯数码标识，置于版心下边缘之下一行，数码左右各放一条4号一字线，一字线距版心下边缘7mm. 单页码居右空1字，双页码居左空1字。空白页和空白以后的页不标识页码。

（九）公文中的表格

公文如需附表，对横排A4纸型表格，应将页码放在横表的左侧，单页码置于表的左下角，双页码置于表的左上角，单页码表头在订口一边，双页码表头在切口一边。公文如需附A3纸型表格，且当最后一页为A3纸型表格时，封三、封四（可放分送，不放页码）应为空白，将A3纸型表格贴在封三前，不应贴在文件最后一页（封四）上。

（十）公文的特定格式

1. 信函式格式

发文机关名称上边缘距上页边的距离为30mm，推荐使用小标宋体字，字号由发文机关酌定；发文机关全称下4mm处为一条武文线（上粗下细），距下页边20mm处为一条武文线（上细下粗），两条线长均为170mm。每行距中排28个字。发文机关名称及双线均印红色。两线之间各要素的标识方法从常规格式要素标识规则。

2. 命令格式

命令标识由发文机关名称加命令或令组成，用红色小标宋体字，字号由发文机关酌定。命令标识上边缘距版心上边缘20mm，下边缘空2行居中标识令号；令号下空2行标识正文；正文下一行右空4字标识签发人名章，签名章左空2字标识签发人职务；联合发布的命令或令的签发人职务应标识全称。在签发人名章下一行右空2字标识成文时间。分送机关标识方法同抄送机关。其他从常规格式要素标识规则。

3. 纪要格式

纪要标识由××会议纪要组成，用红色小标宋体字，字号由发文机关酌定。纪要不加盖印章。其他要素从常规格式要素标识规则。

三、格式要素标识注意事项

（一）公文格式要素，分选择标识和必选标识两种

公文格式要素中，份数序号、秘密等级、保密期限、紧急程度、签发人、附件、附注为选择性标识要素，是根据公文实际需要而选择标识的。其他则为必选标识要素，是每份公文缺一不可的。

（二）眉首部分，上行文与下行文不同

上行文发文机关标识上边缘至版心上边缘为80mm，中间空白为批示域，作上级领导批示意见用（见图三）；上行文还需标识签发人。下行文发文机关标识上边缘至版心上边缘为25mm，无批示域，无须标识签发人（见图二）。

（三）发文字号，标识必须完整规范

发文字号由发文机关代字、年份和发文序号组成，三个要素必须齐全。机关代字不得与其他机关代字相同。年份应标全公元纪年，如2004不能简化标为04。序号不编虚位，不加第字。

（四）公文标题，编制谨防出现错误

完整式的公文标题由发文机关、事由和文种组成；省略式的公文标题由事由和文种组成。编制公文标题，常见的错误有：发文机关位于事由之中，如《关于滨江市政府加强铁路运输安全工作的通知》。事由缺少关联词“关于”、“对于”，如《滨江市政府加强铁路运输安全工作的通知》。事由与文种搭配不当，如《滨江市政府关于工业生产情况的请示》，又如《滨江市政府关于工业生产问题的报告》。

（五）主送与抄送，必须正确区分标识

主送机关，是需要送达并对公文内容负有直接受理责任的机关。抄送机关，是需要送达但一般只要知晓公文内容的机关。上行文主送机关只能确定一个，下行文则可以多个。一般情况下，主送必须逐级行文。不是非常重大紧急的情况，不得越级行文主送。下行文标识多个主送机关时，应标明同类型机关的统称，如各省、自治区、直辖市人民政府。标识多个抄送机关时，应按机关级别高低依次排列。

（六）附件，要明确不同类型及产生的原因

附件类型主要有三种：一是补充正件内容的文件材料，当正件内容需要再加具体阐释或证明时产生。二是被正件转发的文件材料，当上级机关或下级机关文件需要转发时产生，正件文种通常为转发通知。三是被正件呈报的文件材料，当机关事务文书需要对外行文时产生，正件文种通常为呈送报告或呈批请示。前一种，附件的重要性次于正件。后两种，附件的重要性大于正件。

四、公文内容的基本要素

从以下公告、通告和通知的写作分析中，可以得知公文内容具有行文依据、具体事项、工作要求、习惯用语等基本要素。明确这些要素，有利于掌握公文写作的一般规律和基本模式。

公文内容的基本要素主要有以下几点：

（一）行文依据

行文依据，又称缘由、根据，通常是公文写作内容的第一层次。行文依据，分为事实依据和理论依据两大类：事实依据一般由实际情况、具体问题等组成；理论依据一般由工作目的、领导指示、文件精神、会议决定、政策法规等组成。行文依据，体现出按事实办事、按程序办事、按章法办事三条行政管理的工作原则，因此必须充分。

常规格式公文单页幅面示意图（图一）：

机密★永久

××××××文件

×××发〔2012〕58 号

关于××××的通知

×××××：

××××××××××××××××
×××××××××××××××
×××××××××××××××
×××××××××××××××
×××××××××××

附件：1、×××××
2、×××××

×××××
二○一二年六月二日

（此件不登报）

主题词：×× ×× 通知

抄送：×××、×××、×××。

×××办公室 2012 年 6 月 6 日

–1–

图一

常规格式下行文单页标意图（图二）：

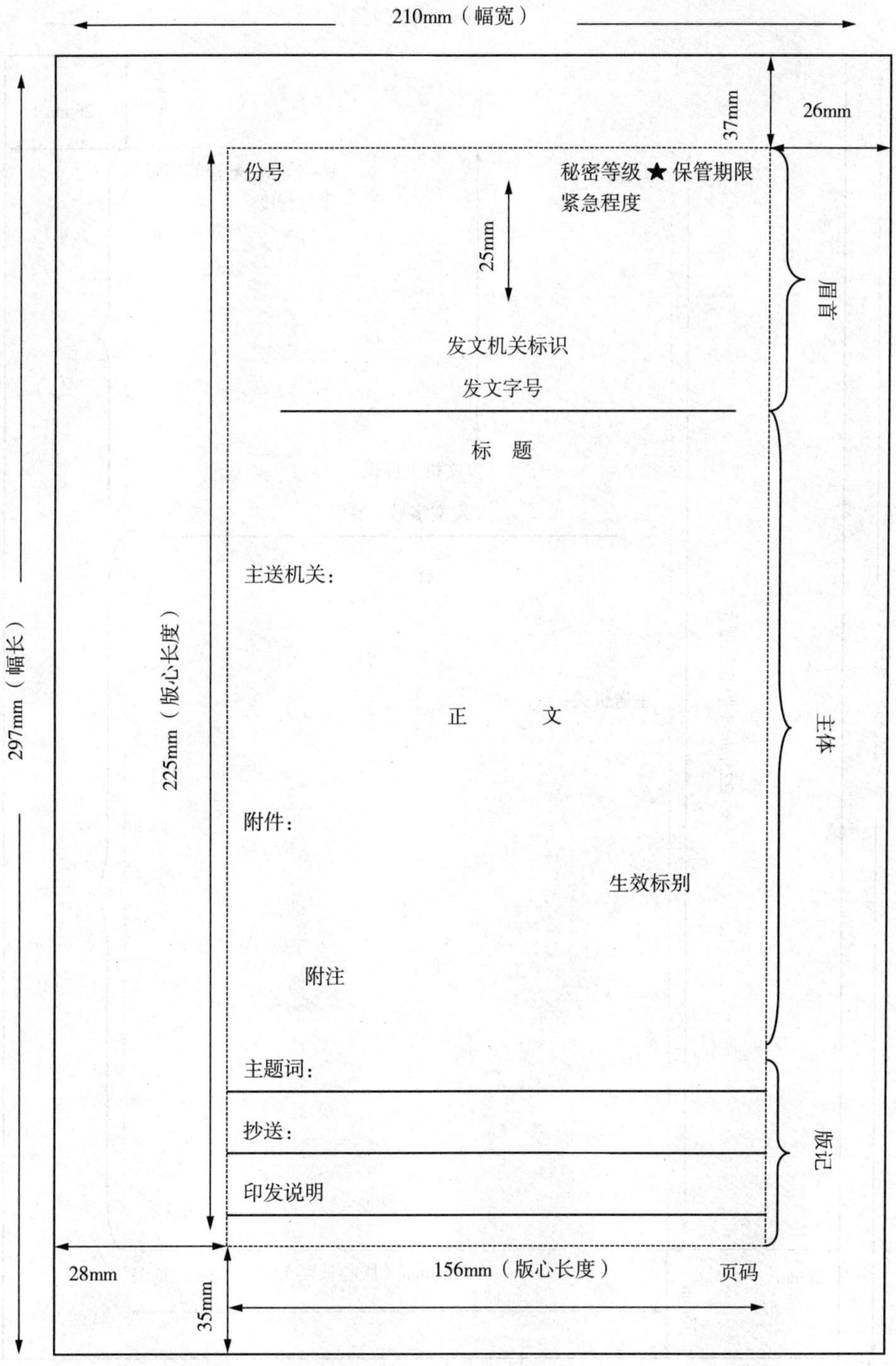

图二

常规格式上行文多页示意图（图三）：

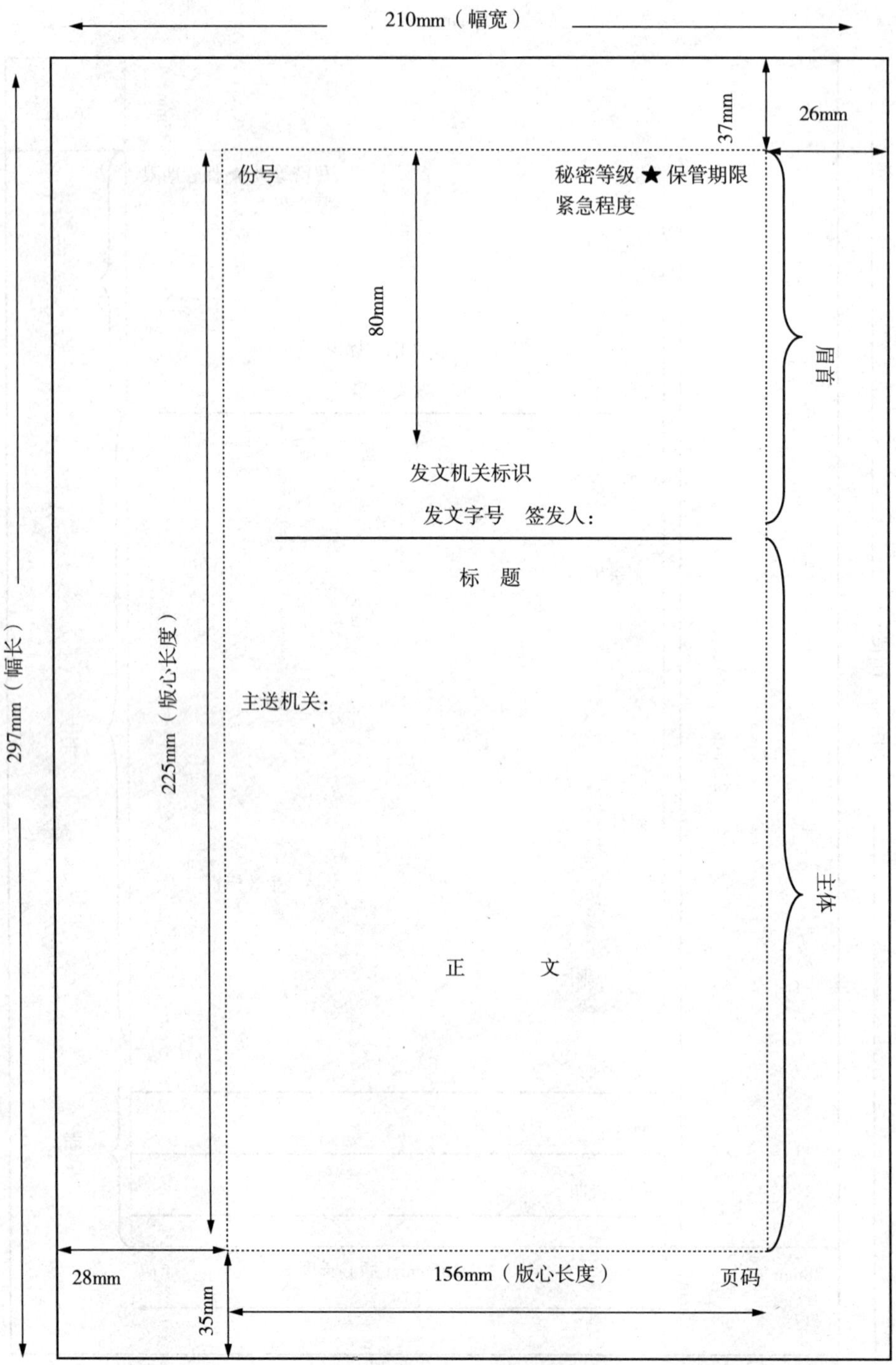

图三

常规格式上行文单页示意图（图四）：

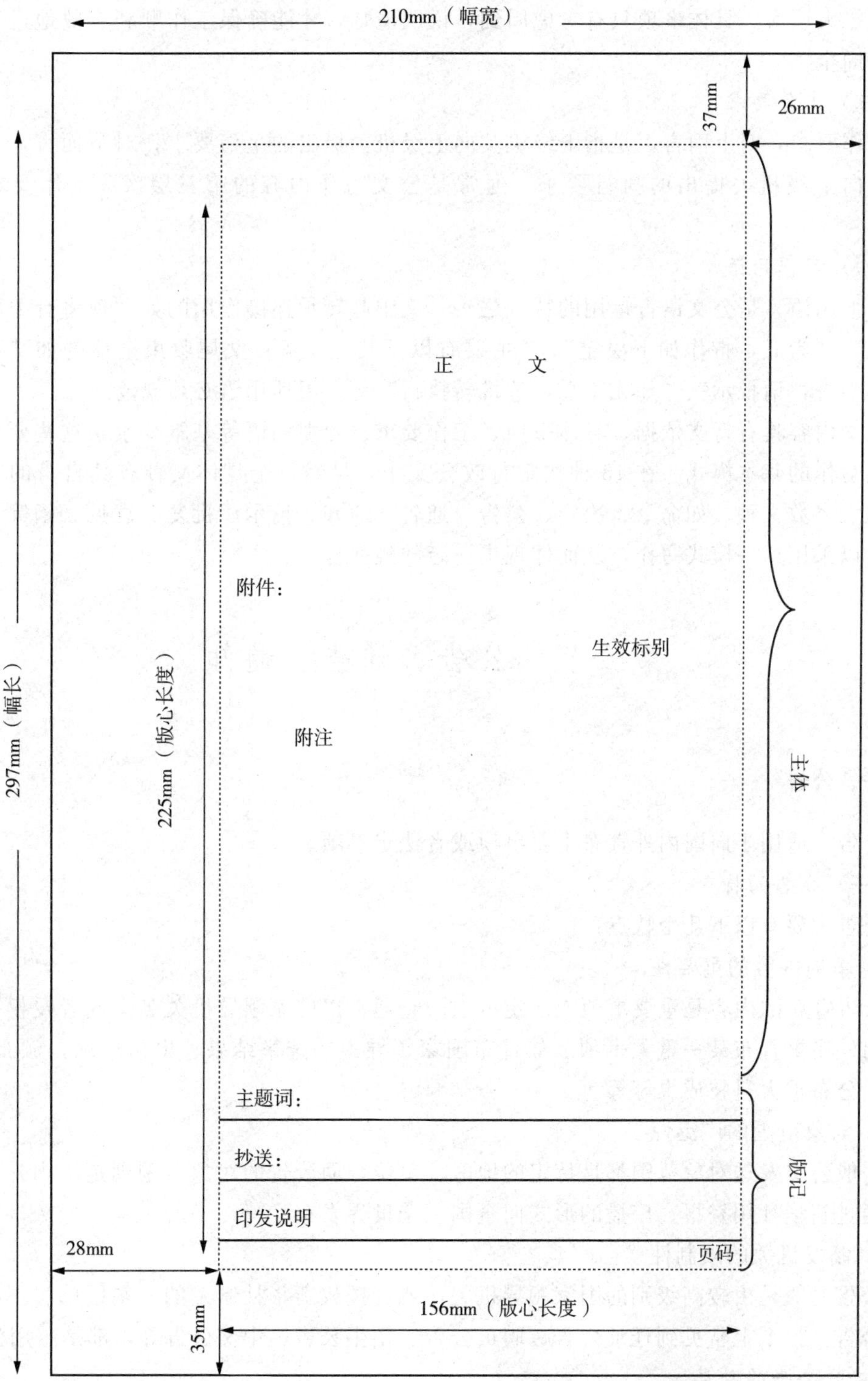

图四

（二）具体事项

事项，包括具体的时间、地点、人员、事情、意愿、安排等方面，通常是公文写作内容的第二大层次。具体事项只有考虑周到，说明清楚，才能确保工作顺利有效地进行，因此必须周全。

（三）工作要求

工作要求，对上而言，是指下级机关向上级机关提出的呈请要求；对下而言，是指上级机关向下级机关提出的执行要求。通常是公文写作内容的第三层次。工作要求必须明确。

（四）习惯用语

习惯用语，是公文语言运用的特点之一。文中起转承连接作用的如“现将有关事项通知如下”、“为此，特作如下决定”、“主要有以下几点”等；文尾收束全篇的如“特此通告”、“当否，请批示”、“如无不妥，请批转执行”等。习惯用语必须规范。

公文内容具有行文依据、具体事项、工作要求、习惯用语等基本要素，这些要素构成了公文写作的基本模式。在 13 种法定行政公文中，虽然每个具体文种有其自身的写作特点，但大多数文种，如命令、决定、公告、通告、通知、请示、批复、意见、函等，都基本上可以采用这一模式写作，从而体现出一定的规律性。

第三节　公告、通告、通知

一、公告

公告，适用于向国内外宣布重要事项或者法定事项。

（一）公告的特点

公告主要有以下几个特点：

1. 事项内容的重要性

公告宣布的内容是重要事项或法定事项。它通常以国家领导机关名义或者授权新华社向国内外庄重宣布某一重大事项。如宣布国家领导人的选举结果、出访情况，颁布法律、法令，公布重大科技成果等等。

2. 对象范围的广泛性

一般公文发送对象范围都是特定的地区、单位，而公告的对象范围则是国内外，有时甚至通过新华社用登报、广播的形式向全国、全世界发布。

3. 制发机关的限制性

公告一般是由较高级别的国家领导机关，或者授权新华社制发的。基层单位不得随意使用公告。报纸上常见到迁址公告、聘员公告、招生公告、中奖公告等，都是滥用公告。

（二）公告的种类

公告的主要种类如下：

1. 重大事项公告

它通常以国家领导机关名义或者授权新华社向国内外庄重宣布某一重大事项。

2. 专业事项公告

这类公告，是由国家有关职能部门，根据专业工作需要，按法定程序发布的。

（三）公告的写作

标题可以由三种形式构成：由发文机关、事由、文种组成；由发文机关、文种组成；只由文种这一要素组成，如《公告》。标题下可依公告发布顺序编号，如第四号，在公告的正文中，要简明扼要地写出公告依据、事项。结尾一般写上习惯用语“现予公告、特此公告”。

（四）实例简析

【实例一】

中华人民共和国全国人民代表大会公告

（第2号）

第十届全国人民代表大会第一次会议于二〇〇三年三月十五日选举：

胡锦涛为中华人民共和国主席

曾庆红为中华人民共和国副主席

现予公告

中华人民共和国第十届全国人民代表大会第一次会议主席团

二〇〇三年三月十五日于北京

【评析】

这是一份向国内外宣布重要事项的公告，内容重要，语气庄重。公告的依据、公告事项写得简明扼要。最后采用惯用结语“现予公告”结束全文。

【实例二】

中国人民银行关于完善人民币汇率形成机制改革的公告

为建立和完善我国社会主义市场经济体制，充分发挥市场在资源配置中的基础性作用，建立健全以市场供求为基础、有管理的浮动汇率制度，经国务院批准，现就完善人民币汇率形成机制改革有关事宜公告如下.

一、自2005年7月21日起，我国开始实行以市场供求为基础、参考一篮子货币进行调节、有管理的浮动汇率制度。人民币汇率不再盯住单一美元，形成更富弹性的人民币汇率机制。

二、中国人民银行于每个工作日闭市后公布当日银行间外汇市场美元等交易货币对人民币汇率的收盘价，作为下一个工作日该货币对人民币交易的中间价格。

三、2005年7月21日19：00时，美元对人民币交易价格调整为1美元兑8.11元人民币，作为次日银行间外汇市场上外汇指定银行之间交易的中间价，外汇指定银行可自此时起调整对客户的挂牌汇价。

四、现阶段，每日银行间外汇市场美元对人民币的交易价仍在人民银行公布的美元交易中间价上下千分之三的幅度内浮动，非美元货币对人民币的交易价在人民银行公布的该货币交易中间价上下一定幅度内浮动。

中国人民银行将根据市场发育状况和经济金融形势，适时调整汇率浮动区间。同时，中国人民银行负责根据国内外经济金融形势，以市场供求为基础，参考一篮子货币汇率变动，对人民币汇率进行管理和调节，维护人民币汇率的正常浮动，保持人民币汇率在合理、均衡水平上的基本稳定，促进国际收支基本平衡，维护宏观经济和金融市场的稳定。

二〇〇五年七月二十一日

【评析】

这是一篇知照性公告。公告先简要交代发布目的和依据，然后分四条列写公告事项，内容具体明确，语言简洁庄重。这是涉及国内外的大事，采用公告发布恰当。

二、通告

通告，适用于在一定范围内公布应当遵守或者周知的事项。

（一）通告的特点

与公告相比较，通告主要有以下几个特点：

1. 公布范围的局部性

通告只在社会一定范围内公布，有别于公告向国内外公布。

2. 发布形式的灵活性

通告除通过新闻媒体发布之外，还可采取张贴形式发布。

（二）通告的种类

通告的主要种类如下：

1. 知照性通告

通告内容主要是公众需要了解的重要情况、重要消息。

2. 制约性通告

通告内容主要向公众交代需要遵守、执行的政策、措施以及其他行为规范。

（三）通告的写作

标题可以由四种形式构成：由发文机关、事由、文种组成；由发文机关、文种组成；事由加文种组成；只由文种这一要素组成，如《通告》。正文由依据和事项两部分组成：依据为发布通告的原因和根据，事项为须知或需要遵守、执行的内容，以习惯用语“特通告如下”转承连接。结尾部分可提出执行要求，并用习惯用语“特此通告”作结。

（四）实例简析

【实例一】

广州市人民政府关于加强珠江广州河段生活污水排放管理的通告

为保护和改善珠江广州河段的水域环境，防治船舶污染，促进经济社会可持续发展，根据《中华人民共和国水污染防治法》、《中华人民共杀和国废水污染防治法实施细则》、《中华人民共和国防治船舶污染内河水域环境管理规定》、《广州市饮用水源污染防治条例》等法律法规的规定，现将有关事项通告如下：

一、船舶在珠江广州河段水域从事航行、停泊、作业及其他影响水域环境的活动，适用本通告。

二、船舶在珠江广州河段排放生活污水应符合国家和地方规定的标准。

珠江广州河段东河道人民桥至华南大桥河段及饮用水源保护区为禁排区。船舶禁止在禁排区内排放《中华人民共和国防治船舶污染内河水域环境管理规定》所指的生活污水以及任何形式的厨房、厨房排水口的排出物和其他废物。

饮用水源保护区的具体区域范围，由市环境保护部门依照《广州市饮用水源污染防治条例》划定。

三、船舶应当按照规范要求设置与生活污水产生量相适应的处理装置或者储存容器。

四、接收船舶生活污水的单位必须具有相应的资质。不符合排放标准和要求的船舶生活污水，必须交由具有资质的单位接收处理。船舶应当保存每次生活污水接收单证，以备海事部门检查船舶生活污水去向。

五、港口装卸站应当具备与停靠船舶生活污水产生量相适应的接收能力，满足到港船舶的要求，并通过市政管网将船舶生活污水排至市污水处理厂处理。

六、违反本通告的，由海事、渔政和港口等行政管理部门依照有关法律、法规、规章的规定予以处理。

七、本通告自2006年11月1日起施行，有效期5年。

特此通告

广州市人民政府（印章）
二〇〇六年十月二十五日

【评析】

这篇知照性通告，叙述清楚，条理分明。先写出依据——发布的目的，后分条款列出告知的具体事项，结尾提出执行时间要求，并用习惯用语“特此通告”作结。

【实例二】

中华人民共和国公安部通告

中华人民共和国民政部已于1999年7月22日认定法轮大法研究会及其操纵的法轮功

组织为非法组织，决定予以取缔。据此，特通告如下：

一、禁止任何人在任何场所悬挂、张贴宣扬法轮大法（法轮功）的条幅、图像、徽记和其他标识。

二、禁止任何人在任何场合散发宣扬法轮大法（法轮功）的书刊、音像制品和其他宣传品。

三、禁止任何人在任何场合聚众进行会功、弘法等宣扬法轮大法（法轮功）的活动。

四、禁止以静坐、上访等方式举行维护、宣扬法轮大法（法轮功）的集会、游行、示威活动。

五、禁止捏造或者歪曲事实、故意散布谣言或者以其他方式煽动扰乱社会秩序。

六、禁止任何人组织、串联、指挥对抗政府有关决定的活动。

违反上述规定，构成犯罪的，依法追究刑事责任；尚不构成犯罪的，依法给予治安管理处罚。

中华人民共和国公安部

一九九九年七月二十二日

【评析】

这篇制约性通告，将执行依据、禁止事项、惩处办法等一一写明，简明易懂，中心突出，起到了有章可循、有规可依的作用。

三、通知

通知，适用于发布、传达要求下级机关执行和有关单位周知或者执行的事项，批转下级机关的公文，转发上级机关和不相隶属机关的公文。

（一）通知的特点

通知、公告和通告属于近似文种，只有明确了三者的异同，在行文时才能正确选择文种进行写作。

相同点：三者都是法定行政公文，都是下行文，都可以是知照性文种。

不同点：一是制发机关的级别不同。公告为国家高级机关使用的文种，通告、通知则所有行政机关都可使用。二是事项告知的范围不同，公告面向国内外，通告面向社会某一局部，通知则面向某一机关、系统内部。三是事项内容的重要程度不同，一般来说，公告事项内容的重要程度要大于通告，通告又要大于通知。四是发布形式不同，公告一般通过新闻媒体发布，通告除通过新闻媒体发布之外，还可采取张贴形式，通知一般以文件形式传送。五是个别格式要素标识不同，公告、通告一般不标主送机关，发文编号另制。

与公告和通告相比，通知主要有以下几个特点：

1. 功能作用的广泛性

通知是公文中使用频率最高的一个文种，告知事项，发布规章，指导工作，批转公文，任免干部等都可使用，功能作用十分广泛。

2. 文种类别的多样性

通知按照功用的不同，又可以划分为多种类别，如知照性通知、指挥性通知、转发性通知等等。

3. 对象指向的明确性

公告、通告指向广泛，一般不标主送机关；而通知的受文对象却是具体明确的。

（二）通知的种类

通知的主要种类如下：

1. 指示性通知

主要用于对下级机关布置任务、作出指示、宣布规定、提出要求等。

2. 知照性通知

用于向下级机关传达需要晓喻的重大事项，如任免或聘用干部、设立或调整机构、启用或更换印章、迁移办公地点等等。

3. 转发性通知

用于转发上级机关和不相隶属的机关的公文，批转下级机关的公文，以及颁发本机关制定的各类规章文件等。

4. 事务性通知

用于告知机关日常事务中需要办理或知晓的具体事项，如会议通知、放假通知等。

（三）通知的写作

标题可以为两种形式：由发文机关、事由、文种组成；由发文机关、文种组成。

主送机关较少的，应具体写明受文机关名称；主送机关较多的，应用规范化统称标注。

正文内容一般分依据、事项和执行要求三部分：依据旨在说明发布通知的原因和根据，常以习惯用语“特通知如下”转接下文。事项为须知或需要办理的事宜，必须具体、周全。事项较多的通知，采用分条分款方式表述，将内容按一定逻辑标准排序，做到条理清晰，一目了然。执行要求常用“以上通知，望认真执行”、“本通知自下发之日起施行”等语句提出，并用习惯用语“特此通知”结尾。

用于转发公文的通知，称为主件，被转发的公文称为附件。主件要写明转发对象和批注意见，附件名称要在主件正文后标注明确。

（四）实例简析

【实例】

关于成立国务院行政审批制度改革工作领导小组的通知

各省、自治区、直辖市人民政府，国务院各部委、各直属机构：

为加强对行政审批制度改革工作的领导，国务院决定，成立国务院行政审批制度改革工作领导小组（以下简称领导小组）。现将有关事项通知如下：

一、领导小组的主要职责

（一）指导和协调全国行政审批制度改革工作。

（二）研究提出国务院各部门需要取消和保留的行政审批项目并拟定有关规定。

（三）督促国务院各部门做好行政审批项目的清理和处理工作。

（四）研究处理与行政审批制度改革有关的其他重要问题。

二、领导小组的组成人员

组长　李××　（国务院副总理）

副组长　王××　（国务委员兼国务院秘书长）

何××　（监察部部长）

成××　崔××　（国务院副秘书长）

杨××　（国务院法制办公室主任）

宋××　（国务院经济体制改革办公室副主任）

王××　（国家发展计划委员会副主任）

李××　（国家经济贸易委员会主任）

楼××　（财政部副部长）

周××　（对外贸易经济合作部副部长）

王××　（国家工商行政管理总局局长）

王××　（中央机构编制委员会办公室副主任）

三、领导小组办事机构的设置

领导小组办公室设在监察部，承担领导小组的日常工作。办公室主任由何××同志兼任，办公室副主任由国务院法制办公室副主任李××、监察部办公厅主任李××担任。

国务院办公厅

××××年九月二十四日

【评析】

这是一篇关于设立重要机构的知照性通知，以国务院决定为发布依据，分条款一一列出职责、成员、分工等重大事项，层次清楚，言简意明。

第四节　决定、通报

一、决定的含义

适用于对重要事项或者重大行动做出安排，奖惩有关单位及人员，变更或者撤销下级机关不适当的决定事项。

决定是党政机关对于某些重要事项或重大行动作出决策和安排，是各级党政机关、社会团体、企事业单位经常使用的、具有规定性和领导性的规范性公文。决定是仅次于命令的重要行政公文，而在不能发布命令的社会组织如企业中决定就是最有权威性的行政公文。

决定使用范围比较广泛，除国家行政机关以及党、人大、军队机关外，企事业单位乃至人民团体只要事关大局、内容重要都可以使用“决定”这一文种。但安排日常工作或处理具体工作时，不宜选用该文种。

决定是权威性较强的文种，因此，在使用中一定要规范。要避免小题大做，人为地强调某件事的重要性，滥用“决定”行文，把本来一般事项或行动升格为重要事项或行动，失去了公文的严肃性。要避免随意误用，把本来可以用“通报”表扬、批评的事项，写进“决定”。只有在有关法规、规章及条例、条令中有明确规定的奖惩事项，才可用“决定”行文。此外，一般性的表扬先进、批评错误的决定用“通报”。

重要事项，如《国务院关于实行公民身份号码制度的决定》、《中华人民共和国民政部关于取缔“法轮大法”研究会的决定》、《国务院关于成立国务院西部地区开发领导小组的决定》、《中共中央关于加快农业发展若干问题的决定》等。

重大行动，如《中共中央国务院关于治理向企业乱收费乱罚款和各种摊派等问题的决定》、《中共中央、国务院关于打击经济领域中严重犯罪活动的决定》、《国务院关于调整国家机关、科学文教卫生等部门部分工作人员工资的决定》等。

二、决定的特点

（一）具有权威性和规定性

决定是下行文，一般由党政机关部门制发，要求下级机关贯彻执行，因此，具有权威性和规定性。一般说，机关级别越高，使用决定的频率也就越多，单位级别比较低的就很少使用这个文种。

（二）具有指导性和全局性

决定记载与传达党和国家领导机关对重要事项和重大行动的决策，具有一定的理论性、政策性、指导性，而且一般不是局限于某个部门，行文有一定的普遍性。

（三）具有稳定性和长远性

决定对于重要事项做出的决策，一般要在相当长的时间内发挥作用，是各级部门工作的指导方针。

三、决定的种类

（一）指挥性决定

适用于对重要事项或重大行动作出安排。指挥性决定是针对某一方面的工作或者某类问题，一般偏重于统一认识或者确定某一方面的方针。这决定带有纲领性、法规性和指导性，不仅要求下级机关了解决定的内容，而且要求下级机关认真遵照执行。这类决定一般篇幅较长，说理透彻，能充分体现领导机关的意图，具有指挥的性质。如《国务院关于加强地质工作的决定》、《中共中央国务院关于实施科技规划纲要增强自主创新能力的决定》、《国务院关于完善企业职工基本养老保险制度的决定》等。

（二）法规性决定

是指为规范人们的社会行为和国家某一方面的管理工作要求而制定的类似法规的重要决定，如《关于惩治虚开、伪造和非法出售增值税专用发票犯罪的决定》等。

（三）知照性决定

主要是指把决定的事项简要地传达给有关地区、单位和人员，多数没有执行要求，少数兼有事项安排。如《全国人民代表大会常务委员会关于加入〈南极条约〉的决定》，这是我国采取的一个重大决策和安排，用决定的形式知照全国、全世界。一般说来，这类决定内容比较单一、简明扼要，而且并不要求下级机关执行。

（四）奖惩性决定

这类决定用于对英雄、模范和有突出贡献的人物进行表彰嘉奖，或对犯有严重错误的单位、个人做出处理，如《国务院关于 2008 年度国家科学技术奖励的决定》、《国务院关于表彰全国劳动模范和先进工作者的决定》。

（五）变更性决定

指对下级机关不适当的决定事项或有关事项做变更或撤销处理的决定，如《国务院修改〈国务院关于职工工作时间规定〉的决定》。

（六）任免性决定

对机构的增设或撤销，比较重要的人事安排作出的决定。

四、决定的结构

（一）标题

决定标题一般为公文的常规模式，即“发文机关＋事由＋文种”，有的也可以省略发文机关。

（二）题注

标题之下，一般标有成文时间。会议通过的决定，应用题注的形式标明何时由何会议通过，并括上圆括号，标识在标题下一行。有题注的决定可不再标识成文日期。其他决定的成文时间要以领导人签发的日期为准。如：

中共中央关于完善社会主义市场经济体制若干问题的决定

（2003 年 10 月 14 日中国共产党第十六届中央委员会第三次全体会议通过）

（三）主送机关

如果决定面向的范围较大，具有广泛性，可以不写主送机关；如果具体到某个机关单位则应写主送机关。

（四）正文

1. 开头

开头又称决定缘由，要写明发布决定的背景、根据、目的、意义，接下来常用过渡词语如“经会议研究决定”、“为此，特作如下决定”等。

不写缘由，只写事项。这种写法一般用在一些重要或者重大决定上。

2. 主体

主体又称决定事项，针对决定缘由提出任务、措施、方案、要求等，篇幅较长的要用小标题，使人容易抓住各层次的中心，便于理解和执行。如某项工作确定的原则、提出的要求、作出的规定、提出的措施办法、作出安排和处置、对某一文件表示批准意见等。

指挥性决定，开头只简要概述决定缘由，后写决定的具体事项，重点放在布置任务、拟出规定、交代办法，最后提出希望或号召。

表彰性和惩处性决定的正文，写法大体相同。表彰性决定，主要写清缘由，指出性质、奖励内容并提出希望、发出号召。惩处性决定正文的写法与表彰性决定的写法相对应，即先写处分的原因，指出性质，再写处分的内容，最后提出警示，从中吸取教训。

变更撤销性决定正文，一般只要写明变更或撤销有关事项的原因、依据和决定事项即可。撤销或变更的依据，应注意讲明有关的法律、法规或相关的规定与政策，不能离开法律规定随便撤销或变更下面的决定。

知照性决定的目的，不是让人们具体地去做什么，只是让人们知晓其内容，所以一般不做原因和意见方面的阐述，也不可能有具体的意见和要求，因此写法简单，往往是直陈其事，即只写出决定的根据与决定的具体内容，结构上常常只有一个段落。

任免性决定的篇幅很短，结构也很简单，在正文中写明任免依据和任免的内容即可。

3. 结尾结语

结尾又称执行要求，一般比较简单，多以提出希望号召或执行要求结尾。也可对决定事项内容加以补充或强调，以加深人们对决定事项的认识理解，提高执行效力。

4. 落款

标明发文行政机关名称，成文时间置于落款之后，也有的成文时间列于标题之下。

决定性公文，如果没有特殊需要，一般不写受文单位，不落款。制发机关见于标题之中，时间见于标题之下的标示。

（五）实例简析

【实例一】

全国人民代表大会常务委员会关于维护互联网安全的决定

（××××年十二月二十八日第九届全国人民代表大会常务委员会第十九次会议通过）

我国的互联网，在国家大力倡导和积极推动下，在经济建设和各项事业中得到日益广泛的应用，使人们的生产、工作、学习和生活方式已经开始并将继续发生深刻的变化，对于加快我国国民经济、科学技术的发展和社会服务信息化进程具有重要作用。同时，如何保障互联网的运行安全和信息安全问题已经引起全社会的普遍关注。为了兴利除弊，促进我国互联网的健康发展，维护国家安全和社会公共利益，保护个人、法人和其他组织的合法权益，特作如下决定：

一、为了保障互联网的运行安全，对有下列行为之一，构成犯罪的，依照刑法有关规定追究刑事责任：

（一）侵入国家事务、国防建设、尖端科学技术领域的计算机信息系统；

（二）故意制作、传播计算机病毒等破坏性程序，攻击计算机系统及通信网络，致使计算机系统及通信网络遭受损害；

（三）违反国家规定，擅自中断计算机网络或者通信服务，造成计算机网络或者通信系统不能正常运行。

二、为了维护国家安全和社会稳定，对有下列行为之一，构成犯罪的，依照刑法有关规定追究刑事责任：

（一）利用互联网造谣、诽谤或者发表、传播其他有害信息，煽动颠覆国家政权、推翻社会主义制度，或者煽动分裂国家、破坏国家统一；

（二）通过互联网窃取、泄露国家秘密、情报或者军事秘密；

（三）利用互联网煽动民族仇恨、民族歧视，破坏民族团结；

（四）利用互联网组织邪教组织、联络邪教组织成员，破坏国家法律、行政法规实施。

三、为了维护社会主义市场经济秩序和社会管理秩序，对有下列行为之一，构成犯罪的，依照刑法有关规定追究刑事责任：

（一）利用互联网销售伪劣产品或者对商品、服务作虚假宣传；

（二）利用互联网损害他人商业信誉和商品声誉；

（三）利用互联网侵犯他人知识产权；

（四）利用互联网编造并传播影响证券、期货交易或者其他扰乱金融秩序的虚假信息；

（五）在互联网上建立淫秽网站、网页，提供淫秽站点链接服务，或者传播淫秽书刊、影片、音像、图片。

四、为了保护个人、法人和其他组织的人身、财产等合法权利，对有下列行为之一，构成犯罪的，依照刑法有关规定追究刑事责任：

（一）利用互联网侮辱他人或者捏造事实诽谤他人；

（二）非法截获、篡改、删除他人电子邮件或者其他数据资料，侵犯公民通信自由和通信秘密；

（三）利用互联网进行盗窃、诈骗、敲诈勒索。

五、利用互联网实施本决定第一条、第二条、第三条、第四条所列行为以外的其他行为，构成犯罪的，依照刑法有关规定追究刑事责任。

六、利用互联网实施违法行为，违反社会治安管理，尚不构成犯罪的，由公安机关依照《治安管理处罚条例》予以处罚；违反其他法律、行政法规，尚不构成犯罪的，由有关行政管理部门依法给予行政处罚；对直接负责的主管人员和其他直接责任人员，依法给予行政处分或者纪律处分。利用互联网侵犯他人合法权益，构成民事侵权的，依法承担民事责任。

七、各级人民政府及有关部门要采取积极措施，在促进互联网的应用和网络技术的普及过程中，重视和支持对网络安全技术的研究和开发，增强网络的安全防护能力。有关主管部门要加强对互联网的运行安全和信息安全的宣传教育，依法实施有效的监督管理，防范和制止利用互联网进行的各种违法活动，为互联网的健康发展创造良好的社会环境。从事互联网业务的单位要依法开展活动，发现互联网上出现违法犯罪行为和有害信息时，要采取措施，停止传输有害信息，并及时向有关机关报告。任何单位和个人在利用互联网时，都要遵纪守法，抵制各种违法犯罪行为和有害信息。人民法院、人民检察院、公安机关、国家安全机关要各司其职，密切配合，依法严厉打击利用互联网实施的各种犯罪活动。要动员全社会的力量，依靠全社会的共同努力，保障互联网的运行安全与信息安全，促进社会主义精神文明和物质文明建设。

全国人民代表大会常务委员会

××××年十二月二十八日

【评析】

这是一篇对重要事项表明处置意图的指挥性决定，采用的是公文写作的基本模式：正文先以互联网的安全存在保障问题和兴利除弊的目的为行文依据，然后从保障互联网的运行安全、维护国家安全和社会稳定、维护市场经济秩序以及保护合法权利四方面表述事项，并针对具体情况分条作出处置规定，最后对下级有关部门提出执行要求。特殊点在于：一是标题下用题注方式标明通过的会议和时间；二是文尾不用习惯用语。

【实例二】

关于表彰2011年度厦门市信访工作先进集体和先进工作者的决定

各区区委、区政府，市直各有关单位：

2011年以来，我市各级各部门的领导和专兼职信访干部在信访工作实践中认真贯彻“三个代表”重要思想，求真务实，勇于探索，大胆开拓，为加强党和政府同人民群众的密切联系，维护社会稳定，促进海湾型城市的建设，做了大量富有成效的工作，取得了很大成绩，涌现了一批信访工作先进单位和先进工作者。为了表彰先进，树立典型，推动全市信访工作再上新台阶，市委、市政府决定授予厦门市湖里区、思明区等22个单位为信访工作先进集体，授予洪其昌等51位同志为信访工作先进工作者。希望受表彰的单位和个人珍惜荣誉，发扬成绩，再接再厉，在信访工作中取得更大成绩。希望各级领导和广大信访干部认真总结经验，宣传先进，发扬成绩，努力开拓我市信访工作新局面。

附：厦门市信访工作先进集体、先进工作者名单

中共厦门市委办公厅

厦门市人民政府办公厅

二〇一二年二月十六日

【评析】

这是一篇由党政联合发布的表彰决定，采用奖惩性公文的写作模式，先肯定信访工作的成绩和指出树立先进典型的意义，然后具体写出表彰依据和事项，结尾提出希望，层次分明，概括简要。

五、通报

通报，适用于表彰先进，批评错误，传达重要精神和告知重要情况。

（一）通报的特点

通报的特点主要有以下几点：

1. 事例的典型性

通报的对象要求典型，必须是具有广泛代表性的人和事。只有通过剖析典型，才能更好地揭示事物的本质规律，总结经验，吸取教训，引导人们辨别是非，弘扬正气，树立新风。

2. 制发的及时性

通报的制发讲求时效，针对当前工作中出现的新情况和新问题，只有抓住时机迅速通报，才能达到及时指导和推动工作的目的。

3. 表达的陈述性

在表达方式上，通报主要通过陈述具有典型意义的事实，来交流信息、说明问题和分清是非。

（二）通报的种类

通报的主要种类如下：

1. 情况通报

情况通报，是在一定范围内传达重要情况和动向，以指导面上工作为目的通报。

2. 表扬通报

表扬通报，是用来表扬先进单位和个人，介绍先进经验或事迹，树立典型，号召学习的通报。

3. 批评通报

批评通报，是用来指出有关单位或个人存在的错误事实，批评后进，打击歪风，以示警诫，要求吸取教训的通报。

（三）通报的写作

不同类别的通报，其内容和写法有所不同。

情况通报，正文应该包括两项内容：通报有关情况；分析并作出结论。具体写法，有的是先摆事实，然后进行分析得出结论；有的是先通过简要分析作出结论，再列举事实，来说明结论的正确性和针对性。

奖惩性通报，是指表扬通报和批评通报。正文一般先举出典型事实，然后在分析评论的基础上具体写明奖惩依据和事项，最后提出希望和要求。

（四）实例简析

【实例一】

国家林业局 公安部 海关总署 国家工商行政管理总局 关于表彰“飞鹰行动”先进集体的通报

各省、自治区、直辖市林业厅（局）、公安厅（局）、工商行政管理局，新疆生产建设兵团林业局、公安局、工商行政管理局，海关总署广东分署、天津、上海特派办、各直属海关，内蒙古、吉林、龙江、大兴安岭森工（林业）集团公司：

2008年3月20日至5月31日，国家林业局、公安部、海关总署、国家工商总局在全国范围内联合开展了代号“飞鹰行动”的集中打击破坏野生动物资源违法犯罪活动专项行动。在地方党委、政府的重视和领导下，各级林业、公安、海关、工商部门周密部署，密切配合，切实加强对破坏野生动物资源违法犯罪的专项打击和综合治理，有效遏制了破坏野生动物资源案件持续上升的势头，有力地打击了违法犯罪分子的嚣张气焰，营造了全社会共同保护野生动物的良好氛围。行动期间，各地共出动人员336874人次、车辆106152台次，清查野生动物活动区域10681处、驯养繁殖场所5797处、加工经营场所21622处，查处案件7795起（其中刑事案件771起），打击处理违法犯罪人员9396人，打掉犯罪团伙48个，收缴野生动物386641头（只）、野生动物皮张1264张、野生动物制品2862件（共计29180公斤）、猎具3377件、猎枪323支。

为表彰先进，树立典型，进一步提高各部门加强野生动物保护执法工作的积极性，国家林业局、公安部、海关总署、国家工商总局决定，对“飞鹰行动”中表现突出的北京市森林公安局刑警队等161个先进集体（名单见附件）予以通报表彰。希望受表彰的单位谦虚谨慎，戒骄戒躁，再接再厉，再创佳绩，为我国野生动物保护事业做出新的贡献。各级林业、公安、海关、工商部门要以他们为榜样，振奋精神，开拓创新，扎实工作，为保护野生动物资源，维护生态安全，全面构建社会主义和谐社会而不懈努力。

附件：先进集体表彰名单（略）

二〇〇八年九月一日（章）

【评析】

本文属于表彰性通报。文中对参加打击破坏野生动物资源违法犯罪活动专项行动的有关单位作出了表彰。全文分为两部分，第一部分叙述通报事件，第二部分阐述通报事件意义、宣布表彰决定、提出希望要求。文章虽然简洁，但如果第二部分分段表述，层次将更为分明。

【实例二】

关于二〇〇八年元旦期间人民银行系统安全保卫工作情况的通报

人民银行各县、市支行：

由于各分行领导的高度重视和机关各部门的大力支持，在元旦期间，安全保卫工作做到了全区库款、机关院内、职工人身三安全。根据部分县、市支行汇报和三组分行的抽查，现将情况通报如下：

一、党组重视。节前，专门组织全行人员认真学习省分行关于节日期间加强安全保卫工作的电视通知精神，再一次进行安全防范教育，就节日期间的安全保卫工作作了详细安排，行长以身作则。

二、加强各项规章制度，并检查、督促、落实。

三、进一步重申了枪支弹药专人保管、专人放置，对枪支、警具、报警设施和车辆进行了全面擦拭和保养，使其处于良好的战斗状态。

四、今年元旦大部分县支行做到了节前有安排，节日期间有检查，节日之后有书面汇报，做得比较好的有××市、××县、××县、××县、××县。

元旦刚过去，春节即将来临，为了保证节日期间库款、机关院内、职工人身绝对安全，我们再重申几点要求：

一、各行要把春节期间的安全防范工作当作头等大事来抓，春节期间，探亲访友人员增多，值班人员相对减少，机关院内出入人员复杂，各行要提高警惕，加强门卫制度、值班制度，行长应到守库现场检查，以确保安全。

二、严格值班纪律，在值班期间严禁酗酒、玩扑克牌，调款车无调款任务要控制外出，确保行车安全。

三、春节期间烟花、爆竹相对增多，要防止失火，认真做好工作，防微杜渐，杜绝事故发生，各行要再认真进行一次自查，加强必要的安全措施。

四、加强汇报制度。各行要在二月三日前，把节日安全保卫执行情况，报二级分行保卫科。

中国人民银行××分行
二〇〇八年一月八日

【评析】

这是一篇情况通报。第一段是前言，从简述中用过渡句“现将情况通报如下”过渡到下文。下面分四个方面总结了元旦期间人民银行系统安全保卫工作的情况，向属下各单位部门通报。因接下来春节即将到来，所以后面又重申了安全保卫工作的四条要求。由此可见，情况通报是以叙述情况为主的，而写法非常灵活，既可先叙述情况后作出结论，也可先作出结论后叙述情况，还可以针对具体问题提出相应的对策。

第五节　报告、请示

一、报告的含义

报告是适用于向上级机关汇报工作、反映情况、答复上级机关询问的行政公文文种。

报告属于报请性公文、上行文。

研究公文的人都注意到，关于“报告”，2000 年的《办法》与 1993 年的《办法》不同。2000 年的《办法》删掉了前报告中的一项功能，即“提出意见或者建议”，但在行政公文中增加了“意见”这个新文种。这就是说，报告的这项功能，已经移交给意见，这也无异于说，自 2001 年 1 起，凡是运用“报告”继续提出意见、建议，从而要求“批转”的，都已经不符合现行行政公文的标准与要求（党务公文不在此列），而所有的公文教科书，也不应该再设置“建议报告”这一类型。

作为行政公文的报告，和一些专业部门从事业务工作时所使用的标题也带有“报告”二字的行业文书，如“审计报告”、“评估报告”、“立案报告”、“调查报告”等，不是相同的概念。这些文书不属于行政公文的范畴，注意不要混淆。

二、报告的特点

（一）直陈性

报告用于向上级机关汇报工作、反映情况、答复询问，无论其所表达的内容还是使用的语言都是具有陈述性的。可以说对事实和观点的直陈构成了报告的主体内容。

正因为报告是陈述性公文，所以它的主要表达方法是叙述和说明，应尽量少发议论。

（二）概括性

报告往往是对一定阶段工作的综合和归纳，不是侧重于事物发展变化的具体过程和细节，而是侧重于事物发展变化的结果，因此，报告必须高度概括事物发展变化的过程，归纳出事物发展变化的规律，总结出符合客观实际的经验和教训，提出切实可行的意见和建议。

（三）内容的综合性

报告是 15 种公文中综合性最强的，报告的内容可以是一文一事，还可以是一文多事，涉及的面较广，篇幅也相对较长。

（四）时间的不定性

报告的制发不受时间的限制，事前可以报告计划和设想；事中可以报告进展情况；事后可报告已完结的事项。

三、报告的种类

按照不同的标准可以对报告作不同的分类。

按行文时限分，可以把报告分为定期报告（也称例行报告）和不定期报告。下级机关定期向上级机关汇报工作，呈报的是定期报告，如年度工作报告；如有重大的、临时的、突击性的工作或情况，则随时向上级机关汇报，呈报的是不定期报告。

按内容范围分，可以把报告分为综合报告和专题报告。向上级机关汇报全面工作，内容涉及面较广的，是综合报告；综合报告涉及面宽，要把主要工作范围之内的方方面面都涉及，可以有主次的区分，但不能有大的遗漏。大到国务院提供给人民代表大会的政府工作报告，小到某单位向上级提供的年度、季度、月份工作报告，都属于这种类型。向上级机关汇报某一方面专项工作或某一方面具体情况的，是专题报告。

按内容性质分，可以把报告分为工作报告、情况报告、答复报告和报送报告等。

工作报告用于向上级机关汇报有关工作进展的情况、取得的成果、积累的经验、存在的问题以及今后的打算等。一个部门、一个单位做完一个阶段的工作，或完成一项工作任务后，常常要回顾与总结，把有关情况、做法或成绩、经验、体会、问题和意见等向上级机关或群众作出书面汇报，达到交流经验、解决问题、推动工作的目的。

情况报告用于反映上级机关所要了解的有关情况、有关方面的动态等，汇报一些重要情况、特殊情况、突发情况和新情况，为上级机关进行决策提供依据。一般包括的事项有：①主要的社情、民情；②严重灾害、案情、敌情及处理情况；③举行重要活动，召开重要会议的情况，各级、各类代表大会选举情况；④对上级重要决议、决定事项的督办情况及检查某项工作发现的情况；⑤对某项工作存在的失误和重大问题的反思与检讨；⑥其他重要的、典型的突发性新情况（如突发性的群体性事件）、有一定倾向性的异常事件或新动态、新风气、新生事物等。如《关于×××工程施工造成管道煤气泄漏事故的报告》、《关于××地区遭受严重洪灾的紧急报告》等。

答复报告用于对上级机关有关询问的答复。这是上级机关向下级了解和询问某一情况或问题，下级机关作出答复时所使用的一种报告。

报送报告用于向上级机关报送文件、物件等。这是下级向上级报送文件、物件时随同写出的报告。

四、报告的结构

（一）标题

标题可分为两种形式：

一是发文机关＋事由＋文种，如《××省人民政府办公厅关于我省清理整顿统一着装工作情况的报告》、《财政部关于2000年中央和地方预算执行情况及2001年中央和地方预算草案的报告》、《林业部关于加强森林防火工作的报告》。

二是事由＋文种，如《关于320国道湘乡铁路段立交桥积水堵车的情况报告》、《关于国民经济和社会发展第十个五年计划纲要的报告》、《关于进一步加强我市公共场所防火工作的报告》。

报告的标题容易出毛病的是事由。有的报告标题乱而且长，内容不集中，中心不突出。例如某单位给上级政府的一份报告《关于×××共建文明村和开展植树造林情况的报告》，把“共建文明村”和“植树造林”两种不同性质的事项写在一个标题当中。又如有一份报告的标题《××××人民政府关于认真贯彻落实××政发（×××）××号文件精神，积极动员群众大力开展抗旱播种保苗，保证今年农业夺取丰收的情况的报告》，这个标题长达60多个字，冗长、啰唆，不够明确，这个标题可改为《××××人民政府关于抗旱播种保苗的情况报告》。

（二）主送机关

行政机关的报告，主送机关尽量要少，一般只送一个上级机关即可。但行政机关受双重领导的情况比较多见，只报送其中一个上级机关显然不妥，因此，有时主送机关可以不止一个，还须呈送其他上级机关，应采用抄送形式。报告应报送自己的直接上级机关，一般情况下不要越级行文。

（三）正文

1. 开头

开头一般写发文缘由。发文缘由通常写明报告的目的、意义、根据、背景，或概括地提示报告的主要内容，或简要介绍所报告的事项、概况等。一般用“现将有关情况报告如下”承启下文。答复报告开头要先引述来函文号及询问的问题，然后过渡到下文，答复上级的询问。

2. 主体

主体一般写报告事项。报告事项是正文的主体，不同类型的报告具有不同的写法。

（1）工作报告

工作报告要写清楚开展某项工作的情况，包括工作的内容、进展的情况、采取的措施、取得的成绩、经验、存在的问题（工作中的缺点、不足或遇到的困难）、今后的打算、下一步的工作安排等。结语写“特此报告”。

工作报告正文的写法，要根据所汇报的工作进程时间的不同，把握不同的要点。汇报某项工作的筹备情况，要重点写出为全面开展某项工作已拟定好的方法、措施、步骤、建议等；汇报某项工作的进展情况，要重点写出已做工作的概况和继续做好工作的打算、意见等；汇报某项工作的完成情况，要重点写出该项工作取得的成绩和经验，附带写出工作中的不足或教训。

工作报告一般内容较多，篇幅较长，常采用分条列项的结构形式。

（2）情况报告的写作

情况报告正文的写作模式为：“情况—原因—教训—意见”四步写法。

情况：概括写出“情况”或“事件”发生的过程、造成的后果。

分析：分析发生“情况”或“事件”的原因和教训。

意见：在分析原因的基础上，总结应吸取的教训或可借鉴的意义。也包括对“情况”、“事件”或对当事人及有关责任人的处理意见、解决的办法和今后的打算、改进措施等。

情况报告所涉及的事项一般比较单一，但就单一的事项，应写出事情的缘由、过程、结果、性质、现状或后果、初步处理情况及汇报者的态度、建议等。要写得概括简明，事实清楚，实事求是，态度诚恳。

（3）答复报告的写作

答复报告是以调研为基础形成的报告。其正文的结构模式为：

引述来文：一般引上级来文的标题和发文字号。

答复询问：逐项回答上级机关或领导人询问或批示的具体问题。

注意，回答问题要以调查所得的客观事实为基础，针对上级提出的问题实事求是地回答，不能答非所问，不能隐瞒欺骗，不能打幌绕圈，不能含糊其辞。

（4）报送报告

报送报告用于下级机关上报重要材料和重要物品等。这种用途虽然没有被《国家行政机关公文处理办法》及其他有关公文处理文件规定进去，但在实际工作中已被普遍使用和认可。

报送报告的事项部分一般很短，只要说明报送材料或物件的名称、数量即可。

报送报告正文的写作通常是一句话或一段话写明报送的文件、物件及意图，如“现将我局《200×年工作总结》随文报送，请予审阅”。如果是专报材料，可不在附件说明处标注附件名称；如果报送的材料较多，要在附件说明处逐一标注；如果是资金物品，要在附件说明处标注附件名称，在附件中写清资金数额并逐一写明物品的名称、件数或型号、商标等。

3. 结尾结语

结尾有两种写法：

（1）今后工作的意见

为了配合领导工作或协助领导决策，在陈述完报告事项后，或说明今后的打算，或提出工作意见或建议。

今后的打算一般是说明今后工作的主要任务，以及完成这些任务的具体做法。提出工作意见或建议，是对报告事项的补充与延伸。

（2）尾语

工作报告、情况报告、答复报告常用的尾语有：“特此报告”、“专此报告”、“请审阅”、“请指正”、“以上报告，请审阅”、“以上报告如有不当，请指示”等。

如报送报告常用的尾语是“请查收”、“请查阅”、“请查收并审核”等。答复报告多用“专此报告”，递送报告则用“请审阅”、“请收阅”等。工作报告和情况报告的结束语常用“特此报告”。也有的报告，既写今后工作的意见，也以尾语作结。

报告是单向性行文，不需要任何相对应的文件。为此要特意提请注意，像类似“以上报告当否，请批示”的说法是不妥当的。

【实例一】

关于××市第三棉花加工厂特大火灾事故检查处理情况的报告

国务院：

××××年4月21日，我省××市第三棉花加工厂发生一起特大火灾事故，烧毁皮棉101，980担，污染1396担；烧毁籽棉5535担，污染72，600担；烧毁部分棉短绒、房屋、机器等造成直接经济损失20，129，000余元，加上付给农民的棉花加价款3，669，000余元，共损失23，799，000余元。

火灾发生后，虽然调集了本省和邻省部分地区的消防人员和车辆参加灭火，保住了主要的生产厂房、设备，抢救出部分棉花，但由于该厂领导组织指挥不力，加上风大、垛密，缺乏消防水源，致使火灾蔓延，给国家造成了巨大损失。事故发生后，省委、省政府立即采取紧急措施，派有关部门负责人赶赴现场，协助调查处理这一事故，做好善后工作。经过上下通力合作，该厂于4月30日正式恢复生产。

从调查核实的情况看，这次火灾是一起重大责任事故，其直接原因是该厂临时工李××违反劳动纪律，擅自扭动籽棉上垛机上的倒顺开关，放出电火花引燃落地棉所致。但这次火灾的发生，领导负有重大责任。一是长期以来，厂领导无人过问安全工作。从去年棉花收购以来，该厂有记录的火情就有十二次，并因仓储安全搞得不好、消防组织不健全、消防设施失灵等，多次受到通报批评。厂长段××严重丧失事业心和责任感，对火险隐患听之任之，对上级部门的批评置若罔闻，直至得知发生火灾消息后，也没有及时赶到现场组织抢救。因此，段××对这次火灾应负主要责任。分管安全生产工作的副厂长张××，工作不负责任，该厂发生的多次火情，从未研究、采取措施，对造成这次火灾负有重大责任。二是××市委、市政府对该厂的领导班子建设抓得不紧。××年建厂以来，一直没有成立党的组织，管理混乱。这次火灾发生后，分管财贸工作的副市长×××同志，忙于参加商展销招待会，直至招待会结束才到火灾现场，严重失职，对火灾蔓延、扩大损失负有重要领导责任。三是这次事故虽然发生在基层，但也反映出省政府、××行署的领导，在经济体制改革的新形势下，对安全生产工作中出现的新情况、新问题认识不足，抓得不力。

另外，近几年来，××市棉花生产发展较快，收购量大幅度增加，储存现场、垛距、货位都不符合防火安全规定的要求，再加资金缺乏，编制不足，消防队伍的建设跟不上，消防设施不配套，也给及时扑救、控制火灾带来了困难。

为了认真吸取这次特大火灾的沉痛教训，我们采取了以下措施：

（一）认真学习国务院关于搞好安全生产的有关规定，提高对新形势下搞好安全工作的认识。省政府于五月上旬发出了《关于加强安全生产工作的紧急通知》，要求各级政府、各部门认真学习有关安全工作的规定，牢固树立“安全第一，预防为主”的思想，迅速制定安全措施，建立健全安全生产、安全管理、安全监察等各项制度。××市第三棉花加工厂发生的火灾事故已通报全省。

（二）在全省开展安全生产大检查，及时消除事故隐患。从五月中旬开始，省政府确定由一名副省长负责，组织了四个检查组，到有关地市，对矿山、交通、棉储、化工、食品卫生等行业进行重点检查。各地市也分别组成检查组，进行安全检查。

（三）对××市第三棉花加工厂发生的这起特大火灾事故，省政府责成省供销社、省劳动局、省公安厅会同××地委、行署核实案情，抓紧做好善后工作。××地委、行署几次向省委、省政府写了检查报告，请示处分，并已整顿了企业领导班子，虚心接受这次事故的教训。事故的性质和责任已经查明，对肇事者李××已依法逮捕，负有直接责任的厂长段××、副厂长张××依法处理。对××市政府分管财贸工作的副市长×××同志，给予行政撤职处分。

我们一定要在现有人力、物力、技术条件下，尽最大努力做好安全工作，防止此类事故的发生。

以上报告，如有不当，请指正。

××省人民政府

××××年×月×日

【评析】

本文属情况报告。全文共分为三部分：1、2 两段“陈述情况”；3、4 两段“分析原因”；5～9 段“提出对策措施”。

（1）文章一开篇便点明了时间、地点和事件，作为全文的总起；接着，以一连串数字说明了损失之惨重，突出了事故的严重性。第 2 段交代了抢救情况与善后工作，以省府机关组织实施的“调查处理”点题，并以此作为“分析原因”和“提出对策”的依据，为下文张本。

（2）对于事故发生的原因，作者从主观、客观两个角度作出了全面深入的分析。第 3 段为“主观”原因分析，这是分析的重点。作者首先以“调查核实”为依据，认定这是一起“重大责任事故”；然后，从“直接责任”和“领导责任”两个方面作出分析：“直接责任”在于临时工李××违反劳动纪律所致；而“领导责任”则涉及厂领导、市领导、省领导 3 个层次，按照责任“由重到轻”、级别“由低到高”的逻辑顺序展开，显示了十分明晰的条理。

第 4 段为“客观”原因分析，它虽然处于次要位置，但在整个原因分析中也是必不可少的一项内容，有了它才能保证分析的全面、客观与公正性。

（3）提出对策。作者针对这一责任事故以及安全生产的某些薄弱环节，说明了已经采取的三项措施：其一，建立健全安全生产规章制度；其二，进行安全生产大检查；其三，善后工作及惩处决定。

（4）文章最后一个小段，以“惯用结语”作结。

（5）全文内容充实，结构严谨，显示了章法的完整性与条理性。

（6）此文的表达也颇具特色，主要表现在以下几个方面：叙述、说明、议论有机结合运用；依据表现主旨的需要，对表达详略的处理得体适度，分寸感极强；用语简明，言约意丰。

【实例二】

××市国土资源局 2008 年依法行政工作报告

××市人民政府：

按照《国土资源部关于深入持续推进依法行政构建保障和促进科学发展新机制的通知》〔国土资发（2008）248 号〕的要求，现将我局 2008 年全面推进依法行政工作情况报告如下。

一、2008 年依法行政主要工作情况（略）

（一）完成法规规章和规范性文件的清理工作（略）

（二）进一步规范行政审批事项，及时修改办事程序（略）

（三）认真贯彻落实政府信息公开条例（略）

（四）加强行政处罚实施的规范化，严格行政处罚自由裁量权（略）

（五）严格执法队伍管理，建立健全依法行政评议考核机制（略）

（六）建立依法行政监督机制，认真处理好群众来信来访（略）

二、存在的主要问题和原因（略）

三、2009—2013年依法行政工作重点（略）

特此报告

××市国土资源局（印）

二〇〇八年十一月十日

【评析】

这是一篇工作报告。开头干净利落，交代了报告的缘由，然后以一句“现将我局2008年全面推进依法行政工作情况报告如下”过渡到下文。

主体部分结构清晰，条理分明。主要工作情况部分是本文的重点所在，从6个方面汇报了主要工作成绩及做法；存在的问题及原因部分的陈述，客观简洁；最后点明了今后的工作重点。主要工作情况部分，如能将每层的小标题都设计成结构相同或相似，会更好。

五、请示

请示适用于向上级机关请求指示、批准。

（一）请示的特点

报告与请示不分的现象之所以存在，就在于未能掌握请示、报告各自的特点，以至于行文时混用这两个文种，因此有必要明确两者的异同。

相同点：两者都是法定行政公文，都是上行文，都是报请性文种。

不同点：一是行文目的不同。报告的行文目的，主要在于汇报工作、反映情况、答复询问等，故不向上级机关提出任何要求；请示的行文目的，除了反映情况之外，主要在于请求指示或审核批准，需要上级机关给予答复。二是上级机关处理原则不同。对于报告，上级机关只在认为有必要时才予以批复；而对于请示，上级机关不管同意与否均应批复。三是内容限制不同。对报告虽也提倡一文一事，但像综合性工作报告等显然多为一文数事且篇幅较长；对请示则严格要求一事一请，篇幅相对较短小。四是行文时间不同。报告在事前、事中、事后均可行文；而请示必须事前行文。

归纳起来，请示主要有以下几个特点：

1. 行文目的的呈请性

请示的事项是必须办理而在本机关职权范围内又不能解决的，需要请求上级机关指示或审核批准，及时给予答复，其行文目的的呈请性十分突出。

2. 主送机关的明确性

请示行文的主送对象，是有职权主管这一事项的上级机关。特别是受双重领导的下级机关行文请示时，更应当谨慎地根据上级机关主管职权的分工，明确一个主送对象。

3. 事项内容的单一性

行文请示必须一文一事，切忌把不相关联的多个问题放在一个请示里，事项内容的单一性也是请示的显著特点。

（二）请示的种类

请示的主要种类如下：

1. 请求指示的请示

这是对上级的某项规定或指示有不同理解，希望上级明确解释的；或者从实际出发需要上级对某项规定、制度、指示作出修订、补充的请示。

2. 请求审批的请示

这是请求上级解决本单位的某些困难；或对本单位的某个问题提出处理意见请求上级认可的请示。

3. 请求批转的请示

这是某职能部门针对新情况、新问题提出了解决的办法和措施，因为不能直接要求平级或不相隶属的机关部门照办，而需要请求上级审定后批转有关方面执行的请示。

（三）请示的写作

请示正文内容一般具有行文依据、具体事项、呈请要求、习惯用语等基本要素，采用的是公文写作的基本模式。首先写明请示依据，强调请示的必要性，为请示事项作好铺垫；其次提出请示事项，这是请示的核心部分，要求明确、具体、周全；最后用习惯用语表示呈请要求，一般有“当否，请批示”、“如无不妥，请批复”、“如无不妥，请批转有关单位执行”等。

（四）实例简析

【实例】

××省人民政府关于建议暂缓批准解决××湖地段勘界遗留问题方案的请示

国务院：

我省参加国务院赴××湖工作组召开的研究解决××湖地段勘界遗留问题会议后，省委、省政府非常重视，再次进行了认真研究。鉴于目前××湖地区的客观形势，我省认为暂不宜批准实施《解决××湖地段勘界遗留问题方案》（以下简称《方案》）。主要理由是：

一、××湖地区的现实状况发生了很大变化，批准实施《方案》已没有实际意义。（内容略）

二、目前××湖地区两省群众和睦相处、形势稳定，不宜再触及可能引发纠纷的敏感问题。（内容略）

三、××两省对《方案》分歧较大，难以实施。《方案》通报给两省后，两省对《方案》都不满意，如果批准该《方案》，下一步实施起来难度会更大。还是先协调、先磋商，基本取得一致意见或相近意见后再定，以便更好落实。

四、眼下正值年末岁首，各地都在学习贯彻中央召开的一系列重要会议精神，筹备召开“两会”，安排部署2004年的工作。涉及国计民生的大事很多，时间紧，任务重，是全年最忙时期之一，政府很难集中精力处理这件事。

五、解决××湖问题应保持政策连续性。我省认为，解决××湖问题应保持政策的连续性，应坚持贯彻、全面深入落实党中央、国务院1984、1985年“三个文件”精神，坚持××湖由××县统一管理的原则，而不要翻来覆去调整边界。如果需要重新勘界，应待南水北调工程完工后，再根据新情况考虑调整方案，以利××湖问题的彻底解决，确保××湖地区的长治久安。

鉴于上述原因，恳请国务院暂缓批准《解决××湖地段勘界遗留问题方案》。

当否，请批复。

××省人民政府

二〇〇三年十二月二十七日

【评析】

文章开头即亮明了“《方案》暂时不宜批准实施”的观点，接着从实施该《方案》的不必要性和不可行性两个角度谈了五点理由，然后水到渠成地提出“恳请国务院暂缓批准《解决××湖地段勘界遗留问题方案》”的要求。行文内容严谨有序，语言简明有度。

第六节　批复、意见

一、批复的含义

批复是适用于答复下级机关请示事项的行政机关公文文种。

批复是与请示相对应的，有请示才有批复，没有请示就没有批复。批复是被动行文。

批复属于指挥性公文、下行文。

二、批复的特点

（一）针对性

在各种行政公文中，批复是针对性最强的文种。它唯一的用途就是用来答复下级机关的请示事项，内容直接针对请示机关、针对请示事项。可以说批复是与请示相对应的一对文种，有请示才有批复，请示什么答复什么。

（二）指导性

批复针对请示表态或发表意见，对下级的工作有指导、规范作用，下级机关就某事项一经发文请示上级，上级机关就一定要答复；而上级机关在批复中表述的意见，下级机关都必须遵循，不能违背上级的批复意见。

三、批复的结构

（一）标题

批复的标题一般采用公文常规式写法，即发文机关＋主要内容＋文种。

关于批复的标题有以下几点需要说明：

1. 可以在批复的标题中加上“同意”以表明态度。批复往往在标题的主要内容一项中，明确表示对请示事件的意见和态度，而一般公文标题中的主要内容部分一般只点明文件指向的中心事件或问题，多数不明确表示态度和意见。如《国务院关于同意××省撤销××地区设立地级××市的批复》，其中“同意”两字就是用来表明态度和意见的。如果不批准请求事项，标题中可以不出现态度和意见，到正文中表态。如果是答复请求指示的请示，也无须在标题中表态。

2. 标题中批复的事由可以与请示的事由相同。

3. 用介词“对”加上被批复文件的名称或文号，都是不规范的标题形式。

（二）正文

批复的正文主要由引语、批复意见、结语等部分构成。

1. 引语

引语主要引述下级机关请示来文的标题和发文字号等，如“你×（单位）《关于××××××的请示》（××〔2010〕××号）收悉，现将有关事项批复如下”。

2. 批复意见

针对下级机关请示所作的答复，如发出的指示、作出的批准决定以及补充的有关内容，都属于批复事项。如果内容复杂，可分条表述，但必须坚持一文一批的原则，不得将若干请示合在一起用列条的方式分别给以答复。如同意请示事项，必要时并可作某些指示；如若不同意，则应简要阐明理由。批复内容文字简练，不作议论。

批复事项的内容包括：批复态度和批复意见。要求写得态度鲜明，意见具体，或完全同意，或部分同意，或不同意，有的批复还提出具体处理意见。总之批复不能含糊不清、似是而非、模棱两可，否则下级无所适从，更不能回避不复。如有必要，批复机关也可以针对请示事项的实施、落实等问题作出有关指示性意见。针对请求指示的请示，批复机关应作出明确指示。

批复的内容应一文一事，批复中凡引用有关法规、规章作答的，应写明出处，先引文件标题，后引发文字号。

如果批复内容较多，可采用分条列项的方式表述出来。

领导机关应急下属机关之所急，接到请示之后，要及时研究，及时批复，做到及时行文。

3. 结语

批复的结束语一般有“此复”、“特此批复”等。

附：对越级请示如何批复？

对越级请示的批复一般采用变通的方法，即电话或书面征求越级请示单位的直接上级机关或主管部门的意见，然后将批复意见主送越级请示单位的直接上级，同时抄送越级请示的单位（即请示的行文单位）。

（三）实例简析

【实例一】

福建省人民政府关于同意福安市嘉美房地产开发有限公司海域使用申请的批复

省海洋与渔业局：

你局《关于审批福安市下白石镇江滨商住楼项目使用海域的请示》（闽海渔发〔20××〕112号）文悉。根据《中华人民共和国海域使用管理法》等有关法律、法规的规定，经研究，同意福安市嘉美房地产开发有限公司使用福安市下白石镇客运码头北侧0.354公顷海域，用于填海建设江滨商住楼。请严格按有关规定，给予办理相关手续。

此复

福建省人民政府

××××年四月七日

【评析】

这篇审批性批复以有关法规文件为依据，紧扣请示事项明确作答，态度鲜明，言简意赅。

【实例二】

国家工商行政管理局对虚假广告认定问题的批复

广东省工商行政管理局：

你局《关于对免费做广告活动如何处理》（粤工商发〔××××〕12号）的请示收悉。现就有关问题批复如下：

一、《羊城晚报》登的广州市京粤广告公司免费做广告，携手创辉煌广告，其经营方式实际是以预收三年广告投资的利息为广告费，并非是免费做广告，且在广告词中谎称有多种户外广告媒体。上述行为，违反了《广告法》第三条和第四条的规定，应认定为虚假广告，并依法予以查处。

二、此广告系广告界做的虚假广告，有一定的典型性。请你局在查处此案违法当事人的过程中，注意总结经验，并将案件情况和处理结果一并报送我局广告监督管理司。

此复

国家工商行政管理局

××××年三月六日

【评析】

这篇指示性批复，针对下级机关询问的有关问题进行答复，先依据国家《广告法》的规定，明确认定免费做广告，携手创辉煌的广告活动为虚假广告，随即指示下级机关依法予以查处，并要求及时上报处理结果。它既解答了来文机关的疑问，也对全局工作起着指导和规范作用，充分体现了批复的针对性、指示性和权威性。

四、意见

意见，适用于对重要问题提出见解和处理办法。

（一）意见的特点

意见是《国家行政机关公文处理办法》（国发〔2000〕23 号）中新增加的文种，主要有以下两个特点：

1. 行文的灵活性

意见可以用于上行文，也可用于下行文和平行文，行文方向不受限制，使用相当方便灵活。

2. 内容的建议性

意见作为上行文，是对工作提出建设性意见，需要呈报上级机关认定后方可执行。意见作为平行文，是提出见解供对方参考。意见作为下行文，文中对贯彻执行有明确要求的，下级机关应遵照执行；无明确要求的，相当于工作建议，下级机关可参照执行。因此，意见内容具有建议性的特点。

（二）意见的种类

意见的主要种类如下：

1. 下行意见

用于向下级机关提出处理重要问题的方针、原则和措施、办法，一般相当于原则性的工作指导。

2. 上行意见

用于向上级机关提出开展工作的各项具体建议，一般相当于呈请性的工作打算。

3. 平行意见

用于向平级机关提出协商工作的见解，一般相当于配合性的工作商议。

（三）意见的写作

意见一般采用的是公文写作的基本模式，正文内容具有行文依据、具体事项、工作要求等基本要素。首先写明提出意见的事由、根据和目的；其次提出的具体见解和措施办法，可采用小标题或围绕问题分条列项进行撰写；最后对贯彻意见提出具体要求。

（四）实例简析

【实例】

水利部关于水权转让的若干意见

各流域机构，各省、自治区、直辖市水利（水务）厅（局），各计划单列市水利（水务）局，新疆生产建设兵团水利局：

健全水权转让（指水资源使用权转让，下同）的政策法规，促进水资源的高效利用和优化配置是落实科学发展观，实现水资源可持续利用的重要环节。在中央水利工作方针和新时期治水思路的指导下，近几年来，一些地区陆续开展了水权转让的实践，推动了水资源使用权的合理流转，促进了水资源的优化配置、高效利用、节约和保护。为进一步推进水权制度建设，规范水权转让行为，现对水权转让提出如下意见。

一、积极推进水权转让

1. 水是基础性的自然资源和战略性的经济资源，是人类生存的生命线，也是经济社会可持续发展的重要物质基础。水旱灾害频发、水土流失严重、水污染加剧、水资源短缺已成为制约我国经济社会发展的重要因素。解决我国水资源短缺的矛盾，最根本的办法是建立节水防污型社会，实现水资源优化配置，提高水资源的利用效率和效益。

2. 充分发挥市场机制对资源配置的基础性作用，促进水资源的合理配置。各地要大胆探索，勇于创新，积极开展水权转让实践，为建立完善的水权制度创造更多的经验。

二、水权转让的基本原则

3. 水资源可持续利用的原则。水权转让既要尊重水的自然属性和客观规律，又要尊重水的商品属性和价值规律，适应经济社会发展对水的需求，统筹兼顾生活、生产、生态用水，以流域为单元，全面协调地表水、地下水、上下游、左右岸、干支流、水量与水质、开发利用和节约保护的关系，充分发挥水资源的综合功能，实现水资源的可持续利用。

4. 政府调控和市场机制相结合的原则。水资源属国家所有，水资源所有权由国务院代表国家行使，国家对水资源实行统一管理和宏观调控，各级政府及其水行政主管部门依法对水资源实行管理。充分发挥市场在水资源配置中的作用，建立政府调控和市场调节相结合的水资源配置机制。

5. 公平和效率相结合的原则。在确保粮食安全、稳定农业发展的前提下，为适应国家经济布局和产业结构调整的要求，推动水资源向低污染、高效率产业转移。水权转让必须首先满足城乡居民生活用水，充分考虑生态系统的基本用水，水权由农业向其他行业转让必须保障农业用水的基本要求。水权转让要有利于建立节水防污型社会，防止片面追求经济利益。

6. 产权明晰的原则。水权转让以明晰水资源使用权为前提，所转让的水权必须依法取得。水权转让是权利和义务的转移，受让方在取得权利的同时，必须承担相应义务。

7. 公平、公正、公开的原则。要尊重水权转让双方的意愿，以自愿为前提进行民主协商，充分考虑各方利益，并及时向社会公开水权转让的相关事项。

8. 有偿转让和合理补偿的原则。水权转让双方主体平等，应遵循市场交易的基本准则，合理确定双方的经济利益。因转让对第三方造成损失或影响的必须给予合理的经济补偿。

三、水权转让的限制范围

9. 取用水总量超过本流域或本行政区域水资源可利用量的，除国家有特殊规定的，不得向本流域或本行政区域以外的用水户转让。

10. 在地下水限采区的地下水取水户不得将水权转让。

11. 为生态环境分配的水权不得转让。

12. 对公共利益、生态环境或第三者利益可能造成重大影响的不得转让。

13. 不得向国家限制发展的产业用水户转让。

四、水权转让的转让费

14. 运用市场机制，合理确定水权转让费是进行水权转让的基础。水权转让费应在水行政主管部门或流域管理机构引导下，各方平等协商确定。

15. 水权转让费是指所转让水权的价格和相关补偿。水权转让费的确定应考虑相关工程的建设、更新改造和运行维护，提高供水保障率的成本补偿，生态环境和第三方利益的补偿，转让年限，供水工程水价以及相关费用等多种因素，其最低限额不低于对占用的等量水源和相关工程设施进行等效替代的费用。水权转让费由受让方承担。

五、水权转让的年限

16. 水行政主管部门或流域管理机构要根据水资源管理和配置的要求，综合考虑与水权转让相关的水工程使用年限和需水项目的使用年限，兼顾供求双方利益，对水权转让的年限提出要求，并依据取水许可管理的有关规定，进行审查复核。

六、水权转让的监督管理

17. 水行政主管部门或流域管理机构应对水权转让进行引导、服务、管理和监督，积极向社会提供信息，组织进行可行性研究和相关论证，对转让双方达成的协议及时向社会公示，对涉及公共利益、生态环境或第三方利益的，水行政主管部门或流域管理机构应当向社会公告并举行听证。对有多个受让申请的转让，水行政主管部门或流域管理机构可组织招标、拍卖等形式。

18. 灌区的基层组织、农民用水户协会和农民用水户间的水交易，在征得上一级管理组织同意后，可简化程序实施。

七、积极探索，逐步完善水权转让制度

19. 各级水行政主管部门和流域管理机构要认真研究当地经济社会发展要求和水资源开发利用状况，制定水资源规划，确定水资源承载能力和水环境承载能力，按照总量控制和定额管理的要求，加强取水许可管理，切实推进水资源优化配置、高效利用。

20. 鼓励探索，积极稳妥地推进水权转让。水权转让涉及法律、经济、社会、环境、水利等多学科领域，各地应积极组织多学科攻关，解决理论问题。要积极开展试点工作，认真总结水权转让的经验，加快建立完善的水权转让制度。

21. 健全水权转让的政策法规，加强对水权转让的引导、服务和监督管理，注意协调好各方面的利益关系，尤其注重保护好公共利益和涉及水权转让的第三方利益，注重保护好水生态和水环境，推动水权制度建设健康有序地发展。

二〇〇五年一月十一日

【评析】

本文是一份指导性意见，水利部向下级相关机关传达关于水权转让的若干意见，带有工作指导性。该意见在正文部分先交代了做出意见的背景，再做出了关于水权转让的态度、基本原则、限制范围、转让费、年限、监督管理、转让制度等。该意见非常明确全面，具有很强的工作指导性。

第七节　函、纪要

一、函的含义

函是适用于不相隶属机关之间商洽工作，询问和答复问题，请求批准和答复审批事项的行政机关公文文种。

在适用的内容方面，它除了主要用于不相隶属机关相互商洽工作、询问和答复问题外，也可以向有关主管部门请求批准事项，向上级机关询问具体事项，还可以用于上级机关答复下级机关的询问或请求批准事项。

函除作为平行文种出现之外，有时也可用于有隶属关系的上下级机关之间。例如，上级机关向下级机关询问有关情况，用其他的文体显然不合适，可以用函，但下级的答复最好用报告。上级机关向下级机关催办有关事宜，如要求下级机关呈报有关报表、统计数字或材料时，也可以用函，下级同样要回以报告。

理解函的定义时，关键要把握住“不相隶属机关”这一概念。一个系统内部的平级机关是不相隶属机关，即凡是双方在行政或组织上没有领导与被领导关系、业务上没有指导被指导关系的，都是不相隶属机关，无须考虑双方的级别大小。比如××市人民政府各办、局、委之间，一个企业的各科之间，它们的关系是平等关系，平等关系不是隶属关系，不存在管辖与被管辖。对××大学××系（学院）来说，这个大学的教务处是它的教学主管部门，科研处是它的科研主管部门，人事处是它的人事主管部门，学生处是它的学生主管部门等等。

在不相隶属机关之间，级别高的一方不能向级别低的一方发出指挥、指导性公文（个别晓谕性的通知例外），级别低的一方也不需向级别高的一方发出请示和报告。双方之间如果有事项需要协商或请求批准，都要使用“函”这种平行文体。

按照《国家行政机关公文格式》规定，函的特定格式是“信函式格式”，但这并不意味着只有函才可采用“信函式格式”。《办法》规定：办公室（厅）除外的部门内设机构与相应的其他机关进行工作联系确需行文时，只能以函的形式行文，并且“以‘函的形式’行文应注意选择使用与行文方向一致、与公文内容相符的文种”。这就是说，并非只有函才可以使用信函格式。凡是适合在不相隶属机关之间行文的文种，如“通知”、“意见”、“议案”等，都可以使用信函格式。于是，我们看到很多公文明明不是“函”（如批复、通知等），却在发文字号里注明“函”。如《河北省人民政府关于同意涿州市承办河北省第六届农民运动会的批复》〔冀政函（2006）97号〕。

函，不等同于信函格式：函是一种文种，信函格式是一种公文格式。

二、函的特点

（一）灵活性

灵活性是指函的行文关系多样灵活。函在行政机关公文中属于行文关系较为灵活的一个文种，虽然它是一种典型的平行文，但在实际操作中，函也可以用于具有隶属关系的上下级机关之间，这种情况下的函，其基本功用是上行或下行。

（二）平等性

平等性是指函的收发文机关双边关系的平等性。函用于不相隶属机关之间平行行文，行文机关之间往往分属不同的系统、部门、行业或地域，没有领导与被领导关系，因此可以说，其相互间的关系应是平等的，哪怕双方的行政级别不同，哪怕双方在业务上具有主管与被主管的关系。

（三）广泛性

广泛性是指函的使用范围相当广泛，它可以用于商洽工作、询问和答复问题、请求批准、答复审批事项，例如：人事调配、商借物品、查询事项、通报情况、联系工作、请批资金、催办公务等等。

机关之间的日常公务联系，不便使用其他公文文种时，都可以用函行文。

（四）单一性

一份函只宜写一件事项。一般的函是很短小的，内容单一，语言简洁，简单明了，有的便函只有三言两语，因此，函有公文“轻骑兵”的誉称。短小精悍，简便灵活。

三、函的种类

按性质分，可以分为公函和便函两种。公函用于机关单位正式的公务活动往来；便函则用于日常事务性工作的处理。便函不属于正式公文，没有公文格式要求，甚至可以不要标题，不用发文字号，只需要在尾部署上机关单位名称、成文时间并加盖公章即可。便函一般不归档，但是便函仍用于公务，不是用于私事的私函。

按照不同的行文方向，可以把函分为去函和复函。由发文机关发出的函称为去函；有关机关回复的函称为复函。当然，去函和复函是相对而言的。

函按内容和用途，可分为商洽函、询问函、请批函、周知函、答复函。

商洽函用于平行机关、不相隶属机关之间相互商洽、协调、联系工作或有关事项，如商调干部、联系事务等。

询问函可以是平级机关或不相隶属机关之间就本机关职权范围无法解决或难以解决的事宜进行政策性、业务性的询问发出的函。

请批函是向有关职能部门请求批准的函。

周知函，亦称通报函、告知函，由于没有隶属关系，用“通知”不妥，所以宜用“函”。用于把某些具体事项告知一个单位，无需对方回复的去函，不相隶属机关之间或上下级之间都可以使用。但如果是上下级之间使用周知函，其所周知的事项一定是较小的事项，内容重要的，则不可用函。

答复函又称为复函，是就询问、请批函给予答复的函。

四、函的结构

（一）标题

公函的发文字号与其他公文的发文字号相似，只需要在机关、单位代字中加上“函”字。如“川政函字（1998）08 号”，表示四川省人民政府 1998 年第 8 号函件。

复函的标题“文种”要写明“复函”。

（二）主送机关

函的行文对象一般情况下是明确、单一的，所以多数函的主送机关只有一个。但有时内容涉及部门多，也有排列多个主送机关的情况，如《国务院办公厅关于羊毛产销和质量等问题的函》（国办函〔1993〕2 号）的主送机关，有七个之多：“国家计委、经贸办、农业部、商业部、经贸部、纺织部、技术监督局”。

（三）去函的写作

其正文的结构模式为：

缘由：去函的理由、依据目的、原因等等。

事项：需要商洽、询问、请求或告知的事项和有关要求。

函的事项部分内容单一，一函一事，行文要直陈其事。无论是商洽工作、询问和答复问题，还是向有关主管部门请求批准事项等，都要用简洁得体的语言把需要告诉对方的问题、意见叙写清楚。

结语：商洽函的尾语常用“恳请协助”、“不知贵方意见如何，请函告”、“望协助办理，并请尽快函复”、“望大力协助，盼复”、“敬请函复”等；询问函的尾语常用“特此函询（商），望予函告”、“请速回复”、“盼复”、“请予复函”、“即请函复”、“敬请函复”等；请批函的尾语常用“可否，请予审批”、“请审核批准”、“当否，请审批”等；答复函、批答函的尾语常用“此复”、“特此专复”、“特此函复”、“专此函告”等。

（四）复函的写作

其正文的结构模式为：

引述来文：一般引述对方来文的标题和发文字号。

答复事项：针对所问作答，答复要明确、得体，不能答非所问。

结束语：“此复”、“特此函告”、“特此函复”等。

如属便函，可以像普通信件一样，使用“此致”、“敬礼”。

不论是哪一种内容，对哪一级，要求的语气都应是谦和的，要注意语言得体，讲究分寸，注意礼貌，既不巴结，也不生硬。注意行文简洁明确，用语把握分寸。无论是平行机关或者是不相隶属的行文，都要注意语气平和有礼，不要倚势压人或强人所难，颐指气使盛气凌人，也不必逢迎恭维、曲意客套。

【实例一】

关于调整国内外贸易标准化归口管理部门的复函

商务部：

你部《关于明确商务部科技发展和技术贸易司、市场体系建设司为国内外贸易标准化部门的函》（商建函【2010】20 号）收悉。经研究，现复函如下：

一、根据《中华人民共和国标准化法》以及国务院办公厅《关于印发商务部主要职责内设机构和人员编制规定的通知》（国办发〔2003〕29 号）的有关规定，为适应标准化工作改革与发展的需要，同意你部为国内外贸易标准化的归口部门，分工管理本部门、本行业的标准化工作。

二、原国家质量技术监督局、原国家国内贸易局《关于加强商业标准化管理工作的通知》（质技监局标函〔2001〕36 号）和《关于加强物质流通标准化管理工作的通知》（质技监局标函〔2001〕37 号）所确定的国内贸易标准化管理工作一并调整为商务部管理。其中，科技发展和技术贸易司负责进出口贸易方面的标准化管理工作，保留外经贸行业标准代号 WM；市场体系建设司负责国内贸易方面的标准化管理工作，国内贸易行业标准代号统一为 SB。

三、国内贸易标准化管理工作涉及范围广，专业性、技术性强，在贸易标准制修订、宣贯、培训、实施与推广等标准化工作中，应充分利用中国商业联合会、中国物资与采购联合会，以及相关的专业协会、商会等专业组织的技术优势，发挥其积极作用，共同做好标准化工作，促进我国国内外贸易事业的发展。

中国国家标准化管理委员会

二〇一一年四月二十八日

【评析】

这篇复函针对来函所询问请示的问题迅速给予明确答复，行文依据确凿充分，事项内容简明扼要，一文一事，不枝不蔓，行文的针对性和明确性都很强，及时有效地保证了公务活动的正常进行。

【实例二】

卫生部办公厅关于商请做好蜂胶产品监督管理工作的函

工商总局、质检总局办公厅，食品药品监管局办公室：

卫生部于 2 月 24 日以《卫生部办公厅关于转请调查处理部分涉嫌存在违法问题蜂胶产品的函》（卫办监督函〔2009〕154）致函你单位，通报中国蜂产品协会反映的蜂胶市场存在的假冒伪劣和监管问题。近期，中国蜂产品协会再次向有关部门反映蜂胶产品进口和市场方面的问题。

蜂胶作为《可用于保健食品的物品名单》（卫法监发〔2002〕51 号）的物品，不得作为普通食品原料生产经营。2007 年，我部下发《关于“黄芪”等物品不得作为普通食品原料使用的批复》（卫监督函〔2007〕274 号），再次重申蜂胶产品纳入保健食品管理，不得作为普通食品原料生产经营。

现请你单位依据职责分工，依法做好蜂胶产品生产经营和进出口的监督管理工作。

中华人民共和国卫生部

二〇〇九年八月十一日（章）

【评析】

本文属于商洽函。卫生部作为管理蜂胶产品的进口和市场的主管部门，根据有关管理法规性文件对与进口和销售蜂胶产品有关的管理部门商请依据职责分工，依法做好蜂胶产品生产经营和进出口的监督管理工作。依据充分，商洽事项明确。

五、纪要

纪要，适用于记载会议情况和议定事项。

（一）纪要的特点

纪要与会议记录为近似文种，两者的异同如下：

相同点：两者都具有记载功能；两者都因会议而产生。

不同点：一是公文性质不同，纪要是法定行政公文；会议记录属机关事务文书。二是内容表达不同，纪要是会议内容的摘要；会议记录是讨论发言的实录。三是文种作用不同，纪要通常要通过发文贯彻执行；会议记录一般只作资料存档。四是产生情况不同，纪要产生于会后；会议记录产生于会议过程中。

纪要主要有以下几个特点：

1. 内容的纪实性

纪要必须如实地反映会议的精神实质，对会议存在的分歧意见和问题等，也要真实、概括地予以反映，以后才能发挥其凭证查考的作用，纪要因此具有纪实性特点。

2. 表达的摘要性

纪要是根据会议的中心议题、指导思想和议定事项，经过概括归纳，以列出要点的方式集中地反映会议的精神实质，表达的摘要性也就十分突出。

3. 称谓的特殊性

纪要一般采用第三人称写法。由于纪要反映的是与会人员的集体意志和意向，常以会议或代表们作为表述主体，如文中段首用“会议认为”、“会议指出”、“会议决定”、“会议要求”、“会议号召”等习惯语，就是称谓特殊性的表现。

（二）纪要的种类

根据会议性质的不同，纪要可以分为以下两种：

1. 综合性纪要

综合性纪要是在研究全局工作或多项问题而召开的会议后形成的，一般产生于较大型的会议，纪要内容具有综合性。

2. 专题性纪要

专题性纪要是在研究专项工作问题而召开的会议后形成的，一般产生于小型的会议，纪要内容具有专一性。

（三）纪要的写作

纪要的标题通常是由会议名称和文种构成，如《信息工作会议纪要》；也有由发文机关、会议名称和文种构成的，如《湖北省政府襄樊现场办公会议纪要》。标题下标明字号，或为发文字号，或为成文时间和发送期数。

纪要的正文由开头、主体和结尾三部分组成。

开头部分为简述会议的基本情况，采用记录式或概述式写法，主要内容包括会议名称、时间、地点、主持人、主要议程、参加人员、会议形式以及重要成果等，然后用“现将会议有关情况纪要如下”或“现将会议主要精神纪要如下”等语句转入下文。

主体部分为条列式摘录会议的要点，是纪要的核心内容，主要记录会议的精神实质。具体行文时，要按照从重要内容到次要问题、从全体共识到个别意见的先后顺序排列要点，段首常用“会议认为”“会议指出”“会议决定”“会议要求”“会议号召”或“代表们一致认为”“部分代表指出”“个别代表提出”等习惯语带起。有的会议纪要则直接用序号标明各个要点。结尾部分为补充说明有关情况，有的列出参加会议的单位、人员；有的交代会议留存的个别问题。有的则没有这部分，主体内容写完，全文即告结束。

【实例】

广东省政府春运工作会议纪要

〔2011〕第4期

2011年1月6日，×××副省长主持召开省春运工作联席会议，听取各成员单位对今年春运工作准备情况的汇报，研究部署我省2011年春运的有关工作。现纪要如下：

一、摸清情况，未雨绸缪。2011年春运期间，预计我省客运量将达7900万人次，比去年增长4.6%。其中：公路增长5%；铁路增长2%；民航增长10%；水运增长1%。由于今年春节放假时间关系，导致学生流与返乡客流高峰重叠；加上预计春运期间气候变化较大，寒冷、雨水偏多，出现恶劣天气的可能性很大等因素，给今年的春运工作带来了较大的压力。对此，各级政府、各有关部门都予以了高度重视，按照省府办公厅《印发广东省加强和规范春运管理工作若干意见的通知》（粤府办〔2010〕96号）精神，对春运工作做了认真的准备和部署，为春运工作的顺利开展奠定了基础。

二、为更好地按国家、省的统一部署完成春运各项任务，会议要求：

（一）统一认识，加强领导。各地、各有关部门特别是春运联席会议各成员单位要以“三个代表”重要思想为指导，认真贯彻落实党的十六大和省委九届二次全会精神，加强领导，确保责任到人，措施到位；要把春运工作当作关系到全省经济正常运行和社会稳定、关系到广大人民群众切身利益的大事抓紧抓好；要克服麻痹大意和松懈思想，把春运各项准备工作做得更加细致，更加扎实，更加落实，确保春运工作圆满完成。

（二）重视安全检查，制定应息预案，确保春运安全。各有关市、各有关单位要强化交通沿线和车站、码头、机场周边地区的治安管理，确保广大乘客和交通工具的安全；春运期间重点工作在道路和水上交通，重点地区在广州、东莞、深圳，重点部门在铁路，重点部位在广州站。要组织各类司乘人员进行春运安全知识教育，要严格春运交通工具的安全检测，严禁带病运行，交警部门要强化行车监控，要集中力量对重点地区、重点线路和重点部位进行综合治理；认真做好防火、防爆工作，严防恐怖分子的破坏活动及各类传染疾病的蔓延，并制订各类事故应急预案，确保万无一失；要严禁旅客携带“三品”乘坐各类交通工具，严厉打击车匪路霸和危及行车安全等犯罪活动；对客流量大，容易出问题的广州火车站、三元里等地要加派警力，保持治安的高压态势，确保春运期间有良好的治安秩序。广州市要对白云机场候机楼前的道路交通进行综合整治，确保交通畅顺；省经贸委要负责收集各地、各有关部门春运应急预案；省交通厅近期要组织人力、物力，采取切实有效措施，确保冻害损毁公路及时修复，确保春运期间双向畅通；省信息产业厅要会同广州军区无委办、广州市无管办、省无线电监管站等单位，加大排查力度，解决民航无线电受干扰问题；省劳动保障厅要派出检查组，对全省企业拖欠薪酬问题开展专项检查；省公安厅、交通厅要以减少站点为原则，联合检查，对交通运输违章事故进行查处；海事、港务、安全生产监督等部门近期要以做好客滚船、乡镇横水渡安全管理及清理三无船舶、渔船载客为重点，进行一次水上交通安全特别是对琼州海峡交通安全进行严格检查；省春运联席会议成员单位要会同省安全生产监督管理局组成春运联合检查组，在春运前开展全省春运工作安全大检查。

（三）精心组织，周密安排，为旅客提供安全、有序、优质的服务。各有关部门要坚持全心全意为人民服务的宗旨，增强服务意识，提高服务质量。各运输部门要合理增设售票网点，组织上门售票或流动售票，延长售票日期，开展铁路客票联售、异地代售、往返联票等业务，堆护车站秩序，为旅客购票和出行提供方便。在安全第一的前提下，努力提高运输正点率，确保送得出去，接得回来。

（四）加强领导，分工协作，密切配合，进一步强化春运属地化管理。春运工作是一项系统工程，涉及面广，各有关部门要各司其职，各负其责，互相配合；要进一步完善属地化管理机制，发挥团队精神，共同做好春运各项工作。春运期间，各地发生重大问题，要及时报告当地党委、政府，并在当地党委、政府的统一协调下，采取有效措施尽快予以处置。

三、加强舆论宣传工作，充分发挥舆论导向作用。

春运期间，各新闻单位要坚持以正面宣传为主，重点宣传春运的组织、安全运输和外省务工人员的有序流动；利用电视、广播、报纸等媒体引导外省务工人员留在广东过年，劝导外省务工人员不要盲目进入广东，及时为群众提供春运动态和车船安排、气象等信息。各市、各有关单位要积极配合省委宣传部做好有关宣传报道工作，及时提供有关情况。

参加会议人员：省政府×××，省府办公厅×××，省经贸委×××，省委宣传部×

××。省公安厅×××，省民政厅×××，省劳动保障厅×××，省建设厅×××，省交通厅×××，省信息产业厅×××，省物价局×××，省旅游局×××，广州市政府×××，广东海事局×××，民航中南管理局×××，广铁集团×××。

【评析】

这篇关于专项工作的专题性会议纪要，紧扣如何做好春运工作这一中心议题行文，直接用序号标明会议议定的各项要求和措施，内容集中，要点明确，对春运工作起到了很好的指导作用。

第八节 议案、命令（令）

一、议案的含义

《办法》规定："议案适用于各级人民政府按照法律程序向同级人民代表大会或人民代表大会常务委员会提请审议事项"。《办法》中对议案所下的定义，仅限于各级政府向同级人大及其常委会提出的议案。议案是一种上行文。

行政机关议案不同于人大议案。两者区别在于适用主体不同。人大议案，是人大代表及有关部门向人民代表大会提出的议事原案。根据《全国人大组织法》和《全国人大议事规则》的规定，全国人民代表大会主席团、全国人大常委会、全国人大各专门委员会、国务院、中央军委、最高人民法院、最高人民检察察院，以及一个代表团或者 30 名以上的代表联名，可以向全国人民代表大会提出属于全国人大职权范围的议案，由主席团决定是否列入会议议程，或者先交有关的专门委员会审议，给出是否列入会议议程的参考意见，再决定是否列入会议议程。全国人民代表大会各代表团全体会议、代表小组会议对议案进行审议，主席团可以将议案交相关专门委员会进行审议、提出报告，由主席团审议决定提请大会全体会议表决。经表决，议案由全体代表的过半数通过。在地方各级人民代表大会召开期间，"本级人民代表大会的主席团、常务委员会、各专门委员会、本级人民政府或县级以上的地方各级人民代表大会代表 10 人以上联名"，可向本级人民代表大会提出属本级人民代表大会职权范围内的议案。而行政议案的适用主体是"国务院和地方各级人民政府"。

行政机关议案也不同于政协提案和职代会提案。政协提案是政协委员向人民政协组织，并通过政协组织向人民代表大会或人民政府就有关国家或地方大政方针、社会生活等重大问题提出意见和建议的形式。政协提案实行提出提案的时间不限、内容不限、人数不限的"三不限制"原则。提出提案一般有四种形式：政协委员以个人或者联名方式提出提案；政协全体委员会议期间以小组名义提出提案；参加政协的各党派和人民团体，政协各专门委员会以及本专门委员会名义提出提案。提案办理有专门机构负责，要求件件有着落，案案有答复。

人大代表议案与政协委员提案的不同之处在于：人民代表大会是权力机关，人大代表的议案一经通过，就具有法律效力。而人民政协是统一战线组织，政协委员提案是民主监督的一种形式，没有法律的约束力。另外，人大代表议案，一般只在大会期间提出，而政协委员提案，既可在全体会议期间提出，也可在休会期间提出。

在某些教科书甚至是法学词典中，议案被解释为“提案”，这是错误的。现代意义上的议案源于提案，但议案现在已经发展成为与提案有所区别的独立公文文种。根据《全国政协提案工作试行条例》的规定，政协委员向政府部门提出的书面意见和建议叫做提案。提案是人民当家做主和参政议政的一种形式。职工代表大会提请审议事项的文书也叫提案。议案与提案的区别在于：

1. 作者不同

如上所述，议案的作者是各级人民政府；而提案的作者是人民政协或政协委员等。至于宪法与组织法所规定的机关和代表（如各级人大组成人员、中央军委、最高法院、最高检察院等），虽具议案提出权，但其议案不属行政公文。

2. 提请作用不同

议案是各级人民政府行使职权的一种工具，议案事项一旦通过表决，就形成了法定文件。而提案是为了发挥人民政协或政协委员政治协商、民主监督与参政议政的作用而设立的。

政府向人大提出的议案、非政府机关向人大提出的议案、人大代表联名向人大提出的议案，这是议案的三种不同类型。在这，我们重点介绍的是政府向人大提出的议案。其他议案与政府议案并无太大差异，可仿照制作。

二、议案的特点

（一）制作主体的法定性

我国宪法规定，国务院可以“向全国人民代表大会或者全国人民代表大会常务委员会提出属于全国人民代表大会及其常务委员会职权范围内的议案”；“地方各级人民代表大会举行会议的时候，本级人民政府可以向本级人民代表大会提出属于本级人民代表大会职权范围内的议案”。也就是各级政府机关，即上至国务院，下至乡、镇，都有权向本级人民代表大会或人大常委会提交议案。党团组织、社会团体、政府各部门、企事业单位等，都无权提出议案。因此，议案这种文体在基层使用很少。

《办法》对议案的定义是比较狭窄的，制作主体仅限于各级政府。在公文的实际运作中，议案的使用范围要大于上述限定。《中华人民共和国全国人民代表大会组织法》第九条规定：“全国人民代表大会主席团、全国人大常委会、全国人大各专门委员会、国务院、中央军事委员会、最高人民法院、最人民检察院，可以向全国人民代表大会提出属于全国人民代表大会职权范围内的议案。一个代表团或者30名以上的代表，可以向全国人民代表大会提出属于全国人民代表大会职权范围内的议案。”《地方组织法》第十四条规定：“地方各级人民代表大会举行会议的时候，主席团、常务委员会、本级人民政府和代表（有三人以上附议），都可以提出议案。”这些显然超出了国务院办公厅的职权范围，在《办法》中不可能给予表达。而《办法》中对议案所下的定义，仅限于各级政府向同级人大及其常委会提出的议案。

各级人民政府的职能部门需要向本级人民代表大会提出议案的，必须向直属政府报告拟提议案的有关情况，经政府讨论通过后，以政府的名义提出议案。

（二）内容的特定性

各级人民政府所请审议的事项，不可超出同级人民代表大会或人大常务委员会的职权范围。“职权范围”即指人民代表大会依照宪法所拥有的监督权、人事任免权和重大事项决定权。如所提内容超出人代会职权范围，则人代会也无权决定。

（三）提交的时限性

议案需要法定主体在法定时间内（人大或人大常委会举行期间）以书面形式提出。只有在这段时间内，受理议案的机构才能依法登记、立案、审议并决定是否列入会议议程。闭会期间不能提出议案。

（四）内容的单一性

一事一案，以便处理，不能把内容不同的两件以上的建议意见写进同一份议案。

三、议案的种类

议案根据其适用范围，可分为如下类别。

（一）立法议案

用于提请审议法律和法规。立法性议案是指用于提请审议法律法规的议案，简称法案。人民代表大会是国家的权力机构，也是立法机关。但只有省级以上人民代表大会以及全国人民代表大会授权的地方人民代表大会才有立法权，党的机关、国家行政机关、企业事业单位都没有立法权。因此，许多法律法规（草案）首先由政府提出，提请全国人民代表大会或全国人民代表大会常务委员会审议通过后，予以确立。如《国务院关于提请审议〈中华人民共和国教育法（草案）〉的议案》；提请审议地方性法规的，如《湖南省人民政府关于提请审议〈湖南省洞庭湖区水利管理条例（草案）〉的议案》等。

（二）重大事项的议案

用于议案制作主体提请审议属于权力机关职权范围的事项，如变动行政机构、行政区划，确立某种节日，重点工程的兴建等，都是国民经济社会发展如政治、经济、科技、卫生、文化教育、体育等方面的重大事项。如《国务院关于提请审议兴建长江三峡工程的议案》、《国务院关于提请审议设立海南省的议案》等。

（三）任免议案

是指国务院或地方各级政府向同级人大或其常委会提请任免国家重要公职人员职务的议案。如《国务院关于提请审议×××等二十一位同志职务任免的议案》等。

（四）批准条约议案

是指国务院提请全国人大或其常委会批准草签的国际条约，或提请批准加入某国际公约、条约而使用的议案。如《国务院关于提请审议批准〈中华人民共和国和俄罗斯联邦关于中俄国界两段的协议〉的议案》。

四、议案的受理程序

按照相关规定，各级人民政府依其职权提出的属于该级人民代表大会职权范围内的议案，应首先交由大会主席团，由主席团决定交与人大专门委员会审议，其审议后提出的报告，符合立案标准的才列入人大会议议程，再由主席团决定是否提交大会表决。通常情况下，表决时，全体代表过半数票，即为通过了该议案。

提出议案和审议议案都要依照法律程序进行。《全国人民代表大会议事规则》第二章“议案的提出和审议”第二十一条规定：“国务院向全国人民代表大会提出的议案，由主席团决定列入会议议程。”《中华人民共和国全国人民代表大会常务委员会议事规则》第二章“议案的提出和审议”第十二条规定：“国务院向全国人大常务委员会提出的议案，由委员长会议决定提请常务委员会会议审议，或者先交有关专门委员会审议、提出报告，再决定提请常务委员会会议审议。”

《中华人民共和国地方各级人民代表大会和地方各级人民政府组织法》第十七条规定，地方各级人民代表大会举行会议的时候，本级人民政府向本级人民代表大会提出的议案，由主席团决定提交人民代表大会会议审议，或者交有关的专门委员会审议、提出报告，再由主席团审议决定提交大会表决；第四十二条规定，县级以上的地方各级人民政府向本级人民代表大会常务委员会提出的议案，由主任会议决定提请常务委员会审议，或者先交有关的专门委员会审议、提出报告，再提交常务委员会会议审议。

五、议案的结构

议案是以政府名义行文的，其结构与其他行政公文结构有所不同，写作上也有一些特殊要求。议案不能套用现成的有正式文件版头的公文用纸，需要另行印刷。议案结构一般包括发文字号、标题、主送机关、正文、签署、日期、主题词、印刷版记等部分。发文字号可以在标题右上方，也可以在标题右下方，甚至可以省略。议案一般采用常规发文字号，与其他公文不同的是议案是用“函”或“议”来代替“发”字。

《全国人民代表大会和地方各级人民代表大会代表法》第九条规定，代表们提出的“议案应当有案由、案据和方案”。这一规定同样适用于人民政府议案的写作。从结构体式上看，议案一般由标题、主送机关、正文、落款等几部分组成。

（一）标题

议案的标题由发文机关、事由、文种构成。不能省略任何一项提请国家权力机构审议的事项，都是重大事项，涉及法律法规和大政方针的事项，标题必须写明发文机关，事由也要概括得清楚明确，一目了然。这样的标题，体现出议案这种文体的庄重色彩。通常可以在事由前加上“提请审议”的字样。其中“提请”不能用“提交”等词代替，要体现尊重的词义色彩。

（二）主送机关

全称或规范化简称，不得随意简化。如“全国人民代表大会”、“全国人民代表大会常务委员会”、“市人大”、“市人大常委会”。在人大或人大常委会开会期间提出议案，应标明人大的届次，如“第八届全国人民代表大会第四次会议”、“市人大常委会”。

（三）正文

议案的正文由案由、议案事项和结语三部分组成。

1. 案由案据

议案的第一部分叫做案据，顾名思义，这部分要提供提出议案的根据，阐明提出议案的原因、目的、依据、意义、作用以及解决有关问题的迫切性和必要性等。任免人员议案可不写缘由。

2. 议案事项

即所提出的审议事项。

如果是提请审议已制定的法律法规的，解决问题的方案就在法律法规之中，这部分只需写明提请审议的法律法规的名称即可，但要把法律或法规文本作为附件。

如果是任免性议案，要将被任免人的姓名和拟担任的职务写明。

如果是提请审议重大决策事项的，要把决策的内容一一列出，供大会审阅。如果是建议采取行政手段解决某方面问题的，要把实施这一行政手段的方案、办法、措施及科学论证等详细列出，以便于审议。不能只指出问题，而没有解决问题的方案。措施、方案、办法要求写得目的明确，依据可靠，理由充分，措施方案切实可行，为审议和决定提供有效依据，以利于议案通过审批，更有助于落实办理。

3. 结语

是议案的结尾部分，通常以祈使句来提出审议请求并结束全文，言简意赅。如“这个草案业经市政府同意，现提请审议”、“请审议批准”、“请审议决定”、“现提请审议”、“请予审议”等。

4. 附件

是否提交附件，要依据内容而定。有些议案事项明确单一，无需附件，如任免议案；但有一些立法议案无法在正文部分尽陈法律法规，这时就须出具附件，将法律或法规文本以附件形式报审，以补充正文。另有一些事项议案则还须附有相关的事实材料、说明文字与图表等，以使主送机关便于审查。

（四）落款

标明发此议案的政府名称或政府首长（写明职务）姓名。写明成文时间并加盖印章，日期以行政首长签发的日期为准。

一般行政公文，最后签署的都是发文机关的名称，而议案有所不同，要由政府首长签署。国务院提交给全国人大的议案，要由总理签署；各省、市、自治区提交给同级人民代表大会的议案，要由省长、市长或自治区主席签署。

行政首长签名，名字前标注职务。

【实例】

××市人民政府关于提请审议《××市环境保护条例（草案）》的议案

市人大常委会：

为了维护和改善本市的生活环境与生态环境，防治污染和其他公害，保障人民群众身体健康，促进社会主义现代化建设，根据《中华人民共和国国家环境保护法》和其他法律法规，结合本市情况，市环保局起草了《××市环境保护条例（草案）》。该草案已经于2007年8月2日第×次市政府常务会议讨论通过，现请审议。

附件：关于《××市环境保护条例（草案）》的说明

市长　×××（印章或签名）

二〇〇七年八月七日

【评析】

这是一份申请制定地方性法规的议案。此类议案是最普通、最具有代表性的法规议案。标题由提请机关、事由及文种（议案）三个部分组成。主送机关是市人大常委会，正文部分包括提请审议的原因、事项和结语。先用“为了……”的句式简洁交代提请审议事项的目的和意义，以此作为行文的依据，接下去陈述要求审议的事项，后明确提请审议的要求。这份议案完整地载明了相应的要素内容，格式规范，层次清晰。

六、命令

命令（令），适用于公布行政法规和规章、宣布实行重大强制性行政措施；批准授予和晋升衔级、嘉奖有关单位及人员。

（一）命令（令）的特点

命令主要有以下几个特点：

1. 发文机关的限制性

命令（令）是国家高级领导机关和主要领导人使用的文种，各级地方政府一般不使用。因此，命令不能随意制发，发文机关受到严格限制。

2. 事项执行的强制性

命令（令）一经发布，有关下级机关和人员必须坚决地无条件执行，做到令出必行，令行禁止，在所有国家机关行政公文中，命令最具有强制性。

3. 内容表述的严肃性

命令（令）所颁布的内容事项，都十分重大和重要，行文时语气坚决有力，表述相当严肃庄重。

（二）命令（令）的种类

按作用分，命令的主要种类如下：

1. 发布令

发布令是颁布重要行政法规时使用的令文。由正件和附件组成。附件即应公布的重要法规或规章。

2. 行政令

行政令是在较大范围内采取重大强制性行政措施时使用的令文。

3. 嘉奖令

嘉奖令是表彰奖励成就显著的下级机关或人员时使用的令文。

（三）命令（令）的写作

命令（令）的标题有三种：一是由发令机关领导人职务加上文种（令），如《中华人民共和国主席令》；二是发令机关加上文种（令），如《中华人民共和国国务院令》；三是发令机关加上事由和文种，如《国务院关于在我国统一实行法定计量单位的命令》。

行政令、嘉奖令列发文字号；发布令只列令号。令号不以年度编号，而以领导人任期内发令顺序编号。

由于命令（令）又有不同的具体种类，正文内容各有侧重点，写法也就各不相同。发布令和行政令，一般按照公文的基本模式写作。嘉奖令一般按照奖惩性公文的模式写作。发布令的正文一般包括三个内容：一是发布的事项，即发布的是哪一个行政法规或规章；二是发布的依据，即由哪一级组织或哪一次会议在什么时候通过了本法规或规章；三是执行要求，即由什么时候起施行本法规或规章。行政令首先交代发布依据，着重阐明发令原因、目的和意义，然后一一写明发布事项，即所要采取的重大的强制性行政措施，最后提出执行要求。嘉奖令一般按照奖惩性公文的模式写作，正文包括五个部分：事迹和成果，性质和意义，办理依据，嘉奖项目，号召和希望。

【实例】

中华人民共和国主席令

第五十六号

《中华人民共和国军人保险法》已由中华人民共和国第十一届全国人民代表大会常务委员会第二十六次会议于 2012 年 4 月 27 日通过，现予公布，自 2012 年 7 月 1 日起施行。

中华人民共和国主席　胡锦涛

2012 年 4 月 27 日

【评析】

这是一篇颁布重要行政法规的发布令，“已由中华人民共和国第十届全国人民代表大会常务委员会第二十六次会议于 2012 年 4 月 27 日通过”为颁布依据，公布《中华人民共和国军人保险法》为颁布事项，“自 2012 年 7 月 1 日起施行”为执行要求，行文言简意赅，表述庄重严肃。

第九节　决议、公报

一、决议

决议适用于会议讨论通过的重大决策事项。为 2012 年 4 月 16 日，中办、国办联合印发《党政机关公文处理工作条例》中新增的正式公文文种。

决议是指党的领导机关就重要事项，经会议讨论通过其决策，并要求进行贯彻执行的重要指导性公文，也是应用写作重点研究的文体之一。

（一）决议的特点

1. 权威性

决议是经过党的会议讨论通过才能生效并由党的领导机关发布的，是党的领导机关意志的反映。决议的内容事关重要决策事项，一经公布，全党、全国上下都必须坚决执行。

2. 指导性

决议表述的观点和对事项的评价都具有指导意义。

（二）决议的分类

决议一般分为公布性决议、批准性决议和阐述性决议三种类型。公布性决议是为公布某种法规、提案而写作的决议；批准性决议系为肯定或否定某种议案的文件；阐述性决议是对某些重大结论的具体内容加以展开阐述的文件。

（三）“决议”和“决定”的区分

决定是党政领导机关对重要事项或重大行动做出决策、安排和规定的指导性、指挥性公务文书。在实际运用中，还应对“决议”和“决定”做以下区分：

1. 从制作程序上区分

“决议”须经某一级机关或组织机构的法定会议对某一议题进行集体讨论，由法定多数表决通过，然后形成正式文件，并以会议的名义公布。而“决定”却不一定经过法定会议讨论通过的程序。它既可以是某种会议讨论研究的成果，形成正式文件予以公布，也可由各级领导机关直接制作并予以公布。

因此，可以认定，凡未经有关法定会议讨论通过这一程序，而是以领导机关的名义发布的议决性文件，就只能使用“决定”。

2. 从作用上区分

“决议”一律要求下级机关执行。而“决定”只有“部署性决定”才要求下级机关执行，“宣告性决定”只起知照性作用，一般不要求下级机关执行。

3. 从内容上区分

(1) 在会议讨论通过的前提下，凡作出了具体的规定和要求，履行法定的权力，强制有关部门贯彻执行的，用“决定”。若只是简要地表示肯定或否定的意见，履行法律程序，指导有关部门遵照办理的，用“决议”。

(2) 由会议或领导机关直接制定发布行政法规，用“决定”。由会议审议批准某项议案、重要报告、法规，用“决议”，所审议批准的条文作为“决议”的附件。

(3) 授予荣誉称号或给予处分，用“决定”。审议机构成立或撤销，用“决议”。

4. 从写法上区分

公布性决议、批准性决议一般写得比较简要、笼统。阐述性决议除指出指令性意见外，还要对决议事项本身的有关问题作若干必要的论述或说明，即作一些理论上的阐述。

“决定”的写法与“决议”大不相同，它不多说理论上的道理，而往往着重提出开展某项工作的步骤、措施、要求等。“决定”要求写得明确、具体一些，措施也更落实，行政约束力强，可以直接成为下级机关行动的准则。而“决议”往往写得比较概括，原则性条文多，下级机关在贯彻执行时，多数还要根据“决议”制定相应的具体办法或实施措施。

（四）决议的写作

决议由首部和正文两部分组成。

1. 首部。包括标题和成文时间两个项目。

（1）标题。决议的标题有两种形式：一种是由发文机关（或会议名称）、事由和文种构成；另一种是事由和文种构成。

（2）成文时间。即决议正式通过的日期。一般放在标题下，在小括号内注明会议名称及通过时间，也可只写年月日。

2. 正文。由决议根据、决议事项和结语三部分组成。

（1）决议缘由：一般简要说明有关会议审议决议涉及事项的情况，陈述作出决议的原因、根据、背景、目的或意义。

（2）决议事项：写明会议通过的决议事项，或会议对有关文件、事项作出的评价、决定，或对有关工作做出的部署安排和要求、措施。

（3）结语：一般紧扣决议事项有针对性地提出希望、号召和执行要求。有的决议可不单列这部分。

【实例】

四川省第七届人大常委会第八次会议关于依靠科技进步振兴农业的决议

（1989年3月10日通过）

四川省七届人大常委会第八次会议，听取和审议了省科委主任张廷翰受省政府委托作的《关于省农村科技工作情况的汇报》。会议以为，我省各级政府依靠科技发展农业事业方面做了大量工作，取得了一定成绩，但发展不平衡的，还存在一些亟待解决的问题，特别是粮食生产面临的形势是严峻的，任务是艰巨的。为了进一步依靠农业科技，夺取粮食增产，农业丰收，推动农村经济的全面振兴，特别作出了如下决议：

一、各级政府要在广泛深入开展农业基础地位的再教育中，提高领导在各个方面对科学技术是第一生产力的认识，牢固树立依靠技术进步、振兴我省农业的观念，把发展农业经济转到依靠科学技术和提高劳动者素质的轨道上来。要把农村科技纳入政府工作的重要议事日程，重视农业科学研究和技术推广工作，充分发挥农业科技人员在发展农业中的积极作用。要把这项工作的好坏，作为考核各级政府及其领导成员政绩的主要内容之一。

二、各级政府从今年起逐步增加对农业科技的投入。增加农业科研和推广的事业费，建立农业科技开发基金，多途径开辟农业科技资金来源，尽力增加科技装备和设施，为农业科研和推广服务工作创造条件。主管部门要管好各项农业科技经费，专款专用。农村的集体和个人也要千方百计加强技术开发活动，增加投入。

三、各级政府应从本地区的实际出发，制定依靠科技振兴农业的年度计划和中、长期规划，并认真组织实施，狠抓落实，层层进行检查监督。对在农业科技工作中做出显著成绩的各级领导、农业科技人员以及农民中推广应用先进技术的积极分子给予表彰奖励，对有突出贡献的给予重奖，并大力宣传他们的先进事迹。

四、各县、（区）、乡应进一步建立健全农业科技推广服务体系，切实加强基层农业科技管理工作。要采取多种形式，搞好培训、试验、示范等农业科技的推广服务工作，传授科技知识，普及先进农业技术，要着重培训本地科技人员，抓好农业科技成果的推广应用，鼓励采用新技术。要发挥各种推广农业技术的民间组织的作用。

五、各级政府要采取切实有效的措施，认真落实好中央和省制定的各项有关科技人员的政策。要为农业科技人员创造必要的工作条件，稳定农业科技队伍，动员和组织广大农业科技人员为振兴农业不断作出贡献。

二、公报

公报也称新闻公报，是党政机关和人民团体公开发布重大事件或重要决定事项的报道性公文，是党和国家经常使用的重要文种。公报是应用写作的重要文体之一。

（一）公报的种类

公报依据发文主体的不同分为两类：一类是党政机关或团体发布重大事件、重要决定的公报；另一类是联合公报。党、政、团体发布的公报可因内容的不同分为事件性公报和会议公报两种；联合公报是用于两个或两个以上国家的政府、政党、团体的代表就会谈、访问等事宜所发表的公报。

（二）公报的写作

公报包括首部、正文和尾部三部分。

1. 首部。包括标题和成文时间。

标题。公报的标题常见的有三种形式。一种是直写文种《新闻公报》；第二种是由会议名称和文种构成；第三种是联合公报，由发表公报的双方或多方国家的简称、事由、文种构成。

成文时间。用括号在标题之下正中位置注明公报发布的年、月、日期。

2. 正文。包括开头、主体两部分。

开头。即前言部分。事件性公报要求用最鲜明、最精炼的语言概述事件的核心内容，即何时、何地、发生了什么重大事件；会议性公报要求概述会议的名称、时间、地点、参加人员等；联合公报要求概述公报的来由，即在何时、何地、谁与谁举行了什么会谈或谁对谁进行了什么性质的访问等。

主体。是公报的核心内容，要求把公报的内容完整、系统、有序地表达清楚。常见的有三种写作：一种是分段式，即每段说明一层意思或一项决定；第二种是序号式，多用于内容复杂、问题较多的公报；第三种是条款式，多用于联合公报。

3. 尾部。事件性公报和会议性公报。

公报一般没有尾部；联合公报要在正文之后写明双方签署人的身份、姓名、年、月、日并写明签署地点。

（三）例文

中国共产党第十四届中央委员会第三次全体会议公报
（1993 年 11 月 14 日）

中国共产党第十四届中央委员会第三次全体会议，于 1993 年 11 月 11 日至 14 日在北京举行。出席这次会议的中央委员 182 人，候补中央委员 128 人，有关负责同志 54 人列席了会议。全会由中央政治局主持，中央委员会总书记江泽民同志作了重要讲话。全会审议并通过了《中共中央关于建立社会主义市场经济体制若干问题的决定》。

《决定》共五十条，分十个部分：

一、我国经济体制改革面临的新形势和新任务；

二、转换国有经营机制，建立现代企业制度；

三、培育和发展市场体系；

四、转变政府职能，建立健全宏观经济调控体系；

五、建立合理的个人收入分配和社会保障制度；

六、深化农村经济体制改革；

七、深化对外经济体制改革，进一步扩大对外开放；

八、进一步改革科技体制和教育体制；

九、加强法律制度建设；

十、加强和改善党的领导，为本世纪末初步建立社会主义市场经济体制而奋斗。

全会认为，在邓小平同志建设有中国特色社会主义的理论指导下，经过十五年改革，我国经济体制发生了巨大变化。以公有制为主体的多种经济成分共同发展的格局初步形成，农村经济体制改革不断深入，国有企业经营机制正在转换，市场在资源配置中的作用迅速扩大，对外经济技术交流与合作广泛展开，计划经济体制逐步向社会主义市场经济体制过渡。改革解放和发展了社会生产力，推动我国经济建设、人民生活和综合国力上一个大台阶。以邓小平同志 1992 年年初重要谈话和党的十四大为标志，我国改革开放迈出新的步伐，宏观调控取得积极成效，经济蓬勃发展，社会政治稳定。我们要紧紧抓住国内国际的有利时机，加快建立社会主义市场经济体制的进程，实现国民经济持续、快速、健康的发展。全会指出，社会主义市场经济体制是同社会主义基本制度结合在一起的。建立社会主义市场经济体制，就是要使市场在国家宏观调控下对资源配置起基础性作用。为实现这个目标，必须坚持以公有制为主体、多种经济成分共同发展的方针，进一步转换国有企业经营机制，建立适应市场经济为要求，产权清晰、权责明确、政企分开、管理科学的现代企业制度；建立全国统一开放的市场体系，实现城乡市场紧密结合，国内市场与国际市场相互衔接，促进资源的优化配置；转变政府管理经济的职能，建立以间接手段为主的完善的宏观调控体系，保证国民经济的健康运行；建立以按劳分配为主体，效率优先、兼顾公平的收入分配制度，鼓励一部分地区一部分人先富起来，走共同富裕的道路；建立多层次的社会保障制度，为城乡居民提供同我国国情相适应的社会保障，促进经济发展和社会稳定。这些主要环节相互联系又相互制约，构成社会主义市场经济体制的基本框架。

全会强调，建立社会主义市场经济体制是一项开创性的伟大事业。要毫不动摇坚持邓小平建设有中国特色的社会主义的理论和党在社会主义阶级阶段的基本路线，以是否有利于发展社会主义社会的生产力，是否有利于增强社会主义国家的综合国力，是否有利于提高人民的生活水平，作为决定各项改革措施取舍和检验其得失的根本标准。在推进改革的过程，必须解放思想，实事求是；以经济建设为中心，改革开放、经济发展和社会稳定相互促进，相互统一；尊重群众首创精神，重视群众切身利益；实行整体推进和重点突破相结合；各级党委和政府要用党的基本理论和基本路线统揽全局。把更大的精力集中到加快改革上来，当前要紧紧抓住建立现代企业制度、市场体系和金融、财税、计划、投资、外贸等重点领域的改革，制订具体方案，采取实际步骤，取得新的突破。全会指出，建立社会主义市场经济体制，加快现代化建设步伐，必须坚持和改善党的领导，加强党的自身建设。要用邓小平同志建设有中国特色社会主义的理论武装全党，提高贯彻执行党的基本路线和发展社会主义市场经济的方针政策的坚定性和自觉性。适应建立社会主义市场经济体制和经济发展的要求，积极推进政治体制改革，加强社会主义民主政治和法制建设，坚持两手抓，两手都要硬的方针，加强社会主义精神文明建设。深入开展反腐败斗争，切实抓好廉政建设。加强社会治安综合治理，巩固和发展安定团结的政治局面。全会号召，全党同志和全国各族人民更加紧密地团结在以江泽民为核心的党中央周围，在邓小平同志建设有中国特色社会主义的理论和党和十四大精神指导下，同心同德，锐意改革，自力更生，艰苦创业，为在本世纪末初步建立起社会主义市场经济体制，实现国民经济和社会发展第二步战略目标而努力奋斗！

综合训练

□知识训练

一、填空题

1. 国务院 2000 年 8 月 24 日发布的《国家行政机关公文处理办法》列出的十三类公文为：(1) ________；(2) ________；(3) ________；(4) ________；(5) ________；(6) ________；(7) ________；(8) ________；(9) ________；(10) ________；(11) ________；(12) ________；(13) ________。

2. 公文主要具有以下特点：(1) ________；(2) ________；(3) ________；(4) ________。

3. 公文的具体功用主要体现在以下几个方面：(1) ________________；(2) ________________；(3) ________________；(4) ________________。

4. 从不同的角度，依照不同的标准，可对公文进行不同的分类，比如，按照行文关系和行文方向的不同，可将公文分为________、________和________三种；按照公文办理的时限划分，分________和________两种；按照有无保密要求的不同，将公文分为________________和__________两种，按照机密等级的不同，可将公文分为________、________、________三个等级。

5. 人们一般习惯于把一份公文划为三大块，即________部分、________部分和________部分。眉首部分又称文头部分，通常是由________、________和________、________、________、________、________等要素构成；主体部分又称行文部分，通常由________、________、________、________、________、________、________等项目组成；版记部分又称文尾部分，通常是由________、________、________________和________、________等项目组成。

6. 公文的发文字号是由__________、________和十三个要素构成的。

7. 命令的特点是具有____________性、____________性、______________性。

8. 命令主要包括________令、________令和________令、________令等。

9. 对重要事项或者重大行动作出安排，奖惩有关单位及人员，变更或者撤销下级机关不适当的决定事项，可用________。

10. 向国内外宣布重要事项或者法定事项，要用________；公布社会各有关方面应当遵守或者周知的事项，要用________。

11. 批转下级机关的公文，转发上级机关和不相隶属机关的公文，传达要求下级机关办理和需要有关单位周知或者执行的事项，任免人员，可用________。

12. 表彰先进，批评错误，传达重要精神或者情况，可用________。

13. 按其具体用途和内容的不同，可将通报分为三类：（1）____________性通报；（2）____________性通报；（3）____________性通报。

14. 各级人民政府按照法律程序向同级人民代表大会或人民代表大会常务委员会提请审议事项，可用________。

15. 向上级机关汇报工作，反映情况，答复上级机关的询问，可用________。

16. 向上级机关请求指示、批准，要用________。

17. 按照请示的性质和内容的不同，可将请示分为请求________、________的请示和请求________的请示。

18. 答复下级机关的请示事项，一般要用________。

19. 专题会议纪要是________记述会议讨论、研究的情况与成果的一种会议纪要。

20. 会议纪要一般由首部、________和尾部三部分组成。

二、简答题

1. 行政公文有哪些主要特点？

2. 根据国务院文件规定，行政公文是"依法行政和进行公务活动的重要工具。"这既揭示了行政公文的性质，也指明了行政公文的作用。请概括谈谈行政公文的作用。

3. 行政公文的格式是指公文规范化的外部形式，有哪些构成要素？

4. 决定是行政领导机关对责任范围内的重要事项或重大行动做出安排时使用的公文。其特点主要是什么？

5. 公告是适用于向国内外宣布重要事项或者法定事项的一种公文，有什么特点和用途？

6. 以往“通知”的分类不一，现依照《办法》，根据通知的性质和适用范围，可以分为哪几类？

7. 根据通报所承担的任务，我们可以将其分为几种类型？分别有什么作用？

8. 通报的主要特点是什么？

9. 议案主要的特点是什么，结构有几个部分？

10. 请示与报告，都是陈述性上行文，稍有不慎，容易混淆。但它们毕竟是两个不同的文种，应注意区分，不能用错。谈谈它们的区别。

11. 意见与请示的适用范围不能混淆，其区别是什么？

12. 撰写意见应注意哪些问题？

13. 意见的特点是什么？

三、判断题

1. ××市教育局关于召开××同志任职的通知。（　）
2. 关于转发省分行川工行办发［1999］92号文件的通知。（　）
3. 任免通知均需写明经何组织研究决定、任免谁及任免职务、任期和待遇，这样才便于执行。（　）
4. 关于转发计生委两个《通知》的通知。（　）
5. 通知可以“特此通知”结尾，也可以发出号召、抒发感情。（　）
6. 表彰性通报既要写明被表彰者的先进事迹，还要简介其一般表现。（　）
7. ××学院关于招收IBM研究生的通告。（　）
8. 中国进出口商品检验局公告。（　）
9. ××市电信局关于安装私人电话的公告。（　）
10. 国家税务总局关于个体工商户必须依法纳税的通告。（　）
11. ××商场大型服装展销公告。（　）
12. ××市公安局关于通知收缴非法枪支武器的公告。（　）
13. ××县税务局通知建筑税纳税的有关事项，用公告。（　）
14. 中共××市纪律检查委员会公布关于严肃党纪、杜绝“走后门”等不正之风的有关规定，用通告。（　）
15. 公安厅表彰公安战线先进集体和先进个人用决定。（　）
16. 版记是公文的文件尾部分，包括主题词、抄报机关、抄送机关、印发机关、印发份数。（　）
17. 政府机关不得对党组织作批示、交任务。（　）
18. 级别低的机关可以和级别高的机关联合行文。（　）
19. 公文标题一定要由发文机关、事由和公文文种三要素组成。（　）

20. 几个单位联合行文，主办单位要排列最前。（　　）

21. 受双重或多重领导的单位，视请示内容，可以有两个以上主送机关。（　　）

22. 报告一般不需要上级答复。（　　）

23. 情况紧急可以越级请示。（　　）

24. ××学院关于教师职业病治疗情况的请示。（　　）

25. 报送报告很简单，只写“现将××呈上，请审阅”即可。（　　）

26. 关于申请资金修建学生公寓楼的报告。（　　）

27. 意见的主送机关分为两种情况：需要转发的意见，没有主送机关这一项，但转发该意见的通知，要把主送机关写清楚。直接发布的意见，要有主送机关，主送机关的排列法和一般公文相同。（　　）

28. 发文缘由是意见的开头部分，主要写出发布意见的背景、根据、目的、意义等，要面面俱到。（　　）

四、选择题

1. 下列应该标记“签发人”的是（　　）。
A. 公告　B. 命令　C. 请示　D. 函

2. 向国内外宣布重要事项或法定事项时用（　　）。
A. 公告　B. 通告　C. 通报　D. 决定

3. 受双重领导的机关向上级组织机关行文，应当（　　）。
A. 写明主送机关和抄送机关　B. 主送一个上级机关
C. 报送两个上级机关　D. 报主送并抄送两个上级机关

4. 下列可以不加盖发文机关印章的是（　　）。
A. 报告　B. 通知　C. 会议纪要　D. 请示

5. 向上级机关汇报工作，反映情况，答复上级机关询问时用（　　）。
A. 报告　B. 决定　C. 总结　D. 请示

6. 下列既可向上级行文，又可向下级行文的是（　　）。
A. 通知　B. 请示　C. 意见　D. 通报

7. 联合行文的机关应该是（　　）。
A. 两个以上的机关　B. 两个以上的同级机关
C. 上下级机关　D. 不相隶属的两个机关

8. 公文的成文日期指（　　）。
A. 草拟公文文稿的日期　B. 公文印制完毕的日期
C. 负责人签名的日期　D. 分发公文的日期

9. 公文正文（　　）字，一般每面排22行，每行28个字。
A. 三号、仿宋体　B. 小三、仿宋体
C. 四号、宋体　D. 五号、仿宋体

10. 公文标题中除法规、（　　）名称加书名号外，一般不加标点符号。

A. 规章　　B. 指令　　C. 公告　　D. 决定

11. 行政公文如果有附件，应在（　　）标识附件名称。

A. 正文之后成文日期之前　　B. 成文日期之后主题词之前

C. 主题词之后　　D. 标题之后正文之前

□能力训练

一、要素操作题

1. 补充完整这篇公文的标题文种和开头：

××省人民政府转发

《国务院关于进一步加快旅游业发展的通知》的××

各市人民政府、省直属各单位：

开头：

2. 广东省人民政府收到江苏省人民政府《关于商洽经贸协作关系事宜的函》（苏政函〔2003〕×号），经研究，同意合作并给予函复，请代拟这篇复函的标题和开头的文字。

3. 某市人民政府拟在全市范围内开展政风政纪大检查，请写出公文的标题。

标题：

4. 少数干部利用公款游山玩水，××省纪委拟发文予以批评

标题：

5. 省人事厅向省财政厅申请公务员培训经费，请写出公文的标题及开头。

标题：

开头：

6. ××厅拟将《××厅财务管理办法》发给各处、室，请写出公文的标题。

标题：

7. 中国人民银行收到国务院办公厅转来的《××省人民政府关于成立××银行的请示》公文，请写出公文的标题和开头。

标题：

开头：

8. 某市教育局发现所属中小学校中仍有乱收费的现象，拟就此给中小学发文，请写出文件的标题及开头。

标题：

开头：

二、写作（按规范公文格式撰写，如果材料不足，可根据需要自行扩充）

1. 某市运动员在第十届省运动会上表现突出，夺得金牌和团体总分第一，请代市政府拟一份表彰决定。

2. 省教育厅召开全省高校实施教学质量工程工作会议，会议为期三天，出席对象为各高校分管教学的副院长、教务处长，请代该省教育厅拟写会议通知。

3. 某大学老教授××平时生活节俭，在这次四川汶川特大地震发生后，向灾区人民

捐款10万元，该大学拟通报表彰这位老教授，请代该大学拟写这份通报。

4. 从某地开出的某次火车发生重大颠覆事故，请拟写一份报告，向上级主管部门反映情况。

提示：开头部分应说明事故发生的时间、地点、人物（造成事故的人员或单位），事故发生的直接原因、过程和人员伤亡、经济损失情况等。对重大事故，还应该说明事故发生后有关部门和人员采取了哪些紧急救治措施。

主题部分应说明以下几个问题：(1) 确定事故责任者；(2) 确定事故性质；(3) 提出处理意见和防范措施；(4) 就本单位应负的责任做检讨，表明自己的态度。结尾部分应表明态度，检讨过失，接受教训，以防类似事故发生。

5. 某出版局在打击盗版活动中，在一家书店查获了5本盗版图书。在对其进行调查取证的过程中，该盗版图书销售者所提供的供货人无法查证，又拒不提供该盗版图书的进货手续和销售记录，对其实际经营的该盗版图书数量无法确认。但其行为符合《著作权法》第四十七条一款的规定，应给予行政处罚。问题是，在这种情况下，能否运用《著作权法实施条例》第三十六条关于“非法经营额难以计算”的规定，对该盗版图书销售者处以10万元以下的罚款。该局拟向国家版权局写一请求指示的请示，请代该省版权局撰写该请示。

6. 根据下列材料，拟定一份发函和复函

南京贸易信托公司接受安徽省××市染织厂的委托，代为介绍出售当地无销路的近3万米的某种布料。经多方联系，已商定由南京市宏区服装厂购买，作为生产各种服装的原料。为此，南京市贸易信托公司给安徽省××市染织厂来函，要求迅速派人前往洽谈。请代南京贸易信托公司拟定一份发函，再代安徽省××市染织厂拟定一份复函。

第四章　事务文书（一）

第一节　概　　述

一、事务文书的概念

事务文书又叫普通文书，是党政机关、社会团体、企事业单位在日常工作中使用的，用来沟通信息、总结经验、研究问题、指导工作、规范行为的非正式文件。事务文书虽然不是《党政机关公文处理工作条例》中的法定文书，但却是在日常工作中使用最为广泛的文书。

事务文书种类繁多，常用的有计划、总结、简报、调查报告、会议记录等等。这些文书实用性强，在日常工作中发挥着指导监督、统筹安排、协调控制的作用，是其他文种无法替代的。

二、事务文书的特点

（一）目的明确，注重实际

事务文书有十分明确的写作目的，一份事务文书，为解决什么问题而撰写，要求哪些人了解并使用，在行文之前就已确定。针对实际情况，解决实际问题，客观、实用是这类文书最基本的特点。

（二）专业性强

写作这类文书，作者不仅要掌握写作方法和技巧，还应具备一定的专业知识。一些专业术语、数据、统计方法要符合专业要求，文书的内容也要符合经济发展的规律。

（三）格式固定，运用灵活

一方面，事务文书有比较固定的惯用格式和基本的写作要求，遵循这些格式和要求是写好这类文书的前提。另一方面，由于事务文书的内容丰富多样，用途各不相同，而且大部分是在单位内部制发、传达的，因此这类文书在写作格式上，比公务文书要灵活些。

三、事务文书的写作要求

（一）以方针政策为指导，以法律规定为依据

事务文书的政策性很强，它是党和国家的方针政策在有关实际工作中的具体体现。作

者须认真领会有关政策，并运用政策原则去指导工作。同时，这类文书还要以法律规定为依据，不能与现行政策和法规相抵触。

（二）深入调查研究，获取真实材料

撰写事务文书要了解实际情况，进行深入细致的调查研究，尽可能多搜集、积累材料，只有这样，才能够发挥它们的作用。

（三）重视内容的内在逻辑，层次清晰

事务文书在写作中，往往要运用丰富的材料，如总结、调查报告等。组织材料时，应注意文章内容间的内在逻辑联系，学会使用序码或小标题的形式来安排层次。

第二节　计　　划

一、计划的性质和特点

（一）计划的性质

计划是党政机关、社会团体、企事业单位和个人，为了实现某项目标和完成某项任务而拟定的关于目标、措施、步骤等内容的文书。

《礼记·中庸》中写道：“凡事预则立，不预则废。”无论什么单位，无论做什么事，事先都应有明确的指导思想，有明确的目标，对未来的行动做出具体的安排。有了计划才能胸中有全局，行动有目标，工作有程序；有了计划，才能减少盲目性、随意性，增加自觉性、主动性，调动积极性；有了计划，才能预见困难，及早防范，避免失误；有了计划，还可以作为上级机关和领导检查、督促实际工作的重要依据；有了计划，还便于检查、总结，从而推动工作。

“计划”是计划类文书的统称。写计划时，往往根据内容的差别、期限的长短、成熟程度等，还有不同的名称。

规划——是范围较广、内容较概括、涉及时间较长的长远设想。

方案——是对将要进行的某项重要工作，从目的、要求、工作方式方法到具体进度作全面安排的计划。

安排——是对短期内工作进行具体布置的计划。

设想——是初步的、尚未成熟的计划。

打算——是短期内工作的要点式计划。

要点——是领导机关借以布置一定时期的工作任务，交代政策界限，并提出具体任务及主要措施。要点重在原则性指导。

（二）计划的特点

1. 预见性

科学的预见性是计划的突出特点。计划是先于要进行的实践活动而制定的，在拟制计划时，要尽可能准确地预测出事物发展的趋势、方向和程度，提出科学的、切实可行的方案。这些都是建立在对将来事项的预测基础之上的。

2. 可行性

可行性是预见性的基础，如果基础不牢，那只能是空中楼阁，完成计划就是一句空话。因此，为了实现预期的目标，必须有切实可行的措施和方法，必须切合实际情况，保证目标的实现。

3. 指导性

工作计划虽不属于公文，其指导性也不像公文那样具有法定的权威性和广泛的行政约束力，然而计划一经下达，就要对完成任务的实际活动起到指导作用和约束作用。工作的开展、时间的安排等，都必须按计划严格执行。

二、计划的种类

计划的种类很多，按不同标准可分为不同的种类：

按性质分，有综合性计划和专题性计划。

按内容分，有工作计划、生产计划、学习计划、科研计划等。

按时间分，有长期计划、年度计划、季度计划、月计划等。

按范围分，有国家计划、单位计划、部门计划、个人计划等。

按形式分，有条文式计划、表格式计划、条文表格综合式计划。

三、计划的基本写法

计划的基本内容包括：总的指导思想和目标、完成任务的具体措施和办法、进度安排和基本要求等。当然，在编制计划时，要看具体情况，并不是所有的计划都一定要包括这些内容。

（一）表格式计划

即用图表表述信息的形式。从任务、项目到执行单位或负责人，直至完成时间都用图表表示。一般每个单位、部门通常有自己固定格式的表格式的计划，可以周而复始地使用，用得最多的是月、旬、周的计划。

制作表格式计划时，先要把各项内容划分成几个栏目，再把制定好的各项具体计划内容填写进栏目中，形成表格。

（二）文表结合式计划

即表格式和条文式相结合的计划。这种形式，要根据实际情况来确定文和表的作用。一般来说，需要解释和申说的内容，如目的、缘由等，以文字表述为宜；具体的任务、数字、执行者、完成期限等，则以表格表述为妥。文表之间要互相衔接，互为补充，不可重复。

（三）条文式计划

这类计划一般由标题、正文、落款构成。

1. 标题

完整的计划标题是由四个要素组成：单位名称、适用时限、计划内容和计划种类，如

《××学院 2003 年招生工作计划》。有时可根据具体情况省略标题中的某些要素，或者省略时限，或者省略单位名称，或者省略单位和时限，如《××商场接待方案》、《2000—2005 年城市规划》、《下岗工人再就业的计划》。如果计划需要讨论修改的，应在标题后或下一行用括号注明“草案”、“讨论稿”等字样。

2. 正文

正文是计划的主干和核心，一般由前言、主体和结尾三部分组成。

（1）前言

前言主要交代“为什么做”的问题，概述制定计划的目的依据或背景情况，说明完成本计划的必要性和可能性，提出本计划总的任务和要求等。

前言要力求简短，不宜做过多的阐述。可用“特订计划如下”、“现将……安排如下”等句式来承上启下。

（2）主体

计划的主体是计划的重点部分，要说明“做什么”和“怎么做”，一般包括目标任务、措施步骤等项。

目标任务，指的是一项工作要求达到的数量、质量、速度等。目标是一份计划的“纲”，纲举目张，目标明确，措施才会有力。因此目标要明确，也就是任务要具体，指标要确切，尽可能做到量化、细化。

措施和步骤是完成任务的保证。措施指为完成任务的指标而采取的办法，步骤是从时间上把工作的进程加以安排。这部分要详细说明具体措施，时间进度，如何分工合作。要有针对性、可操作性，条理清楚，以利于执行。

（3）结尾

多用于明确如何执行计划，怎样具体检查、考核，以及奖惩、表达决心或发出号召等。结语应简洁，不宜过长。也有的计划没有结尾，主体部分写完就自然结束。是否有结语的，可根据需要安排。

3. 落款

在正文右下方署上制定计划的单位名称，在署名的下行写上日期。

四、计划的写作要求

（一）从实际出发，统筹兼顾

首先，要深入了解党和国家的路线、方针、政策以及长期和近期的发展计划，以便明确一定时期以来工作的指导思想，避免计划偏离方向。

其次，制订计划必须从实际出发，充分分析客观条件，不能凭主观的愿望和意志去设计将来工作。事关全局性计划，还应该把方方面面的问题考虑周全，计划分解到部门，要处理好大计划与小计划之间关系，整体与局部的关系，做到统筹兼顾。

（二）重点突出，主次分明

一段时间内要完成的事情很多，先做什么，后做什么，主要做什么，次要做什么，必须有重有轻，有先有后，条理清晰。制订计划时可根据任务的主次、缓急来安排工作程序，先急后缓，先重点后一般。

（三）留有余地

计划是未来行动的规定。由于各种主客体原因，制订的计划难免对未来有预测不周到的地方，因此，制订计划要留有余地，不要把话说绝。在执行计划的过程中，需定期检查，如果遇到新问题、新情况，应及时进行修正、补充、调整。

（四）语言简洁明确，表述准确

一份计划要使用执行者准确理解计划的内容，语言必须简洁明确，表述清楚、准确，没有歧义，让人明白易懂。

计划的目标任务确定，措施步骤具体安排，语言表述必须准确精当不宜用“大概、左右、约莫”等模糊词语，避免空话、套话。计划的指标常常定量化，所以要恰当使用量词来表达数量的增减变化情况，注意“基数”、“增加数”、“和数”、“减少数”、“差数”的准确表述。

五、例文评析

××市义务植树造林××年春季工作计划（草案）

根据全国五届人大第四次会议通过的《关于开展全民义务植树运动的决议》，希望我市广大人民群众积极响应党和政府的号召，人人争当义务植树的突击手，争当保护林木的哨兵，个个为绿化祖国贡献力量。为此，我市在今年春季要做好以下几项工作：

一、任务与要求

（一）我市今年春季计划造林面积××亩，植树××株。要求每人平均3～5株，栽下后要有人管理，保证成活，植树不要只用好地。春季植树造林要在植树节前基本完成。

（二）以市政府为领导，以各区为单位，以全民义务植树造林指挥部为指导的群众性的植树造林活动，具体要求：

1. 各机关、团体的领导要带头，并指定专人负责此项工作。

2. 充分发动群众，组织好力量，采取分片包干的办法。

3. 要因地制宜，根据气候、土壤等不同条件，栽植不同品种的树。

4. 各苗圃要及时做好挖苗备运工作。

5. 加强各环节工作的检查，2月中旬做一次全面检查。

二、措施步骤

（一）于2月下旬召开一次植树造林工作会议，参加人员：本市机关、团体、学校、工厂的有关负责人及政府区以上的主要负责人等。重点研究植树造林的各项准备工作，采取必要措施予以落实。

（二）加强各单位各部门的植树造林的领导工作，认真解决各单位存在的问题。

（三）抽调××名干部到植树造林第一线做具体指导工作。

（四）在植树节前把春季植树造林基本完成。

××省××市政府

××××年××月××日

【评析】

这是一份工作计划。

标题为完全式标题，由四个要素组成。正文由前言和主体两部分组成。前言部分主要概述或说明制定计划的目的、依据。主体部分内容共分两大部分，先是明确了任务和要求，然后在措施步骤中安排各项工作，初步拟定时间和人员。

全文层次清晰，目标、措施和步骤具体明确，格式规范。

能力训练

1. 请指出下面一份计划开头部分的毛病并作修改。

近几年来，我们银行的青年职工人数越来越多，已经成了业务骨干力量。他们在经济战线上发挥着积极作用，展示了我国银行事业的希望和前景。但也不能忽视，一些青年由于理论水平低、文化素养差、科学文化知识贫乏等而感到我们做的工作没有意思。根据中国人民银行总行要求，提高在职干部文化水平，我们办事处开办了中专班，脱产学习一年半，招生的对象是在银行工作两年以上，高中毕业或相当于高中毕业水平的同志。为了更好地完成学习任务，我们教育科计划如下：……

2. 根据实际情况，任选下列一个题目制订计划。

学习计划；课外阅读计划；假期打算

第三节　总　　结

一、总结的概念和作用

（一）总结的概念

总结是对过去一个阶段或一定时间的社会实践，包括工作、学习、思想等方面进行回顾、检查、分析、研究，从中找出经验教训和规律性认识，用以指导今后工作的文字材料。我们常说的“小结”、“体会”实际上也是总结，但反映的内容比较简单、时间较短、范围较小。

总结与计划互相依赖又互相作用。计划是事前做设想和安排，解决“做什么”与“怎么做”的问题，总结则是做事后的分析，回答“做了什么”、“做得怎样”和“为什么这样”等问题。没有对以前工作做系统、深刻的总结，就很难制定出未来切实可行的计划。

（二）总结的作用

总结的目的就是要通过回顾和总结，提高认识，掌握事物的发展规律，去指导今后的实践活动。因此，它的重要作用主要表现在：

首先，在实际工作中，通过总结，可以肯定成绩，发现问题，从中吸取经验教训，借以指导今后的实践行为。

其次，通过总结，可以养成理论联系实际的作风，培养观察事物、分析事物的能力，提高思想认识水平和业务工作能力。

再次，总结还可以用来汇报工作，了解情况。一般来说，一份总结除了在本单位、本部门交流之外，还要上交领导部门。一份总结对下级单位来说，有汇报工作的作用；对上级单位来说，有了解情况的作用。通过总结，上级部门可以了解下属单位的情况，根据这些具体情况再制定下一步工作的计划，使工作有的放矢，针对性强。

二、总结的特点及种类

（一）总结的特点

1. 理论性

总结的过程，就是把平时积累的零散的、肤浅的、表面的感性认识上升为全面的、深刻的、本质的理性认识的过程，在分析事实材料的基础上比较、归纳、提炼出正确观点，从而提高认识，发扬成绩，吸取教训，以便对今后的工作起指导、借鉴作用。因此写总结不能就事论事，堆砌材料。要有事实，有分析，要站在一定的高度透过现象看本质。

2. 客观性

总结是对已经过去的实践活动进行回顾、分析，因此它必须以客观事实为依据，真实地、客观地分析情况、解决问题、总结经验，不允许有任何主观臆测。

（二）总结的种类

总结的种类也很多，从不同的角度分类：

按性质分，有综合性总结和专题总结。

按内容分，有工作总结、生产总结、学习总结、思想总结等。

按范围分，有部门总结、单位总结、个人总结等。

按时间分，有年度总结、季度总结、月份总结等。

三、总结的写法

总结一般由标题、正文、落款三个部分组成。

（一）标题

总结的标题要求准确、简洁，一般有以下几种写法。

一种是公文式标题。由单位名称、时间、内容和种类组成。如《××市人民政府20××年工作总结》。

二是文章式标题。用简练的语言概括总结的主要内容或基本观点，标题中不出现文种“总结”的字样。如《科技立厂，人才兴业》、《我们是怎样吸引客户的》等。

三是双标题。一般由正标题和副标题组成。正标题概括主要内容或揭示主旨，副标题补充说明单位、时限和工作内容，如《搞好审计调查为宏观决策服务——××市审计局2002年工作总结》。

（二）正文

正文一般由开头、主体、结尾三部分组成。

1. 开头

开头也叫前言，一般是概述基本情况，为后文的进一步分析作一些必要的交代和铺垫。基本情况就是对前一段时间工作的汇总，包括工作背景、工作的完成情况以及对工作总的评价等。这一部分内容要简明、概括，忌讲套话。

2. 主体

主体是总结的重点部分，一般要回答“怎样做”、“做得怎样”、“为什么会这样”的问题。内容上包括过程和做法、成绩和经验、问题和教训等几方面。当然，一篇总结不一定面面俱到，可因文而异，有所侧重。写法上要求做到观点鲜明、材料典型、叙述和议论相结合。

（1）过程和做法：回顾工作中抓了哪几个主要环节、解决了哪些问题、有哪些好的做法等。

（2）成绩和经验：这是总结的主要内容，目的是要肯定成绩，归纳经验。成绩是指做了哪些工作，完成得怎么样，一般要用典型事例、统计数据等材料来说明。在专题性总结中，成绩往往放在开头部分，主体部分主要谈经验。综合性总结往往要列出大标题，如“×年来的主要工作”，然后再列小标题分述成绩。从成绩中分析出经验，这是总结的根本性目的，同时上升到一定理论的高度，从中提炼出带有规律性的东西，作为今后工作的借鉴。

（3）问题和教训：问题主要是没有做好、没有完成的工作，或有待于解决的问题以及工作中有什么缺点和错误。教训就是找出出现问题的原因。在综合性总结中，问题教训是主体内容的一部分，但不像成绩经验那样写得详细。在专题性总结中，这个内容一般不写，如果写也是放在结尾，但不做详细分析。而如果是总结教训为主的专题总结，这个部分则为文章的重点。

主体部分常见的写作结构形式有三种：

一是纵式结构。把工作过程分成几个阶段，按时间顺序分阶段写。其结构通常是“工作指导思想—具体做法—成绩经验—问题教训”。这种结构全文脉络清晰，给人以完整的印象，综合性总结常采用这种写法。

二是横式结构。即把经验体会上升到一定理论高度，归纳出几个并列的观点，按照其内部的逻辑关系来安排内容和层次。这几个并列的观点或在开头概括介绍，或在结尾进行概括总结。这种结构形式行文简要，逻辑关系清晰，便于阅读抓住要点。

三是复合式结构。即在一份总结中既有纵式结构又有横式结构。它是把工作过程按时间顺序分成几个阶段，每个阶段又分成并列的几个部分叙述，每个发展阶段总结出几条经验或是按材料间的逻辑关系，把内容分为几个部分，每一部分又按时间顺序来写。这种结构，既能了解工作的全过程，又能了解各阶段的经验，条理清晰，一目了然。

3. 结尾

结尾即总结的结束语。一般是简要指明今后的打算、改进意见和设想。

（三）落款

落款即署名和日期。写在正文右下方，署名在上行，日期在下行。

如果标题中已出现单位名称，落款可以不再具名。

四、总结的写作要求

（一）要实事求是

实事求是，就是以客观事实为依据，恰如其分地反映实践活动的真实面目，既不夸大，也不缩小、隐瞒，更防止把经验拔高或绝对化。只有真实可信的总结，才会对未来工作有实际指导意义。

（二）材料要充足

充分占有材料，这是写好总结的前提。总结的材料一般包括：背景材料、典型材料、数据材料、正反面材料等。材料充足了，我们提炼的规律性认识才能反映事物的本质和主流，才能符合客观实际情况。

（三）条理清晰有重点

总结一般篇幅都比较长。写作时须精心策划，安排适当的结构形式，使其内容完整、主旨突出、结构紧凑、条目清楚。在系统、全面的回顾分析中，要突出重点，抓住工作中的关键问题深入分析研究，找出成败原因，找出规律性东西，突出个性特征。切忌主次不分，面面俱到，浮光掠影。

（四）点面叙议相结合

总结既要有较为系统、全面的回顾与分析，还应有典型事例，做到点面结合。同时，总结时要兼用叙述和议论。总结中对情况的叙述是议论的依据，议论又是对叙述的综合分析和提高，两者反映观点和材料的关系，必须有机结合。

五、例文评析

××县××乡人民政府××××年工作总结

今年我乡在小平同志南方讲话的指引下，积极贯彻党的十三届八中全会通过的《中共中央关于加强农业和农村工作的决定》的精神，努力深化农村改革，一年来取得了显著成果，开创了我乡工作的新局面。

一、工作情况

一年来，我们主要抓了如下几项工作：

（一）开展了社会主义教育，增强了社会主义信念

今年我乡按照县委的统一部署，开展了社会主义教育。在全乡15个村中有5个进驻了县委社教工作队，其他10个村由乡组织力量开展社教活动。通过开展“四讲”、“三建设”、“一整顿”，使全乡农村面貌发生了巨大变化，坚定了广大干部、群众的社会主义信念，加强了基层组织的凝聚力和战斗力，促进了生产长足发展，改善了农村的社会治安状况。社教以来，全乡有813名青年向党组织递交了入党申请书，一类党支部由5个增加到12个，占基层支部的75%；全体共产党员都增强了为人民服务的观念，发挥了先锋模范作用；全乡干部群众为发展壮大集体经济献计献策1 118条，集资215万元，公物还家415件，价值3.5万元，收回拖欠集体的提留款85万元；民事、刑事发案率比去年同期下降

了57%。红山村干部、群众为发展集体经济集资1.1万元，投入义务工2700多个，修筑了1500米长的水渠，引来了青龙河水，栽上了7000棵苹果树，使红山村变成了绿山庄，群众高兴地把这条水渠命名为“社教渠”。青风店村五名承包果园的党员主动提出增加承包金，完善承包合同，在他们的带动下全村鱼塘、果园等集体设施的承包合同都得到完善，使集体增加收入2.1万元。东山村三名退休干部、教师，义务组成民事调解组，走家串户宣传道德和法制，使全村树立起尊老爱幼、邻里和睦的良好社会风尚。

（二）发展乡、村工副业，壮大了集体经济（略）

（三）增加了科技投入，发展了农业生产（略）

（四）狠抓了计划生育，控制了人口增长（略）

二、认识和体会

一年来，我们在工作中深切体会到：

（一）必须强化改革意识（略）

（二）必须执行科技兴农的方针（略）

（三）必须完善农业社会化服务体系（略）

三、存在的问题

一年来，我们虽然取得了一些成绩，积累了一些经验，但还存在一些不容忽视的问题。主要是：

1. 各村间生产发展不平衡。红山村等5个重点社教村后来居上，而一些原来基础较好的村却步子迈得不大，变化不明显。

2. 产业结构上，二、三产业虽有了较大发展，但在本乡经济中所占比重仍较小，还有巨大潜力。

3. 农业生产中，有些村还缺少商品生产意识，重产量，轻效益；重生产，轻流通；重粮食作物，轻多种经营。

在新的一年里，我们将进一步调整产业结构，深化农业改革，完善农业社会服务体系，不断发展和壮大集体经济。

××××年×月×日

【评析】

这是一份综合性的年终工作总结。

标题，采用的是公文式，由单位名称、时间、内容和文种组成。

开头只有一句话，表述了一年来工作的指导思想、主要工作以及取得的成效。写得简约、朴实。

主体，分三个部分：做法、体会、存在问题，采用标题式。第一部分既总结一年来乡政府着力抓的四项主要工作，又以成绩来印证，把工作和成绩融合为一。结构上按从主到次的顺序来写。第二部分写体会，用三个“必须”，以祈使句概括，总结出规律性的东西。第三部分，写存在的问题。写得较为简略，写了三点。这些可以作为上级或有关单位了解情况和自身制定下一步工作计划的依据。

本文特点：材料丰富，能够充分说明观点。条理清晰，语言运用体现了较规范的事务语体特点，句式整齐统一。标题句提炼准确。

能力训练

请分析下面的这份总结的毛病并作修改。

公文写作学习总结

《公文写作》学习了54个学时。经过学习，感觉收获很多。原来不想学，现在觉得越学越有味道；原来以为学不到东西，现在不论写作知识还是写作能力都有了明显的提高。

一、较系统地掌握了公文写作的基本理论知识。

对于公文，过去我只知道"它"是"官场文章"，对它的性质、特点、作用不了解也不想了解。我不想进"官场"，了解它干吗。现在知道了公文是专门用于党政机关单位办理公务的、作用巨大的应用文。还知道了如何根据它的性质、作用、特点来确定主旨、选择材料、安排结构、使用语言等知识、方法。

二、熟读了许多范文和病文。

在学习写作中，"范文"有"示范作用"，它告诉我们"应该这么写"，"病文"有"警示作用"，它告诉我们"不应该那么写"。课本中有100多篇范文，有50多篇"病文"，大部分我们都读了。特别是老师重点分析的，我学得更细致，将两种文章对照着读，具体弄清楚"为什么不应该那么写"，"为什么应该这么写"，这样学到的东西，道理明、印象深，很有用。

三、写了十多篇作文。

写作课是实践课，学习写作理论知识是为了指导写作实践，是为了写出符合要求的文章来。因此，老师布置的七八篇作文我认真写，我还结合学生会工作写了好几篇。这十多篇作文，使我更实在地知道了有关文种写作的道理、知识，写出来的文章也基本符合要求。这对我将来参加工作很有好处。

总之，公文写作的学习收获很大。我在此感谢老师的教诲。

王××

××××年×月×日

第四节　简　　报

一、简报的性质及作用

（一）简报的性质

简报是机关、团体、企事业单位编发的反映情况、汇报工作、交流经验、沟通信息的一种文体。简报一般只在各单位、各部门、各系统内部进行交流，具有内部期刊、小报、资料的性质，定期或不定期编发。

简报是一个统称，日常工作中常见的“简讯”、“快报”、“××动态”、“××简报”、“××信息”、“××资料”、“内部参考”等，都属于简报。

（二）简报的作用

简报作为一种具有汇报性、指导性和交流性的应用文体，有着重要的作用。

1. 为领导机关了解情况、制定政策提供依据

机关、团体等单位编发的简报反映了他们最新的工作情况和重要动态，上级领导机关从这个窗口可以及时了解下级单位的情况，从中发现典型经验或倾向性问题，以便有针对性地指导工作。

2. 指导下级单位的工作

领导机关通过简报的形式，可以及时地向下级单位传达、解释上级文件精神，指导下级的工作；也可以对工作提出意见和要求，供下级参照执行；可以表彰先进，批评错误，运用典型推动工作。

3. 互通信息，加强交流

简报还可以抄送兄弟单位，起到互通信息、交流经验、探讨问题、协调工作、取长补短、互相促进的作用。

4. 为宣传部门提供资料或线索

简报除了不能公开发表的材料外，可以抄送宣传部门，为报刊、电台、电视台提供报道线索、资料。

二、简报的特点及种类

（一）简报的特点

简报具有“新、实、快、简”的四个特点。

1. 新，即选材新、观点新。简报要反映新情况、新问题、新经验、新动向，提供新信息，只有这样才有启发和参考价值，才具有更强的指导性和交流性。

2. 实，即反映情况要真实。简报最主要的是为上级领导机关掌握情况制定政策提供依据，所以，材料一定要真实可信。对报道的人物、事件、材料、数据要仔细核实，符合实际，对成绩不要虚夸，问题不要缩小。

3. 快，即反应迅速及时。简报也称“快报”。简报类似新闻报道，追求时效性，要求发现、汇集情况快，撰写成文快，编印制发快。只有快，才能使上级机关及时掌握新情况，不失时机地处理和解决问题。

4. 简，即篇幅短小，语言简明扼要。除综合性简报外，简报一般要求一事一报，即一篇报道只反映一件事，字数几百字，至多不过千字。

（二）简报的种类

简报从不同角度可以划分为不同种类。从时间上划分，有定期和不定期简报；按内容和写作形式分，有综合简报、专题简报；按性质分，简报有如下三种：

1. 工作简报

也叫情况简报，即反映本部门、本系统各方面工作情况的简报。

2. 动态简报

动态简报是迅速及时地反映各部门、各领域的新情况、新动态的简报。内容新、动态性、时效性是其特点。

3. 会议简报

专门报道会议情况，反映会议进展与会议人员的意向、建议等。它局限于会议范畴，随开会而用，随会议结束而终止，主要用于一些大、中型会议，利于组织和引导会议。

三、简报的基本写法

简报结构由报头、报体、报尾三部分构成。

（一）报头

报头事先已印刷好。在简报首页的上方位置，用一条红色线与报体隔开。报头一般占报纸的1/3或2/5的比例。一般由简报名称、期数、密级、编者、印发时间等组成。

1. 简报名称

居中排印，套红大字，如“会议简报”、“工作简报”等。

2. 期数

标注于简报名称正下方，先写“第×期”，下方再写“总第×期”，用圆括号括起。

3. 密级

标注在“名称”的左上方，可按公文密级分“绝密”、“机密”、“秘密”，有的则写“内部文件”或“内部刊物，注意保存”等字样。

4. 编者

即编发单位，位于“名称”的左下方。

5. 印发日期

位于“名称”的右下方，年月日要齐全。

（二）报体

这是简报的主要部分，一般说来，它包括以下内容：

1. 按语

也称“编者按”或“按”。位置在“间隔线”的下方，标题的上方，每行两端空两格。为了引起读者的注意，有时转发一些重要的、带有典型意义的简报，常要加上一个按语。按语一般是根据领导意图起草，代表编发简报的领导机关意见，起到提示、证明、解释的作用。按语可长可短，根据内容不同可分为：

(1) 说明性按语，介绍文章材料的来源、转发目的、转发范围。如“根据××领导同志的意见，将××单位关于××情况的报告摘登如下，供各地、各单位参阅。”

(2) 评价性按语，一般是对简报文章发表意见，表明倾向性态度。这种按语所发的议论、所提的希望和要求往往带有指导或强调的作用，以便引起人们对某个问题、某种倾向的高度重视。

（3）提示性按语，一般用来提示内容的重点和要求。对篇幅较长的文章，加上这种按语能够帮助读者加深理解文章的精神。

按语的写作要针对性强，语言准确，简明扼要。按语的作者，一般由编发机关指定有关人员撰写。

2. 标题

每篇简报都必须有标题。标题一般要求确切、醒目、简短、富有吸引力。它不同于一般的公文标题，而与消息、通讯的标题类似。

标题大致有以下几种写法：

直述概括法，如《××市改革商品流通购销体制》。

提问设疑法，如《艰苦朴素的作风还要不要?》。

形象表意法，如《一份公文背着二十八颗公章旅行》。

正副标题法，如《协助机械工业压缩产品资金占用——××市分行的一些做法》。

3. 正文

正文一般由开头、主体、结尾三个部分组成。

（1）开头

开头部分又称导语，要求用一两句或一小段文字，概括全文的主要内容，给人一个总的印象。内容包括单位或人员（谁）、主要事情经过（什么）、结果怎么样等项。既可以概括叙述简报的主要内容，也可先写结论，再引出主要内容。

（2）主体

这是简报的主要部分。它承接导语，是导语的具体化。它运用典型的事例、确凿的数据、真实的材料对导语中涉及的事实和问题进行展开、阐明、印证和回答。这部分的写法，没有固定的格式。因为简报的内容多有不同，有的介绍经验，有的提出问题，有的反映情况，所以写法也各有差别。但总的要求是这部分要写得观点鲜明，材料精确，条理清晰。

主体部分安排材料的方法常见的有两种，一种是按时间顺序安排材料，即按事件发生、发展和结局的先后顺序来写某一事件的简报。另一种是按照逻辑顺序安排材料，即按材料之间的因果、主次等内在联系列出几个问题，分别来写。为了醒目，还可采用小标题来分列层次。

（3）结尾

简报的结尾，可用一句话或一段话对主体内容进行归纳、概括，进一步深入主旨；或指明事物发展的趋势，提出希望；或发出号召，要求行动和响应等。简报中篇幅短小、内容简单明了，如果主体部分已经说清有关问题，就可以收住，不必非要有个结尾。

（三）报尾

报尾位于简报末页下方，其上有一条粗横线与报体分开。它包括两个项目：左边写发送对象、范围，右边写印刷份数。

简报版面格式如下图所示：

<table>
<tr><td>（密级）　　　　　　　　（编号）
（期数）</td></tr>
<tr><td>（报体部分）</td></tr>
<tr><td>发送对象范围
（共印××份）</td></tr>
</table>

四、例文评析

情况简报

（第××期）

××局××处　　　　　××××年××月××日

四川省会东县赊租村小学教室倒塌造成伤亡事故

19××年3月15日下午1时20分，会东县参鱼区堵格乡赊租村小学二年级教室内隔墙倒塌，当场砸死学生10人，其中男生9人，女生1人，少数民族学生2人，最大年龄13岁，最小的9岁。砸伤21人，其中教师1人，重伤3人。

事故发生后，县委、县政府及有关部门的负责同志和医务人员共24人，立即赶赴现场，进行抢救。由副州长×××同志率领的凉山州委、州政府的慰问组也深入事故发生的现场，进行调查研究，慰问死者家属亲友，处理善后工作，并到医院看望了受伤的师生。

据3月21日会东县政府召开的“赊租二年级教室内隔墙倒塌的技术鉴定会”分析，认为事故发生的原因有两个：

1. 校舍内隔墙年久失修，墙体倾斜是事故发生的潜在因素。赊租小学的校舍始建于1953年，属“干打垒”的土石建筑。1964年又在教室的一端筑起一堵3.2米高的土隔墙，墙体与教室两边纵墙无衔接，加上泥土干缩，事故发生前，隔墙两侧就有一指宽的缝隙。经现场查看，确属危险建筑。

2. 会东地区当月发生的多次不同程度的地震，是事故发生的直接诱发因素。据西昌地震中心测定：3月15日前后，普格、盐会理等地先后发生微震50多次。堵格乡一些群众也证实，当日确有地震的感受。

为了杜绝此类事件的发生，会东县委决定：加强对教育工作的领导，真正把教育作为一项主要工作来抓，要尽最大努力，从财政拿出部分资金来办教育，改善学校办学条件。

要兴起群众集资办学的热潮，群策群力，在两年以内使乡以下小学实现“一无二有”的起码办学条件。要进一步加强对安全工作的领导，各部门、各区乡、各学校都要成立安全小组，切实抓好此项工作。县文教局要充实加强基建组的力量，对所有的中小学校舍普遍进行一次统一的大检查，对危房要分不同情况采取改建、加固或封闭等办法，尽最大努力避免类似事故的再次发生。

报：×××，×××，×××

送：×××，×××，×××

发：×××，×××，×××

（共印××份）

【评析】

这是一份反映情况的专项简报，由报头、报体、报尾三部分构成。

标题确切、醒目，采用的是直述概括法。在正文部分，开头用一小段文字，概括全文的主要内容（主要事实），采用叙述式。主体部分，具体叙述文章所反映的情况内容。先介绍事故发生后的情况，然后进行原因分析，语言简洁明了，采用小标题式，条理清晰。最后为了杜绝此类事故的发生，明确了会东县委的决定。

这份简报按照逻辑顺序安排材料，层次清晰。内容集中，语言简洁。

能力训练

根据给出的材料编写一份会议简报。

时间：2004 年 5 月 20 日

地点：学院第一会议室

主持人：李××（校长）

与会人员：李××（校长）、教务处处长张××、人事处处长吴××、高××教授等十二位新调入我校的教师。

会议名称：新教师座谈会

会议内容：

（一）新调入我校的教师发表了讲话，讲述自己在校工作经历和感受，并提出了建设性意见。

（二）教务处周××处长对提高新教师工作能力谈了四点看法：1. 教育教学能力的提高；2. 学习能力的提高；3. 教学科研能力的提高；4. 工作思路的拓宽。周处长的观点深受与会教师的赞同。

（三）李××校长在总结谈话时对新教师提出四点要求：1. 适应新岗位，迎接新挑战。并要求做好五个结合：①教和学的结合；②本职工作和教育教学相结合；③重点工作和常规工作相结合；④纪律和个性相结合；⑤效率和效益相结合。2. 要有敬业精神；3. 要勤奋学习，不断提高自身素质；4. 做到师德、师功、师艺兼顾。

（四）自由交谈（略）

第五节　调 查 报 告

一、调查报告及其作用、特点

（一）调查报告

调查报告是机关、企事业单位、个人常用的反映调查研究成果的一种应用文体。具体说来，它是调查人员根据特定的目的，运用科学的方法，对社会生活中某一情况、问题、经验进行深入调查，反复研究，得出结论，从而写成的书面报告。调查报告在实际使用中的表现形态各异，除了用“调查报告”“调查”的名称以外，以“考察报告”“调查汇报”“情况反映”“情况介绍”命题的文章，或标注“信访调查”“调查附记”“调查与思考”等的文章也属于调查报告的范畴。

（二）调查报告的作用

调查报告使用的范围较为广泛，无论是制定方针政策，解决各种实际问题，弄清事情真相，还是扶植新生事物、推广典型经验，都离不开调查报告。因此，在机关文书中被视为有分量的材料，在新闻报道中被视为“重磅炮弹”。具体地说，调查报告有以下几方面的作用：

1. 为领导机关制定政策、指导工作提供依据和参考。

2. 介绍总结推广先进经验，指导和推动下一步的工作。

3. 揭露和批评丑恶现象，克服弊端。

4. 全面完整地反映新生事物的发生、发展过程，揭示它的现实意义或社会价值，促进新生事物的成长壮大。

（三）调查报告的特点

1. 真实性

调查报告的基础是客观事实，其主旨是调查研究后所揭示的客观事物的本质和规律。因此，尊重客观事实、用事实说话是调查报告的最大特点。写入调查报告的材料，都必须出之有据，不能听信道听途说。真实，是调查报告的生命。

2. 典型性

调查对象是否典型，所运用的材料是否典型，是调查报告成败的关键。材料不典型，就很难使调查报告所反映的问题具有普遍意义和指导作用。因此，调查对象要有典型意义，撰写的材料要有代表性和普遍性。

3. 论理性

调查报告不是材料的堆积，也不是对事物的具体描述。它主要通过对大量的材料进行分析和综合，达到揭示事物的本质和规律的目的。撰写调查报告时，一般是通过对事实的概括叙述和简要说明，由事论理，最后引出结论，做到夹叙夹议，力求既弄清事实，又说明观点。

二、调查报告的种类

调查报告从不同角度可以分出许多种类，按其内容和作用可分为：

（一）反映情况的调查报告

这类调查报告往往反映某地区、单位、行业或某一方面的基本情况、发展状况。它涉及的内容比较广泛，包括政治、经济、军事、文化、教育等方面。其职能是为有关部门和人员提供决策工作、处理和研究问题的可靠依据。

（二）总结经验的调查报告

主要是反映现实生活和工作中具有一定典型性的经验，以介绍先进的典型经验为主。它不只是介绍一般的工作过程和业务情况，主要是从事物发展的全过程中找出规律性的东西，加以阐发。文章大多以总结介绍经验和具体做法为重点。

（三）揭露问题的调查报告

这类调查报告主要是揭露违反党纪国法的行为，工作中的失误、缺点以及社会生活中的不良现象。其通过大量确凿的事实，揭露实质，指出问题的严重性，引起有关部门的注意和重视，以提高认识，吸取教训，推动工作。

三、调查报告的格式及写法

调查报告一般由标题和正文组成。

（一）标题

调查报告的标题，要力求简明、具体、醒目。标题的形式，一般来说有公文式标题和文章式标题两种形式。

1. 公文式标题。由调查的对象、事由和文种构成，如《关于大学生消费问题的调查报告》。这种标题简单易写，但容易造成冗长和平淡，难以激起阅读兴趣。

2. 文章式标题。一是单行标题。一般直接点明调查的内容，揭示文章的主旨，如《虚假广告何时休?》、《想致富受教育》。二是双行标题。即采用正副标题的写法。正标题鲜明地揭示主题，副标题指明调查的地点和范围，如《靠高质量低成本开拓市场——春兰集团公司调查》

（二）正文

调查报告的正文一般分为三个部分：开头、主体、结尾。

1. 开头

又称前言、导语、引言。开头的写法灵活多样，不拘一格。有的简介全文的主要内容或揭示主旨；有的交代调查的一些要素，如起因、时间、地点、对象、经过、范围等；有的概括被调查对象所取得的成绩、经验，突出主旨；有的简要介绍与调查对象、调查事实或文章主旨有关的历史知识、科学知识，以利于读者加深对文章内容的理解。

不管运用哪一种方式开头，都应该重点突出，简明扼要，紧扣主旨。

2. 主体

这是调查报告正文的核心部分。它是前言部分的展开，也是结论的根据。主体既要具体叙述调查中的事实情况，又要在事实的叙述报告中引发认识，阐述观点，做到由事入理、叙议结合。为使主体层次清楚，条理分明，通常可以采用小标题分成几个层次来写，也有的一气呵成，不用小标题。但不管用什么结构方式，都要做到观点和材料的统一。

主体部分在结构安排上，通常有两种方式：一是纵式结构，即按照事物发生发展的先后顺序组织材料安排层次；二是横式结构，即按问题的性质或事物的特点来组织材料，加上序号或小标题，分别进行阐述。

3. 结尾

结尾的写法也非常灵活。可以总结全篇主要观点，深化主题；可以提出存在问题，提出建议；可以展望前景，给人以希望；可以发出号召，提出希望等。也可以是自然而然，正文讲完，意尽言尽，戛然而止。

四、调查报告的写作要求

（一）广泛地占有材料，精心选材

调查报告要靠事实说话，因此多方面占有材料是写好调查报告的基础。调查时，要尽量掌握第一手资料以及其他旁证资料，此外，如果调查的对象具有历史性，还需要查阅有关的历史文献。但不是所有的材料都能用到调查报告中去，要对材料进行精心的筛选，一般要使用典型事例和精确的数字。

（二）认真分析研究，找出规律性的东西

占有材料，不等于就一定能写出好的调查报告，还需要把调查得来的东西，加以分析综合，进而提炼出观点。对材料的研究，要在正确的思想指导下，用科学的方法，经过“去粗取精，去伪存真，由此及彼，由表及里”的过程，分清现象与本质、主流与支流、成绩与缺点、主要矛盾与次要矛盾等，并从事物表现的各个方面中，从事物发展的不同阶段中，找出其起支配作用的、本质的东西，把握住事物内在的规律。

（三）语言准确、简明、生动

语言准确、简洁，这是一切应用文的共性要求。由于调查报告涉及可读性的问题。所以，调查报告的语言还应该生动活泼，避免枯燥无味。可适当采用群众性的生动而形象的语言等，同时注意使用一些浅显生动的比喻，以增强说理的形象性和生动性。

五、例文评析

常熟地区古树分布及其现状

徐建忠等

最近，我们对常熟地区的古树做了一次比较广泛的调查。调查的对象，绝大部分是树龄300年以上的一级古树。调查中我们记录了这些古树的树高、胸径和冠径；通过访问，估计了一些古树的树龄；观察和了解了一些古树的存活情况和管理情况。

在一个多月中，我们调查了银杏37棵，香樟2棵，枫香5棵，红豆树4棵，广玉兰6棵，白皮松5棵，枫杨2棵，罗汉松7棵，圆柏6棵，木榉3棵，黄杨2棵，凌霄、枸杞

和紫藤各1棵，共计82棵。这些古树在常熟地区的分布情况见附表一。（附表略）

这些古树绝大多数是人工栽植的。银杏过去都栽植在寺院庙观：常熟地区最古老的一棵生长在谢桥镇的双忠庙，还有梅李镇的一棵生长在原颐真宫，市区里最古老的一棵生长在方塔后。这是僧道认为银杏树叶古雅肃穆，把银杏当作“圣树”的缘故。红豆树、白皮松、罗汉松、木樨和白玉兰大都栽植于园林：市区两棵最大的白皮松，有一棵就栽植在著名的燕园；红豆树、白皮松和香樟等古树则栽在曾园。枫香在常熟地区大都是野生的，但兴福寺前的4棵（一棵已枯死）、书台公园的一棵则是栽植的。枫杨都是野生的，生长在小山台和言子墓附近的几棵，树形苍老古怪，主干虽部分枯朽，但依旧枝叶繁茂，颇有枯木逢春的气势。

对各种古树的生长特点、树高、胸径和冠径的调查结果，对树龄的估计，对古树生长状况和管理情况的调查结果，见附表二。（附表略）

根据我们的调查，常熟地区古树的生长情况是：银杏、香樟、广玉兰普遍生长良好，都是枝茂叶盛，生气勃勃；罗汉松、圆柏、木樨和枫杨，生长情况一般正常；白皮松生长情况较差。

白皮松又名白果松、虎皮松，树姿优美，树皮奇特，是我国特产的观赏树，分布于山西、河北、河南西部、陕西、甘肃西部、四川北部和湖北西部，而江南地区则比较稀少。我们调查的5棵白皮松，有两棵因为附近办了工厂而受到影响，其中生长在手表厂附近的一棵已有1/3枯死，如不及时抢救，不久就可能全部枯死。

红豆树是稀有树种，古老的红豆树尤为珍贵。在我们调查的4棵红豆树中，生长在白茆乡芙蓉村的红豆树，是常熟地区较为古老的一棵。这棵红豆树与明末清初的历史人物钱牧斋有关，所以还具有历史文物的价值。但在常熟地区古红豆树中，这一棵的生长情况最差。

枫香生长情况一般正常，但兴福寺前的3棵，如不及时加强管理和保护，不久就可能衰败甚至死亡。

还有一些古树遭到了各种损害。如谢桥乡勤丰村的三棵银杏，因有人从事迷信活动而遭受严重的机械性损伤。自来水厂的罗汉松，有烟尘污染现象。兴福寺著名的唐桂，因受虫害而枯死。

从上述情况看，常熟地区古树的生长因下列因素而遭受损害：一是长期缺少管理导致生长不良；二是遭受人为的机械损伤；三是因环境污染或虫害而衰败死亡。

我们认为，当前必须切实加强对古树的保护，包括：(1) 广泛宣传古树的价值和意义，防止砍伐、破坏和损伤；(2) 为古树编号，建立科学档案，在树旁竖牌写明树龄和历史情况；(3) 要加强对古树防病虫害和污染的研究，要有专门的机构对古树生长和管理情况进行调查研究，发现问题，及时解决。上述各项任务，应立即落实到单位和个人。

古树是名胜古迹的组成部分，是祖先留给我们的珍贵遗产，也是科学研究的重要自然资料，所以，切实做好古树的保护管理工作，是我们应尽的责任。

【评析】

这是一篇反映情况的调查报告，作者选择了一个有意义、有价值而又力所能及的题目；不仅介绍调查的范围和调查的方式，而且列举必要的数据和翔实的材料，体现了严肃的科学态度；在叙述调查的情况之后，对情况作正确分析，并明确提出自己的见解。

能力训练

根据以下所给的材料，拟写一篇调查报告。

副业收入高 种田负担重

影响种田户积极性

沔阳县4万多亩农田无人耕种

县领导机关正在着手解决这个问题

本报讯 湖北省沔阳县实行联产承包责任制以后，农业生产得到迅速发展。但去冬今春，各地相继出现一些农民退田的情况。据不完全统计，全县有4万多亩农田无人耕种。这个情况现在已经引起县委领导机关的重视，正在积极着手解决。

据调查，不愿承包农田的农民有几种情况：一是工副业专业户、重点户，他们收入比农业户高，全县去年新增退田2.1万亩，占退田面积27.8%。二是“半边户”，即干属、工属户。这些户有的缺劳力无力耕种，有的改行经营别的去了，共退出责任田5千亩，占退田面积10.3%。三是过去迁往湖区的农户。由于耕种条件差，部分搬迁，约退田4千亩，占8.2%。

农民退田还有一个原因是农田承包户负担过重，各级摊派负担过重。如县、社搞水利的亦工亦农人员的报酬由群众摊；管理区编外的林业员、广播员等的工资负担由群众摊；还有养路费、集资办学费等，都由农民负担。据统计，全县去年这类摊派款达230多万元，平均每户10元以上。同时，各项提留数额大。全县去年提取公粮、水电费、公积金、公益金等合计3 659万元，平均每户160元。非生产性开支大。全县大队、生产队干部45 000人，每队平均10个，一年补贴额达510万元；大队“几员”的工资也往往下摊，全县达444万元；还有各种临时误工补贴，以及招待费开支。全县非生产性开支粗鲁统计为1.378万元，每户平均60元以上。这三项合计为5 268万元，每户平均300元，还不包括额外的劳务负担。

农民因为有些东西买也难、卖也难，种田的积极性也受到挫伤。比如去年秋收以后，农民卖粮排长队，许多农民挑出去又挑回来；农民生产需要的化肥、柴油等非常紧缺，到处搞高价。加上粮棉生产周期长，受大自然制约性强，不如加工、副业生产保险，经营工副业的纯收入比经营农田生产的农民收入高2倍多。群众说：“种田人不如手艺人，手艺人不如做生意的人。”

第六节 规 章 制 度

一、规章制度的概念和特点

（一）规章制度的概念

规章制度是党政机关、社会团体、企事业单位，为了建立正常的工作、劳动、学习、生活的秩序，依照法律、法令、政策而制定的、具有法规性或指导性与约束力的应用文，是各种行政法规、章程、制度、公约的总称。

规章制度的使用范围极为广泛，大至国家机关、社会团体、各个行业、系统，小至单位、部门、班组。它是国家法律、法令、政策的具体化，是人们行动的准则和依据，因此，规章制度对社会经济、科学技术、文化教育事业的发展，对社会公共秩序的维护，有着十分重要的作用。建立和健全规章制度，有利于明确职责、协调工作、统一步伐，严格组织纪律，建立和维护正常秩序；有利于约束行为，规范道德，使社会成员得到教育和自我教育，增强文明建设；有利于企业加强经营管理，保证产品质量，提高服务质量，取得更大的的社会效益。

法律是由国家最高权力机关即全国人民代表大会及其常务委员会制定的。法规是由国家最高行政机关即国务院制定的。法律、法规都具有普遍的规范性和约束力。而各机关、团体和企事业单位为了实现一定的宗旨，搞好各方面的工作，也必须建立必要的规章制度。当然，任何规章制度都不能与国家的法律、法规相抵触。

（二）规章制度的特点

1. 执行的严格性

规章制度一经生效，有关人员必须严格执行，认真遵守，如有违反，要照章处理。

2. 表达的直接性

规章制度是规定人们应该做什么，怎样做，不能做什么，如有违反将怎样处理。对这些内容都应当直接提出，不摆事实，不谈道理，更不能拐弯抹角，一切都照直说。这样的规章制度才简易可行。

3. 语言的准确性

规章制度的所有规定都要不折不扣地施行，因此其用语应仔细推敲，务必做到准确严密，没有歧义和漏洞，实行起来毫无疑问。

4. 形式的条文化

规章制度都采用条文形式。简短的分条，较长的分章、分条，有的条下还分款、项、目，款不冠数字，项和目冠数字。这也是为了使人一目了然，便于执行。

二、规章制度的写法

规章制度由标题、题注、正文三部分组成。

（一）标题

标题应标明制发机关单位名称、内容和文种名称，如《国务院关于风景名胜区管理暂行条例》、《北京市关于禁止燃放烟花爆竹的规定》。有的只标明内容和文种，如《会计人员职权条例》《出版物汉字使用管理规定》，机关内部使用的规章制度大都使用这种标题。

有的标明制发单位和文种，如《中国写作学会章程》。

有的是人员加文种。如《会计人员职权条例》。

如果所制定的规章制度是草案或暂行、试行的，则可以在标题内写明，也可以在标题后或下方加括号注明，如《保守国家机密暂行条例》、《高等学校学生行为准则（试行）》。

（二）题注

规章制度都要由制定机关用公文印发施行，以表明其合法性和有效性。应在标题之下加题注，注明发布机关和发布时间，有的还注明通过会议的名称和时间。

如以下标题和题注，

《高等学校培养第二学士学位生的试行办法》

（1987 年 6 月 6 日国家教育委员会、国家计划委员会、财政部发布）

《〈北京市城乡集市贸易管理规定〉实施办法》

（北京市人民政府 1991 年 2 月 2 日批准，市工商行政管理局 1991 年 3 月 1 日发布）

《中国行政管理学会章程》

（中国行政学会第二次全国代表大会，1993 年 5 月 20 日修正通过）

《城市房屋拆迁管理条例》

（经 2001 年 6 月 6 日国务院第 40 次常务会议通过，自 2001 年 11 月 1 日施行）

由于标题之下的题注标明了发布机关名称和发布的时间，因此在正文之后一律不署名，不写日期，不盖公章。

（三）正文

正文内容多的分为总则、分则、附则。每一部分均可按内容的多少分列若干章节或若干条款。内容少的则不分章节。

总则：可用概述式或条文式来表明订立这种规章制度的目的、要求、原则和适用范围。

一般制度，往往作为开头的一个自然段。段末常用“特制定本办法（规定）”等习惯用语。

分则：这是规章制度的主要内容，也就是要求遵守的事项，分条具体写明。

附则：写规章制度施行的要求和注意事项，例如它的适用范围、解释权限、生效日期等。

（四）具名和日期

制定和发布规章制度的机关单位名如果已在标题中出现，或者已在标题下面注明，就不再具名，日期也同样。由领导机关随公文发送的规章制度，也不具名。

三、制定规章制度的写作要求

1. 要遵循以下原则：

（1）符合宪法和法律，符合党和国家的路线、方针、政策。

（2）从实际出发，实事求是。

（3）贯彻民主集中制，充分发扬民主。

2. 要明确制定的权限。

规章制度的制定有明确的权限规定。中央、国务院制定全国性的行政法规。国务院各部、委以及省、市、自治区一级根据中央的方针、政策制定一些部门性、地方性的行政法规。其他机关团体、企事业单位根据自己的实际情况制定本部门、本单位的规章制度。要注意不能超越权限、越级制定，也要注意不能同上级已制定的有关规章相抵触。

3. 在写法上，内容要完备规范，切实可行；篇章要条理清楚，款项分明；文字要简练准确、明白无误。对规定的事项，要做什么，不准做什么，语气要肯定，行文要概括、周密，通俗易懂，便于记忆，要使人看后明白“必须这样做，不许那样做”。

【实例】

中国福利彩票管理办法

第一章　总则

第一条　为了适应社会主义市场经济发展的需要，规范中国福利彩票的发行、销售和资金管理，保护公民参与福利彩票活动的合法权益，更好地集资兴办社会福利事业，根据国家有关法律、法规和规定，制定本办法。

第二条　福利彩票，是指以筹集社会福利资金为目的而发行的，印有号码、图形或文字供人们自愿购买并按特定的规划确定购买人获取或不获取奖金的有价凭证。该凭证必须冠以“中国福利彩票”字样，标明票面价格，印有发行单位和印制厂家名称。

第三条　福利彩票不还本金，不能流通使用。

第四条　福利彩票的发行、销售及相关活动，必须遵循公开、公正和公平的原则。

第五条　在中华人民共和国境内从事与福利彩票有关的一切活动的单位和个人，必须遵守本办法。

第二章　管理机构

第六条　民政部依照法律、法规和国务院的有关规定，制定和发布福利彩票的管理制度，对全国福利彩票实施行政管理。

第七条　中国社会福利有奖募捐委员会（以下简称中募委）是民政部领导的全国福利彩票的管理机构。中募委行使下列职权：

（一）根据国务院的有关规定，决定福利彩票的类型、面值和资金分配比例；

（二）根据民政部的有关规定，决定社会福利资金的分配使用；

（三）根据中国人民银行的有关规定，决定福利彩票的发行额度和发行区域。

第八条　省、地、县三级社会福利有奖募捐委员会（以下简称地方募委）受当地民政部门的领导，接受上一级募委的业务指导，统一管理福利彩票在当地的发行销售，决定本级留　成的社会福利资金的分配和使用。地方募委未经批准，不得独立发行任何彩票。

…………

第七章　附则

第二十八条　本办法由民政部负责解释。

第二十九条　办本法由发布之日起施行。

第五章 事务文书（二）

第一节 概　述

讲话稿、开幕词、闭幕词属于事务文书中的会议性文书，它们的作用在于宣传教育和信息沟通。欢迎词、欢送词属于事务文书中的礼仪性文书，其主要作用在于情感交流和人际应酬。述职报告是个人向上级机关、领导或部属报告自己在某一特定时段内履行职责情况的事务文书。这些文书除有其特定的写作要求外，还有一个共同的特性，即演说性，有的应用写作教材把它们的写作过程称为“说写写作”或“演说写作”。

一、演说的定义

演说又叫演讲、讲演。它是指在特定的时空环境中，以直接的有声语言和相应的体态语言为手段，以公开向听众传递信息、表述见解、阐明事理、抒发感情为内容，以感召听众为目的的富有艺术性的社会实践活动。

演说由四个要素组成：演说者、听众、沟通讲听双方的信息和双方相处的时境。演说者在演讲中起决定作用；听众是演说的接受者，也是演说效果的评判者，听众的反映是检验演讲成效的客观标准；信息是演说的内容，也是演说主客体实现沟通的桥梁和纽带；时境是演说所处的特定时间环境，它对演说效果的实现也有重要作用。

为了实现演说效果，演说者要借助与演讲内容相一致的传达手段，它们主要包括口头语言、态势语言和主体形象。口头语言是演说活动最主要的物质表达手段，是信息传递的载体，它由语义和声音两种要素组成；态势语言是演说者的姿态、动作、手势、表情等，它是流动着的形体动作，与有声语言一起负载演说者的思想和感情；主体形象即演说者，它包括演说者的形体、容貌、衣观、发型、举止、神态等，它直接诉诸听众的视觉器官。

演说是一项社会实践活动，而不是表演活动。演说者不是以演员或扮演者的身份参与活动，而是以自己的真实姓名和真实身份参与活动；同时，演说的内容也是为了解决实实在在问题。所以，演说具有真实性，而不具备表演性。但这并不是说演说没有艺术性。实际上，成功的演说总是演说者在表达中随处展示着自己非同一般的创造性。所以，语言艺术是演讲的锐利的思想武器，演说是富有艺术性的社会实践活动。

二、演说的意义

演说作为一种社会实践活动，源远流长，在古代埃及、希腊、巴比伦、印度和中国，演说已成为普遍的社会现象，十分盛行。当今欧美发达国家都非常重视演说与口才，他们把“舌头、电脑、金钱”并称为三大法宝，认为这些是现代人必备素质。演说的意义已越来越被社会认同。

第一，演说是宣传鼓动的重要方式，它既具有真理的启迪作用，又具有情感的激发作用。如闻一多在《最后一次讲演》中，“拍案而起”，痛斥反动派，伸张正义，振奋精神，号召人们同黑暗势力勇敢斗争。

第二，演说是传播知识的手段。它可以传授知识、探讨学问、宣传成果、交流经验。由于演说具有和课堂教学相似的地方，所以，它能有效地传播知识。同时，由于演说具有强烈的吸引力和感染力，能全面激发听众的思维、情绪、情感和意志，从而达到加强印象、加深记忆的效果。

第三，演说是社会交际的重要技能。现代社会人际间的横向联系大大加强，演说作为一种思想交流、信息传播的语言艺术，已成为人们社会交际中不可缺少的重要技能。

第四，演说是经济活动的杠杆。在市场经济条件下，受市场规律的制约，要求人们必须善于洞察市场动向，把握信息商机，了解竞争对手，团结合作伙伴，认清自身优势，看清市场前景。同时，还要强化员工素质，调节内部机制，严格履行制度，提高生产效益。要实现这些目标的实现，演说是不可缺少的手段。

三、演说的特点

演说是人与人之间的一种信息交流活动，它有其自身特点。

（一）现实针对性

演说活动属于现实活动范畴，它是演说者通过对社会现实的判断和评价，直接向听众公开陈述自己的观点，宣传自己的主张。演说者总是把自己的目光瞄向现实生活，帮助听众了解和把握复杂的社会现象，通过对现实问题的提出和分析，找出解决现实问题的途径和方法，达到以理服人、以情感人的目的。

（二）宣传鼓动性

任何一次成功的演说，都离不开宣传鼓动性。演说者总是通过真善美的传播和有关知识的传授，来开启听众的智慧，陶冶听众的情操。演说者总是要以自己的情感之手去拨动听众的心弦。在特定的时空环境下，演说者必须及时根据听众的反映，随时调整自己，使其更能说服听众、激励听众，以使演说达到最为理想的效果。

（三）艺术感染性

演说的目的在于以理服人，以情感人。演说者除通过严谨的结构、入理的分析来说服听众外，还必须借助动听的语言、优美的姿态、得体的穿着，并使之形成一个有机和谐的整体，发挥演说的艺术魅力，打动和感染听众。

（四）接受的直接性

演说是演说者在特定的时境下，运用口头语言和态势语言等手段，与听众进行直接的信息沟通。它有别于书面语言的表述方式，读者只能通过视觉作用，从字里行间间接感知作者的思想感情。而演说则是说者和听者处于同一时境，直接面对面地进行交流，以言来语去的方式实现双方的直接沟通，信息的传递和反馈几乎同步进行。

四、演说写作的要求

（一）主题的写作要求

演说写作的主题除满足一般性的要求外，还有一些特殊要求。首先，要符合时代精神。必须与时代节奏一致，深刻体现出时代精神，从而催人奋进、激人向上，教育和鼓舞听众。其次，主题要集中单一。写作时，只能以一个主题来统摄，这样在具体演讲时，有利于听众明白演说者的思想意向和对问题的评判态度。第三，要体现听众的要求。演说写作最终都需要通过有声语言这一媒介为听众服务，即使主题再正确、新颖、深刻和集中，再富有时代精神，如若不能体现听众的要求，演说者就无法与听众沟通，演说就不能引起听众的共鸣，就无法实现演说效果。

在主题的提炼和确立过程中，作者要注重选择有意义、有价值的主题，它包括三个方面：一是要选择现实生活中急需回答和解决的问题。选择那些为听众所注意的、涉及最迫切的问题作为写作主题进行阐述，以引起听众的极大关注，提高听众对客观世界的认识能力和把握能力。二是要选择演说者有真知灼见的问题作为写作的主题。以便使演说者用自己独特的视角，打动听众，从而给听众以鼓舞，让听众有所收获，有所启迪。三是要根据不同的文种要求来确定主题。不同的文种，对主题的要求不同，讲话稿和述职报告有区别，开幕词和闭幕词的演说时境不同，欢迎词和欢送词的感情氛围不一样。

（二）结构的写作要求

演说写作的基本结构分为提出问题、分析问题、解决问题三个层次，形式上表现为开头、主体、结尾三个部分。

1. 开头。又叫开场白。演说是语言的艺术，演说写作要想先声夺人，引人入胜，需要设计好开头。当演说者以饱满的精神状态和良好的仪容出现在听众面前时，重要的是说好开场那几句话。开头是演说者与听众之间的第一座桥梁，是演奏大型音乐时的定调，写好演说开头意义重大。

开头的写法多种多样：开门见山，直奔主题；自报家门，自我介绍；引用名言，吸引听众；设置悬念，引人入胜；说明情况，介绍背景；巧妙提问，出奇制胜。

2. 主体。主体要紧承开头提出的问题或观点，围绕中心展开论述。它既可以按内容纵向联系、层层深入讲述，也可以依照横向联系，从几个侧面逐一讲述。无论何种联系都要紧扣中心，层次要清晰分明。要注意各层次相对匀称，以顾及听众的理解力和听讲的承受力。

主体的叙论结合既要做到缜密有序，又要考虑演讲气氛。最好能在一段严肃的说理之后，插入一段风趣的对话；一段生动的故事之后，提出令人深思的问题。此外，事例密度的设计也很重要。在精选事例的基础上，事例要合理恰当，如果密度过大，形成堆砌，就会使听众厌倦，如果太少，说理就会不充分。如何做到“适度”，要根据特定的时境要求和演讲对象的具体情况来确定。

3. 结尾。写好演说类事务文书的结尾十分重要。结尾的好坏对演讲的成败影响重大，好的结尾，能使演说画龙点睛，结尾不好，会使人听后产生遗憾，甚至会使演说前功尽弃。因此，在写作结尾时，既要照应前文，又要注意阐明主题，从而给听众留下深刻的印象。

（三）语言使用要求

演说类事务文书的语言除必须遵循一般应用文章的语言使用要求，做到准确、规范、简明外，还有其特殊要求，主要表现在以下几个方面：

1. 口语化。演说类事务文书虽是书面语言形式，但必须符合口语化要求，语言的运用要多用口头语言，如何说，就如何写，说写一致，讲起来“上口”，听起来“入耳”，既便于演讲者口头表达，又便于听众理解，不会感到陌生和难懂。在词句的选择上，力求多用单句，少用复句；多用肯定句，少用否定句；多用短句，少用长句；多用顺装句，少用倒装句。为了求得语言声音的协调，要恰当调配单音节词、双音节词和多音节词，以增强语言的节奏感。同时，在适当的地方要押韵，讲起来就会使声音变得流畅、悦耳。

2. 通俗性。演说的内容，主要靠口头语言来传送，声音说过即逝，听众不可能像阅读文章那样，没读明白，可以再读一遍。它必须当场能听懂听清。因此，演说类事务文书的语言应该是通俗的，使听众一听就懂。为了实现语言的通俗化，切不可用生僻词语以显示学问，也不能用生造词语以追求新奇；不滥用简缩词语；文言词语运用得当，可使演说稿生色，但如果使用不当，就会反受其害。具体写作过程中，要多用大家说惯了的、听惯了的词语句式来表情达意。即使口语中有些话说得不太符合书面语言的规范性，但只要为大众认可，便于大众接受，就不必另换说法而失去语言本身的通俗性和生动性。

3. 形象性。为了实现预期的演讲效果，要求演说类事务文书的作者把事物形状、特征和色彩，用形象化的语言展现在读者面前，还可以运用比喻、排比、对偶等修辞手法，增强语言的形象色彩，使听众有一种身临其境之感，自觉或不自觉地理解演说者精深的思想和真挚的感情。

（四）材料选择要求

材料是演说所依据的事实和道理。选择材料是写好演说类事务文书的一个极为重要的方面。一篇文书价值的大小、质量的优劣同材料的选择和使用有很大关系，因此，选择好材料对写好演说类事务文书意义重大。

演说类事务文书选择材料，除遵循一般文章的选材要求外，还要注意以下几个方面：

1. 针对听众选材。作者应该大致摸清听众的年龄、身份、职业、文化程度和思想状况，再对这些具体情况进行有针对性、实事求是地分析，实现材料选择上的“因人制宜”，做到晓之以理，动之以情，使演说取得良好效果。

2. 选择与演说者自身身份相符的材料。不同职业、不同职务、不同区域、不同年龄是不同身份的标志，身份不同，所熟悉和能驾驭的材料也就不同。不同身份的人都有各自生活的一方天地，听众在听讲过程中，对不同的演讲者有不同的期待，想听的是与其身份相称的有关信息，因此，作者要力求在演说者自己生活天地里开掘，选出那些自己熟悉的材料。

3. 选择富于生动性、情节性和幽默性材料。生动性是使演说类事务文书具有吸引力的重要因素，一篇演说稿如果只有几条抽象的道理，就很难吸引听众。所以一定要注意选取生动的例证，才能使演说更加吸引听众。情节性是强化演说效果的重要手段，如果在介绍人物时注意刻画人物的形象，叙述事实时能巧妙组织具体的情节，就必然会大大强化演说类事务文书的感染力。幽默性是构成演说吸引力和感染力的重要条件，选择一些风趣幽默的材料，能够吸引听众的注意力，活跃现场气氛，使演说者的观点在轻松愉快的笑声中为听众所记住和掌握。

第二节　讲　话　稿

讲话稿是演说类事务文书中，使用频率较高的一种文种，特别是在党务和行政系统以及企事业单位，其使用范围更广。

一、讲话稿的概念和种类

讲话是指在特定的时境，就某个问题的说话或发言。如家人间的叙谈、朋友间的闲谈、同事间的交谈、上下级间的恳谈以及领导在公开场合的发言等，都属于讲话。我们这里所指的"讲话"，主要是指领导在公开场合的发言。它具有说明事理、宣传主张、教育鼓动等方面的目的，由于场合庄重，氛围庄严，目的明确，还要使人信服，所以，它不像私下的闲谈或叙谈，随意性不能太大。必须注意到特定的时间和环境，始终关注所面对的听众，要围绕中心问题，因此，这类"讲话"就需要一个文字底稿。我们把领导在特定的时境，发表讲话时所使用的文字底稿，称为讲话稿。

讲话稿的种类很多，依照不同的标准划分，可以有不同的类型。

一般分为总结性、指导性讲话稿和专业性、研讨性讲话稿。

二、讲话稿的特点

（一）思想性

讲话稿一定要有理论色彩和思想深度，要以先进的思想和理论为指导，阐述工作的意义，动员群众以饱满的工作热情投身全面建设小康社会之中，用自己的思考和见识去分析问题和解决问题。只有这样，才能打动听众，令人信服。

（二）真实性

讲话历来是各级领导宣传主张、部署工作的有效手段，也是领导者确立自身权威的重要方式。领导讲话不同于一般的演讲和交谈，目的是要贯彻上级的指示精神，要实施本级的决定，还要对所管辖的工作提出指导性意见，让部属接受你的要求，心悦诚服地执行你的部署。而要达到这些目的，你所讲的内容必须真实，因为，只有真实，才是可信的。部属充满着对领导的信任，部属才能在具体的行动中坚决执行领导的要求，从而确保工作的高质量和团体的高效益。

（三）鼓动性

领导者为实现某种政治目的或工作目标，常常要借助“讲话”这种形式激励和鼓动部属，用实际行动去实现领导的工作目标，因此，讲话稿要针对形势、问题或某种思想动态展开富有启发性的议论，旗帜鲜明地表明自己的主张，才能达到预期的效果。

三、讲话稿的作用

讲话稿是人们在工作和社会交往活动中使用频率较高的一种事务性文书。通过它，讲话者可以把自己的主张、观点、见解以及思想感情传达给听讲者，从而产生一定的影响和作用。

（一）提示说话的内容

领导者因为某种目的，在一种庄重的场合下发表自己的讲话，表明自己的见解和主张，其态度应该极其严肃，任何随意都会影响讲话的效果，为此，事先就需要有一个文字底稿。它是讲话的蓝图，也是讲话的依据，它提示讲话内容、步骤，提供相关资料、数据，使讲话者在面对听众时能够做到胸有成竹，镇定自若。

（二）掌控讲话节奏

讲话者在特定的时间内结束其讲话内容是讲话者思维严密的体现，是对听众的尊重。讲话进程中，掌控好讲话的节奏，有利于听众了解讲话的内容，加深印象。讲话稿写成后，主题已经确立，内容已经确实，字数已经确定，结构已经设计好，所以，说话者可以根据需要计算出讲话的时间，掌控好讲话的节奏。

四、讲话稿的结构

讲话稿主要由标题、开头、主体、结尾四大部分组成。

（一）标题

标题的形式有两类三种。

1. 简式标题，又称单行标题，它有两种形式。

（1）讲话人姓名（职务）＋事由＋文种

如：《×××省长在全省经济工作会议上的讲话》

（×年×月×日）

（2）事由＋文种

如：《在全省经济工作会议上的讲话》

（×年×月×日）

2. 复式标题，又称双行标题，即主标题＋副标题。主标题一般用来概括讲话的主旨或主要内容，副标题则与简式标题的构成形式相同。

如：以史为镜　　共创未来

——在纪念抗日战争胜利六十周年大会上的讲话

（×年×月×日）

（二）开头

首先要根据与会人员的身份、会议性质等情况来确定适当的称谓，如“各位代表”、“同志们”、“各位专家学者”等，要求庄重、严肃、恰当。然后用简洁的文字概述要讲的内容，说明讲话的缘由，为转入正文做相应的铺垫。

（三）主体

这是讲话稿的主要部分。它要求根据会议的内容和发表讲话的目的，可以重点阐述如何领会上级文件或会议精神；通过分析形势和明确任务，提出搞好工作的几点意见；结合本单位具体实际，提出贯彻上级指示的要求；围绕会议的中心议题，结合自己分管的工作，谈几点看法。

正文主要有两种结构形式：第一，总结性、指导性会议讲话，由分析形势阐明主旨、分析总结前段工作得出经验教训、指明今后的任务和提出完成任务的措施等构成。第二，专业性和研讨专门问题的讲话，由分析形势、集中分析一或几个问题、几个部分围绕一个中心问题进行阐述等构成。

（四）结尾

讲话稿的结尾，要能够总括全文。为了使听众对讲话的全部内容有清晰、完整、深刻的印象，在讲话稿的结尾一般要把主要内容加以概括，作简要小结。结尾的形式灵活多样，既可以写口号、提希望，也可以发号召、提建议等。

五、讲话稿的写作要求

（一）明确“受命而作”

讲话稿的写作是一种服从性的被动写作，一般是在决策班子或领导的授意下，由秘书或其他人员起草。在写作过程中，表达什么样的目的、阐述何种观点、用什么样的材料、点明哪些具体条文，都要受到决策班子或领导的制约。因此，讲话稿的主旨，起草者不能随心所欲；所形成的观点，起草者无权任意变动。在结构形式上，宜采用条文式，它易于记录，便于记忆，利于传达。语言表述上，必须明白晓畅、通俗易懂、直陈其事。

（二）依据讲话者的个性

讲话稿对讲话的领导来说，既代表决策班子集体智慧，也是他个人长期工作经验的思想结晶，是他对人对事所持态度的一种公开表态，是他政治水平、思想修养、工作能力、文化素质等等的综合体现。领导总是希望讲出自己的最高水平，能达到预期目的，获得广泛赞许，因此在写作过程中，作者要对领导的性格、爱好、习惯、经历、年龄、学识等个性特征有所了解和掌握，使所写的讲话稿与领导的个性特征相吻合。不同的领导有不同的个性特征，不同的个性特征就有不同的期望标准，达到不同的期望标准就需要有不同的写法和要求。比如，年岁长、资历深与年龄小、资历浅的领导之间就有区别，前者德高望重，受人尊敬，有时为了强调某个问题，口气重一点也没关系；后者听众对他的工作方式和工作能力更多是一种观望和考察，给他写讲话稿，用语要平和，要挑选那些易于为听众接受的语词和表达方式。

（三）研究听讲对象

写作讲话稿时，要注意考察领导的讲话是给什么人听的，不同的听讲对象，讲话稿的写法也就不同，因此，要研究听讲对象。

要了解清楚听讲对象的思想状况、年龄状况和文化状况等方面的情况。比如，离退休人员和在职人员的需求就不一样。要关注听话人最敏感的话题是什么，最迫切需要解决的问题是什么，最不感兴趣的是什么问题，最强烈的愿望是什么。摸清了这些情况，就能做到讲话具有较强的针对性。比如，在“三八”节对妇女的讲话与在“七一”时对党员的讲话，就应该严格地区分开来。

（四）做到生动严密

讲话稿是讲给人听的，必须产生视听效果。不仅要使人听得清楚，而且要使人听得进去，听得有味。这就要求所写内容能够吸引人、说服人、感动人、鼓舞人。既要言之有情，形象生动，又要言之有理，逻辑严密，并使之有机地结合在一起。

为了做到言之有情，形象生动，作者就应该在讲话稿中适当穿插一些富有感情色彩的语词，运用一些生动形象的比喻，有时也不完全排斥生动细腻的描写。用生动有趣、诙谐幽默的语言比板起面孔严肃地讲出自己的观点和看法更容易被听众所接受。作者应该在讲话稿中有意穿插和安排一点幽默资料和简短有趣的小故事，让听众在轻松愉快的气氛中领会领导讲话的内在精神。

为实现言之有理，逻辑结构必须做到严密有序。要脉络清晰，井然有序，递进发展，听众才会循序渐进、潜心投入地领会领导讲话的实质。要对讲话稿内容进行总体设计，怎样开头，如何结尾，哪些内容详写，哪些内容略写，都要精心构思，认真布局。应该从不同类型听众的角度去占有材料，提炼观点，力求达到抽象与具体的统一，理论与实践的统一，真正使观点和材料形成一个有机的整体。

【例文参考】

在人事制度改革动员会上的讲话

同志们：

今天，我们在这里召开动员大会，主要任务是对我局（公司）组织结构调整和人事制度改革工作进行部署，统一认识，明确任务，提出要求，确保改革工作顺利进行。我就这次改革的目的意义、指导思想、主要任务以及组织实施的要求讲几点意见：

一、这次企业人事制度改革的目的和意义

党的十六大报告把“以人为本”的思想体现得淋漓尽致，并指出“必须尊重劳动、尊重知识、尊重人才、尊重创造”，“努力形成广纳群贤、人尽其才、能上能下、充满活力的用人机制，把优秀人才集聚到党和国家的各项事业中来”。人是生产力中最活跃的因素，一切改革、创新和对新政策的执行都是由人来完成的。如果解决不了人的问题，一切改革、创新和政策的执行都是一纸空言，即使执行起来，也往往走样。因此，一个国家、一个行业，甚至一个企业，如果要实现真正的变革，最重要的也是最关键的是对人事用工机制的变革，其次才是运行机制的变革。

从我们行业现状来看，多年来，计划经济条件下形成的人才匮乏、职工队伍素质整体不高与当前烟草行业一系列重大改革之间的矛盾日益突出。

对于保护政策下的烟草行业来说，造就了一大批安于现状的职工。在目前的烟草队伍中出现了“两多两少”现象，“吃饭的多，干事的少，争岗的多，适岗的少”，“干与不干一个样，干多干少一个样，干好干坏一个样”。没有竞争，没有压力，没有动力，没有活力。在目前的管理体制下，在岗的职工往往不如离岗的职工拿到的报酬多，干活的往往不如不干活的拿到的报酬多，要充分提高在职职工的工作积极性，就必须进行改革，就必须打破用工终身制，将所有员工推向市场，建立岗位聘任制和员工合同制。

……

二、这次人事制度改革的指导思想、主要任务

这次改革的指导思想（略）

在改革的具体实施过程中，着力抓好以下四个方面：

1. 全面推行人员聘用制。这是进行人事制度改革的首要问题。聘用制度是对终身固定用人制度的改革，是今后企业的一项基本用人制度。通过建立和推行聘用制度，实现用人上的公开、公正，维护企业和职工的合法权益。通过聘用制度转换企业的用人机制，实现由身份管理向岗位管理转变。为此，我们对推行全员聘用制态度要积极，步子要稳妥，措施要扎实，方法要得当。要重点抓好科学设岗、竞争上岗、合同管理、严格考核等环节。

2. 建立和推行岗位管理制度。这是人事制度改革的一项重要任务。要在科学设岗的基础上，打破职工身份界限，打破职务终身制，实行按岗聘用、严格考核、优胜劣汰、动态管理。要按照“因事设岗、岗职对应、重点导向、精简高效”的原则，科学合理设置各类人员岗位。

3. 改革企业分配制度。企业分配制度改革是搞活用人制度的中心环节。其根本目的是通过改革实现员工待遇能高能低，调动职工积极性，激发企业活力。今后企业薪酬分配要根据按劳分配与按生产要素分配相结合、效率优先、兼顾公平的原则，将职工的工资收入与岗位职责、工作业绩、实际贡献挂钩，合理拉开分配差距，逐步建立重实绩、重贡献、向优秀人才和关键岗位倾斜的分配激励机制。

4. 切实做好未聘人员分流安置工作。进行人事制度改革，必然会有一些人员落聘离岗，做好未聘人员分流安置工作，是改革的难点和关键。我们要从实际出发，因地制宜，积极探索落聘人员分流安置的途径和形式，推行员工退养制度，引导未聘人员进入市场，自谋职业。

三、精心组织，确保这次改革工作的顺利进行。人事制度改革是我局（公司）人事管理的一项重大变革，涉及广大职工的切身利益，事关改革、发展、稳定的大局。

1. 要从实际出发，认真制定好改革方案（略）。

2. 要深入宣传发动，营造良好的改革氛围（略）。

3. 要精心组织，确保改革顺利进行（略）。

同志们，这次改革是一项事关全局的重大举措，也是近期我局（公司）必须完成的一项重要工作，希望大家齐心协力抓好落实。改革不可能没有阻力，不可能没有风险，也不可能没有利益牺牲。但是，改革势在必行，不改革没有出路，不改革没有活力，不改革没有发展。我们一定要在市局党组的领导下，统一思想，统一认识，保持高度的责任感和使

命感，坚定信心，知难而进，按照既定的改革方案，周密部署，精心组织，高标准高质量地完成任务，促进企业各项事业既快又好地向前发展。

思考题

某大学文学院拟在“七一”召开表彰大会，表彰一批优秀党员教师，并对全院教师尤其是党员教师进行教育。请为文学院党总支书记写一篇讲话稿。

要求：（1）拟一个复式标题。

（2）不少于1000字。

第三节　开幕词、闭幕词

开幕词和闭幕词是在会议开始时和会议结束前，由相关的领导人对会议的有关情况所发表的讲话，它们是演说类事务文书中较为常见的文种。

一、开幕词

（一）开幕词的概念和种类

开幕词是各级党政机关、社会团体、企事业单位在一些庄重和严肃的会议上，由有关领导人向大会发表第一篇讲话时所使用的文字底稿。旨在阐明会议的指导思想、基本宗旨、主要议程、重要意义等，向与会者提出开好会议的中心任务和基本要求。它被称为会议的序曲，对开好会议具有重要的指导意义。

按内容分，会议开幕词分为一般性开幕词和侧重性开幕词。一般性开幕词不太突出讲话的重点，只对会议的目的、议程、主要来宾等作概述性的说明和介绍。它在一些商业性的会议中使用较多。侧重性开幕词须对会议召开的历史背景、重大意义、中心议题或会议的重大意义，作重点阐述，其他问题则作简要概述。

（二）开幕词的特点

主要体现在三个方面。一是告示性。宣告会议开幕，给会议造成隆重、热烈、祥和的气氛。对于一些具有重要历史意义的会议，其开幕词所具备的价值会十分重大，它将与会议的其他重要文件一起载入史册。如邓小平在中国共产党第十二次全国代表会议上所做的开幕词，就已成为中共党史上的重要文献。二是提示性。通过向与会人员交代会议的指导思想、基本宗旨、主要议程、重要意义等，使与会人员明确会议的有关情况，做到心中有数，便于他们积极主动地投入到会议之中。三是指导性。开幕词阐明会议宗旨，提出会议任务，说明会议目的，点明会议指导思想和重要意义，把整个会议的精神概括介绍给与会人员，对完成会议的各项议程具有重要的指导意义。

（三）开幕词的结构

开幕词的结构通常由标题、开头、正文和结语四部分组成。

1. 标题。标题的写法分为两类四种。

（1）简式标题，又称单行标题，有三种写法。

第一种，致辞人＋事由＋文种。

如：《邓小平同志在中国共产党第十二次全国代表大会上的开幕词》

第二种，事由＋文种。

如：《中国共产党第十二次全国代表大会开幕词》

第三种，只写文种。

（2）复式标题，又称双行标题。主题揭示会议的宗旨、中心内容，副题与简式标题的第一种和第二种的构成形式相同。

如：我们的文学应该站在世界的前列

——中国作家协会第四次会员代表大会开幕词

2. 开头

开头由两部分组成。首先是称谓，又叫呼语，是对与会者的称呼。一般用“各位代表”、“同志们”、“女士们”、“先生们”、“朋友们”等呼语。其次是开门见山地宣布会议开幕，也可以对会议的规模及与会者的身份作简要介绍，并对会议的召开及对出席会议的人员表示祝贺。

3. 主体

这部分是开幕词的核心，它主要包括三个方面的内容。一是阐明会议的意义，在对以往工作概括总结和对当前形势简要分析的基础上，说明会议在何种特定背景下，为了解决什么问题和实现什么目的而召开。二是点明会议的指导思想，提出大会任务，说明会议主要议程和具体安排。三是为确保会议顺利进行，向会议出席者提出相关要求。

4. 结语

开幕词的结语大都简洁，话不多，一两句即可，高度概括、集中，带有号召力、鼓动性和预祝性。有时，也直接以会议号召为结束语，干脆利落。

（四）开幕词的写作要求

1. 准确掌握会议的主要精神，要随时听取领导者尤其是主要领导者对会议的指示和意见，了解会议的通盘安排和主要议程，做到心中有数。

2. 抓住会议的主要问题，围绕会议的中心议题，确立开幕词的主旨。在具体表述上，用语要概括，不能做过多的铺陈，要有点石成金的写作功底，让中心议题起到画龙点睛的作用。

3. 开幕词的内容不宜过于庞杂，篇幅不能太长。它只是原则性地向与会者交代会议的基本任务、主要议程，不要过多过细，也不必旁征博引。

4. 语体要庄重。由于讲话时境严肃，因此，要写得庄重热情。同时，为了适合口头表达，要写得明快通俗，生动活泼，富有口头演讲效果。

二、闭幕词

（一）闭幕词的概念和分类

闭幕词是各级党政机关、社会团体、企事业单位的有关领导人向大会作总结讲话时所使用的文字底稿。它宣告会议圆满结束，号召与会人员认真贯彻会议精神。会议闭幕词被称为会议的尾声。

按内容分，分为一般性闭幕词和侧重性闭幕词。一般性闭幕词只对会议的情况作简要总结，对会议的效果、希望作简要概述。侧重性闭幕词要对会议的成就、会议的要求等作重点讲述，其他问题作简要概述。

（二）闭幕词的特点和作用

1. 特点

会议闭幕词的特点主要有三个方面，一是总结性，在回顾会议的基本过程的基础上，并作以总结。如会议完成了哪些议题，每项议题有什么重要作用和意义，与会者提出了哪些正确意见和建议，今后的任务是什么，会后怎样贯彻会议精神等。使与会人员对会议有更全面、深刻的了解和掌握，以便于他们作好对会议的宣传和贯彻。二是评估性，会议闭幕词要对会议做出整体评价，恰当肯定会议的重要成果，正确评价会议的影响，从而增强与会人员贯彻会议精神的信心和决心。三是号召性，在对会议作总结评估的基础上，依据会议提出的任务，号召与会人员切实贯彻会议精神，以实际行动完成会议赋予的各项任务，这在一些重要的政治会议中尤其需要。

2. 作用

会议闭幕词总结会议的过程，进一步强调会议的重要意义，明确会议的主要任务，肯定会议的重要成果，正确评价会议的影响，强化与会人员的会议中心意识，使他们对会议的各方面情况做到心中有数，增强与会人员贯彻会议精神的信心和决心，广泛动员各方面的力量，以实际行动促进会议各项任务的圆满完成。

（三）闭幕词的结构

闭幕词的结构通常由标题、开头、正文和结语四部分组成。

1. 标题

闭幕词标题的写法分为两类四种。其基本形式与开幕词一样，只是“文种”换成“闭幕词”即可。

2. 开头

开头由两部分组成。首先是称谓，其呼语要求与开幕词差不多，根据会议性质及与会者的身份来确定。其次是简要说明会议经过，点明会议是否圆满完成预定的任务。

3. 主体

主体是会议闭幕词的核心部分。它用概述的笔法，说明会议通过的报告、章程、决议和成功解决的问题、取得的经验和成绩、提出贯彻会议精神的要求，以便与会者能在会议结束后完整、准确地执行会议决议。主体是闭幕词的中心内容，在写作过程中，要做到层次清楚，内容明确，善于综合概括，不必有太多的陈述。从理论高度准确地归纳会议的成功之处。语言要简洁明快，富有号召力和鼓动性，以激励与会人员为完成大会提出的任务而不懈努力。为使内容表达得更为清晰，写这部分内容时，可适当分段，并分别加以表述。

4. 结语

结语大都提出希望和号召，并表示祝愿，最后宣布会议闭幕。有时只用一句话作为结语：“现在，我宣布××××大会闭幕！”写结语时，用语要坚定有力。

（四）闭幕词的写作要求

1. 作者要始终跟踪会议进程，收集会议各种文件，关注与会人员的反映，尤其是他们的合理化意见，对会议的多方面情况准确掌握。为保证闭幕词的撰写质量，作者在会议开始前就要做好写作准备，尽早构思，提前动笔，不必等到会议闭幕前夕才开始写，那样在时间上会显得过于仓促，造成不良影响。

2. 要紧密结合会议的中心议题来写。对问题的阐述、对会议成效的肯定和对会议情况的总结回顾，都应该紧扣中心。游离了中心，就会分散与会人员的注意力，影响会议精神的贯彻落实。同时，在具体写作时，要与开幕词前后呼应。

3. 适当深化和发挥。闭幕词既是对会议的总结和评价，又可以对会议精神有所延伸和补充，对已统一认识的问题，应当在闭幕词中进一步强调，对与会人员所提出的合理化意见，并已得到会议认可的问题，可以做必要的发挥，但这种发挥必须是与会议的中心议题有关的内容。

4. 高度综合概括，要选择铿锵有力的语词，使闭幕词富有鼓动性和号召力。无论是总结成果，还是提出要求，都应简洁明了，画龙点睛，不要拖泥带水、画蛇添足。行文要倾注热情，语调昂扬，号召有力，使会议在良好的气氛结束。

【例文一】

作莎士比亚的知音

——莎士比亚研究会开幕词

曹　禺

“凡是闪光的，不都是黄金。”

这句话千真万确。反过来，是黄金，它就会发出光亮。知识是黄金，然而它的光亮一般人常常看不见。独具慧眼的伟人，在昏昏不明处，却看穿知识的根苗；知识，如暗夜的萤虫，飞闪射出萤光，向他招手；他追寻星星光明，扑上前去，豁出整个生命，一点一滴地探索、思考、实践、积累，终于献给人类以智慧与文化。

数千年来，我们的祖先就是这样用超人的精力，不断发现、创始人的各种知识与文化，建立一个赋有悠久、深远文化历史的古国。子孙承袭，发展他们的宝贵遗产，丰富了生活。

从来知识不能故步自封的，它要发展，它要更新，它要交流。历史记载了，我们输出我们的文化，但也不断“输入”各国异域的文化。大家共同享受人类创造的溢满甘汁的文化与精神的果实。

莎士比亚就是一颗硕大无朋的、无比甘甜的果实。不，他是一棵果实累累的大树。莎士比亚是数千年人类进程中的巨人之一。我们热爱他，尊敬他，研究他，演出他的剧本。中国无数的人们为他的舞台上的伟大成就和他神妙的诗句，拍手叫绝。我们被他吸引着，紧紧地吸引着。

仿佛他是宇宙中的一颗星球，在大空中永久地运行。我们仰望他，探求他，用哲学的、艺术的、文学的和科学的能力来了解他，解释他。到今天，似乎还没有把他完全弄清楚。

现在，世界各国研究莎士比亚的书籍，可说是“汗牛充栋”了。用今天的话说，研究莎翁的著作，排起队来，一本接着一本，究竟会围绕地球几周呢？简直算不清。

中国的学者研究莎士比亚的著作排起来，占多少路程，我们无须估量了。我们“输入”莎士比亚很晚，仅在二十世纪初。但中国学者付出的功力不小，他们的论文做出了赋有中国特色的贡献。他们自小受中国数千年文化的陶冶，他们以东方的目光注视，凝望着这位生在四百年前，远在几万里外的英国斯特拉福镇上的巨人。他们是他的深情的赞美者，诚挚的解释者，和今天的中国一样，不哗众取宠，却实事求是。

这些位中国的莎士比亚学者，出版了他们的心得《莎士比亚研究》。今天，他们又在上海会聚一堂，召开首次“中国莎士比亚研究会。”这是一个请学者与演出者们聚在一起的热烈的讨论会，也是国外的莎士比亚学者共同参加的交流会，它将影响今后中国的莎士比亚的研究与演出，这是前无古人的盛会。

我们欢迎你们，你们是来自遥远地方的朋友。我们有一个共同的目的，使全世界的人，更多、更广泛、更深刻地理解莎士比亚，继续开拓我们这个世界的文明和对于“人”的认识，推进今天的文化与和平事业。而文化与和平是分不开的兄弟。

天才从来是受文化传统和历史影响最多的人。他和人民生活在一起，他从民间传统中获取了最丰美的灵感。天才又是独创天地的人，在荒谬与庸俗的世界中，思想最解放的人。天才代表他们的时代，是时代巨人，因而便成为真正的历史的巨人。

莎士比亚逝世之后，世上又出现许多文化的巨匠、大师。如果我把莎士比亚当作文艺高峰的代同，那么每个国家都有自己的莎士比亚。自己的莎士比亚，比那位生在英国埃文河畔的大师，对本国的人民与民族要更亲切，更受到喜爱。但民族的深情无损于属于全世界的莎士比亚的伟大。我们赞美莎士比亚，同时也敬爱本国的巨匠。不同时代、不同国家的文艺大师，都对人类有不可磨灭的贡献，我们不需要，也不可能把他们的丰功伟绩比个高低。

中国有一位关汉卿，他大约活动在1210年至1300年，恰在元朝忽必烈的统治时代。他揭露了封建社会的黑暗与残酷，他对妇女赋予无穷的同情。他一生写了六十五种杂剧，他是中国辉煌的杂剧的奠基者。他的结构精心锤炼，精练中力求丰富。他的语言来自民间，自然，真切，质朴。他是现实主义者，又是笔下生风、神思奇绝的崇高的浪漫主义者。他是我们最敬爱的伟大剧作家，是世界上的文化名人。然而，实在可惜，他没有莎士比亚那样的幸运。与莎士比亚同台演戏的朋友，海明思（Hemings）和康代尔（Condell），为莎士比亚的全部剧本，印出第一个对开本，而不幸的关汉卿却只留下十八本戏曲，其中还有残缺不全的部分。

多少年来，我们用最高级的形容词来表达我们对巨人的崇敬。这些词汇用在莎士比亚和其他巨人的身上都是有理由的，是恰当的。但我们从来不应顶礼膜拜，盲目地赞颂。那会使我们变成崇拜偶像的妄人，丧失了认识天才之所以为天才的智慧之处。一个人，纵然是天才的巨人，他需要的也只是知音，而不是膜拜者。

我们尊重一切对莎士比亚有研究的学者与演出者，学者与演出者相互见面交谈，会对莎士比亚有更多角度的认识，有利于更广泛地，更深透地宣扬、普及莎士比亚——这位戏剧艺术的巨人。

戏剧的世界是多么广阔、辽远而悠久啊！可交流的知识与文化，尤其是对于“人”的认识，表现得多么美丽，多么翔实，又多么透彻啊！如果从古希腊到现在，把这几千年的戏剧大师们从坟墓中唤醒，请这些对“人”有深沉见解的人们，无论是哪个国家、哪个民族的戏剧大家，请到中国的上海，饮几盅龙井，喝几杯茅台，让他们互相认识中外古今的同行，谈谈梦一般的思想，诗一般的感情，把心中还没有说尽的话对面讲讲，沟通沟通，那会是多么伟大而又不可想象的盛会啊！

确实，这比《仲夏夜之梦》更神妙，但也更离奇，更荒诞。我们只好回到地上，回到今天。到会的学者是博学的君子，有名的专家，你们用美丽的文字写出的富有内容的论文在这里宣读，听者将会像饮着醇酒一般，把你们各具风格的研究的果实，吸收进去。

而我却在这儿唠唠叨叨，说出的话，不过是 Hamlet 所说的“words，words，words”。

只有一句，绝不是废话。

我们热烈地祝贺第一次中国莎士比亚研究会现在开幕！

【例文二】

莎士比亚属于我们

——首届中国莎士比亚戏剧节闭幕词

首届中国莎士比亚戏剧节就要闭幕了。

经过十四天，在北京、上海，同时举行了二十五台莎士比亚戏剧的演出，得到国内外巨大的反响。我们祖国的学者、戏剧工作者，以他们出色的成就，向莎士比亚表示了他们的尊敬与赞美。

这一天，四月二十二日，全世界都举行各种各样对莎士比亚的纪念活动。我想，莎士比亚如果能知道十亿人口的中国，有五千年文化历史的中国，又是正在奋发图强的当今的中国，以这样盛大的热情与规模在纪念他，他会怎样的激动啊！因为他，莎士比亚，是热爱生活的巨人，他也是赞美人类的一切进步与发展的巨人。他是开拓者，是爱国者，是深知人性与人的哲学的伟大诗人。一句话，他是永生的，因为他属于要和平、要安定、要幸福、要光明的未来的人民，他属于我们。

我们是以各种各样不同的形式来演出莎士比亚剧作的。有话剧，有京剧，有昆曲，有越剧，有黄梅戏，有广大中国人民所喜爱的其他地方戏曲，有少数民族的演出，有许多学生剧目的演出，甚至有按莎士比亚原本用英语的演出，还有按中国的历史与环境，把莎剧改编成更为中国观众理解的改编本的演出。所有这些劳动、创造，都在舞台上发出他们独特的光彩，在莎士比亚与中国人民之间架起一座座美丽的桥。

应该说，世界各国演出莎士比亚戏剧，都有个服不服水土的问题。这次我们戏剧节上演出的众多台莎士比亚剧作，都经过学者和演出者共同研究，互相启发，通力协作，努力找出一条最能表达莎士比亚的原意，又能为中国观众理解的道路。当然，高明的批评者们可能还有各种不同的意见。仁者见仁，智者见智，这是世界的通例，是应该欢迎的。

尽管莎士比亚的博大精深使许多人在口头上不得不赞美，但是，三四百年来，莎士比亚戏剧的演出史上，他的剧本屡遭篡改、歪曲，受到各个时代的狭隘的精神的限制，受到统治者的禁止。他们颠倒黑白，把莎士比亚看作是异端邪说，不足为训。一些聪明人把《哈姆雷特》、《李尔王》、《罗密欧与朱丽叶》都改成为大团圆的喜剧；为了要体现三一律，竟让奥瑟罗在一天的时间里向苔丝德蒙娜求婚、结婚并杀了她。莎士比亚成了一些无知者的装饰品。但是，时代淘汰了这些损害莎士比亚的庸人。有眼光、有远见的莎士比亚的真知者，历史上大导演、大演员、大翻译家们，不愿与这些鄙俗的轻薄人们同流合污。莎士比亚光辉四射的真正面目在全世界的舞台上显现出来。我想，我们今天举办莎士比亚戏剧节正是把这位伟大剧作家的本质的真实，他的思想与感情，更多地传达给中国人民。这是可贵的，也是成功的。

我们不需要过分谦虚，过分的谦虚并不能算是美德。我们的莎士比亚演出历史并不长久。我们以今天这一点成就，获得了中国广大观众的赞赏，这要归功于广大优秀的戏剧工作者和学者，归功于他们严肃的工作和创造。

值得提出，我们的莎士比亚学者，一生受了中国哲学、美学、文学、诗歌、戏剧的影响，同时又是探求并且理解西方文化的寻宝者。在莎士比亚戏剧节中，他们发表了有影响的关于莎士比亚的论文。

他们为更多的人搭起了梯子，使人们攀登能欣赏、能研究莎士比亚艺术的更高境界。

从二十世纪初，最早介绍莎士比亚的前人看，我们是后继者；但是从未来的并且越来越多的热爱与研究莎士比亚的人们看来，我们则是开拓者，是对他们有影响的人。因此，我们要实事求是，要总结我们演出的优点、缺点甚至失误。老实说，真把莎士比亚剧作演得尽善尽美，即使在西方有长久莎士比亚演出传统的国家，也是很不容易的。所以，我们的演出尤其需要国内、外的专家们的认真的批评、评论，使我们能不断地进步。因为莎士比亚是说不尽的，我们的演出也是没有完结的。

有两个现象值得注意。在这次戏剧节里，中国的地方戏曲已经上演莎士比亚的剧目了。中国的地方戏曲有三百多种。如果这三百多个剧种或多或少地都能演出莎士比亚，那对于在中国普及莎士比亚，引导人们去认识、去欣赏莎士比亚，将是十分有益的。同时，这样做会提高戏曲演员的文化修养，扩大戏曲工作者的视野。

中国的戏曲充满无穷的、完美的诗意、思想与感情，它应该是与莎士比亚能够相通的。

另外，在戏剧节上，大学、学院的学生剧团也演出了莎士比亚的剧作。

我们对大学生的演出给予了多方面的鼓励与帮助。通过这样的实践，大学生们从此对莎士比亚怀有感情，在他们的世界里展开一片新的境界，这是多么可喜的事情。希望这一次莎士比亚戏剧节能推动学生们对戏剧的热情，我相信莎士比亚的魅力有这种神奇的力量。青年的视野将更加广阔，心怀将更加丰富。让屈原、李白、杜甫、关汉卿、汤显祖与莎士比亚都成为他们热爱的朋友、他们心灵的导师。

四月二十三日莎士比亚诞生了。同样，又是四月二十三日，莎士比亚离开了人世。“生”与“死”这是莎士比亚说了又说的话题，是他心中想了又想的道理。他的哈姆雷特说过这样意思的话：是忍受残暴的命运的折磨与痛苦而活下去，还是一剑把自己刺死，因而反抗了这说不完的苦难的一生？究竟哪一种行为更高贵？死了，睡着了，一切都完了，那就太好了。但是说不定死了还会做梦，还会和生前一样的痛苦，那就不能不有所顾虑了。

可怕的，是死后的那种不可知的神秘！可怕的是，死了以后，从来没有一个人从那神秘之国回来！

我想到一段中国的小故事，一个大官在冬天的房檐下晒太阳，忽然感到一阵不舒服，害怕起来，他说：“我想我怕是快死了，遗憾的是，不知道死后的境地是好，还是坏?”他门下的客人都瞪了眼，不知该说什么。一个人站起来答道：“那一定挺好!”大官连忙问：“你怎么知道的?”那位客人恭恭敬敬地说：“如果死后的境地不好，很苦、很坏，那死了的人早就都逃回来了。”

这当然只是一个笑话，与莎士比亚对于生、死的感想是不能相比的。然而这说明，莎士比亚的思想也正是人类的思索，而莎士比亚戏剧的永存，也正是因为如此。是的，生与死，对于莎士比亚来说，已经不是问题了。他给予我们的答案是，他作为人的生命逝去了，但是他的思想与艺术的生命是永生的；我们永远听得见他的声音，他的语言，他的思想的翅膀在我们头上翱翔，他的激情的火焰在我们心里燃烧。

仿佛该闭幕了。

我们的狂欢已经终止了。我的这一些演员们，我告诉过你，原来不过是一些精灵。他们都已经化成淡烟而消散了。

亲爱的朋友们、演员们，参加中国莎士比亚戏剧节的所有的人们，我们真的化成淡烟消散了么？

不，不是这样。我们的演出，我们的努力与工作不会消失。我想，它就像长河流水一样，细细地滋润人们的心田，在中国的土壤上生出碧绿与芬芳。我们中华民族有着了不起的文化，有了不起的艺术与戏剧，我们不光要引进，我们还要把我们的种子撒向世界。

悠久的文明是我们的骄傲，我们的中国对世界文化的贡献将更加巨大。使全世界了解中国，这不只是中国人的责任，也是世界各国有识之士对本国人民应当担负起来的责任。这是中国莎士比亚戏剧节给予我们的重大联想与信念。

今天的会上，我们感到十分荣幸的，是英国文化大臣理查·卢斯先生从莎士比亚的故乡来到中国，参加这个盛会。我想在此地告诉阁下的，是英国派出的大使没有谁比莎士比亚更能干，更有力量与魅力。全世界没有一个国家没有莎士比亚的译本，没有他摄人心魄的演出。他是世界的阳光，永远照耀人的进步。

让我再一次欢迎各位到会的朋友和客人，同时欢迎你们再一次来参加我们的盛会。谢谢。（原载《戏剧报》1986年第6期）

思考题

1. 开幕词和闭幕词的特点有何不同?

2. 按照复式标题的有关要求，拟写出开幕词和闭幕词的标题，各写两个。

第四节 述职报告

为适应社会主义市场经济发展的需要，我国对干部体制进行了改革，实行了岗位责任制和干部聘任制。各级各类干部，在任职的一定时间内，都要向上级领导、有关部门或部属报告其在任职期间的工作实绩，于是，逐步形成了一种新的演说事务文书——述职报告。

一、含义和作用

述职报告是党政机关、社会团体、企事业单位的领导干部在任职期满换届选举或年度民主评议干部会议上，向组织和部属报告自己履行职责情况的文字材料。

述职报告的作用主要表现在以下方面：

1. 有利于提高领导干部的素质

通过撰写述职报告和干部述职，述职者得以认真全面地总结以往工作，进而从成功中总结经验，从失误中吸取教训，探索和掌握工作规律。它既可以提高述职者的工作质量和效率，还可以给下届任职干部做好工作提供启示和借鉴。

2. 有利于上级组织考察和使用干部

通过参阅述职报告和听取口头述职，上级组织和群众可以了解和掌握干部的德才情况，对干部做出客观、公正的评价，增强选用干部的透明度和准确性。

3. 有利于上下级之间的了解沟通

述职报告可以让上级组织和本单位群众了解述职者任职期间的工作情况，沟通了上下级之间的信息交流，促进述职者与群众的相互理解、相互体谅，有利于团结共事。

二、特点

1. 效能的自鉴性

述职报告是任职者用正确的立场、观点和方法对自己任职期间的德、能、勤、绩诸方面的情况作自我定性、自我评估、自我鉴定。需要述职者以认真、细致、慎重的态度来“自鉴”，做到对上、对下、对自己负责的一致性。

2. 标准的规范性

尽管不同层次的干部，因职责不同、工作目标有别，述职的内容各有侧重，但述职的标准只有一个，那就是履行职责的能力和效益。因此，写作时，要侧重写自己履行岗位职责、实现责任目标的有关情况，不能写成工作报告。

3. 内容的真实性

真实是述职报告的生命，是述职报告价值的体现。所写的内容必须真实准确，要原原本本地反映事物的本来面目。不管是工作业绩，还是工作失误，都要客观、中肯地叙述和准确恰当地评价。

4. 表述的谦诚性

述职需要客观准确，不能因为取得成绩就沾沾自喜，也不能因为政绩平平或工作失误而垂头丧气。它通过谦诚的语气，体现出礼貌、谦虚、诚恳、朴实、大方的态度。

三、种类

述职报告可以从不同的角度进行分类。从时间上分，有临时述职报告、年度述职报告和任期述职报告；从内容上分，有综合述职报告、专题和单项述职报告；从报告者分，有个人述职报告、工作集体和领导班子述职报告；从形式上分，有书面述职报告和口头述职报告；

四、结构

述职报告的结构一般由标题、称谓、正文、落款四部分构成。

（一）标题

述职报告的标题有两类四种写法。

1. 公文式标题。有三种写法：

（1）述职者＋时限＋内容＋文种

如：《×××2002—2004年任财政局长的述职报告》

（2）述职者（姓名、职务）＋文种

如《××公司总经理×××的述职报告》

（3）只写文种“述职报告”即可。

2. 复式标题。即正副标题的方式，正标题对述职报告的内容进行概括，副标题为：述职者（姓名、职务）＋文种。

如：以人为本 构建和谐团队

——××公司党委书记×××的述职报告

（二）称谓

述职报告的称谓写在正文前一行顶格，它依据述职报告会的性质和与会人员的身份而定，一般常用“领导、同志们”，或“各位领导、各位代表”等。

（三）正文

正文包括引言、主体和结语三部分。

1. 引言。概述任职背景、任职时间、岗位职责、工作目标与实绩、个人履行职责情况的整体估计等内容。

2. 主体。主体包括三方面内容。

一是交代自己的职责，这是述职报告的基础。同时，还应阐明任职的指导思想和工作目标。二是主要政绩，这是述职报告的重点。要通过一些典型事例，讲述自己的成绩和失误，说明自己是否称职。三是论述自己在履行职责期间的经验和教训，写清任职以来所取得的成绩以及存在的问题及原因，找出规律性的东西，上升到一定的理论高度，更好地做好今后的各项工作。

3. 结语。表明述职者的态度，欢迎领导、群众对自己的述职进行评议；对今后履行职责的设想，或针对存在问题提出改进的措施和办法。

（四）落款

落款署述职者的单位名称、姓名和述职的具体时间。如果在标题下已有单位和姓名，就只署日期。

五、写作要求

1. 实事求是地“述”职

述职报告是述职者在讲述自己履行职责的情况，因此，内容必须真实，要从实际出发，讲事实，说真话。无论是说成绩，还是讲问题，既不能过分拔高，也不能一味降低，要力争与客观事实的本来面目相一致。

2. 重点阐明是否称职

要依据自己的职责标准，选取典型事例，阐述自己是如何履行职责的：对党和国家的方针政策和上级指示，是如何贯彻的，效果如何；为单位工作的开展，提出过哪些创新的见解和主张；哪些工作开展顺利，原因是什么，遇到困难时，是怎么做的，结果如何；自己主持的工作取得了哪些成绩，还存在哪些不足，等等。阐述这些问题的目的就是为了说明自己是否称职。

3. 处理好两个关系

一是成绩和问题的关系。一方面，要实事求是地把成绩写够，不夸大，也不缩小。另一方面，要把存在的问题写透，对工作的失误不讳言，不回避。二是集体和个人的关系。必须分清个人实绩与集体实绩，对个人实绩要理直气壮地说出来，对集体实绩主要是讲清个人在其中所做的贡献。

4. 语言要简明朴实

述职报告语言不能夸饰，语言运用要简明，不宜用各种文学手法，要选择那些既有表现力，又通俗明了的语词来表情达意，这样才能使听众感到亲切可信，才有说服力。

【例文】

尽职尽责　尽心尽力

——我的述职报告

各位领导：

我是××市国税局信息中心的××，2003年12月，组织上安排我担任信息中心主任。下面，我将一年来的工作情况作个汇报。

过去的一年，为落实省国税局提出的“以信息化建设为突破口，大力推进征管改革，建立现代税收征管运行机制”这个总体目标，在市局党组的重视和支持下，我和中心的全体同志一起下分局、进企业，摸清基层的情况；到省局信息中心请示汇报，吃透上级的精神；走访相关业务公司，掌握技术保障的要领。在此基础上，我们拿出了全年工作思路和主攻重点，报经局领导审定，下发了《××市国税局关于做好2004年计算机工作的意见》。从年初开始，我们逐个阶段抓督导，逐项工作抓落实，始终突出“四抓”：

一抓硬件建设。这是计算机推广应用的基础。我们挤出有限的资金，争取省局的支持，调动各方面的积极性，给基层单位陆续配齐了微机，但随着微机在税收领域的应用越来越广，几乎所有的涉税活动都纳入进来，单机操作已经远远不能满足大多数分局工作的需要，全系统联网运行势在必行。为此，我们立即动手进行调查，本着节约、实用的原则，提出了一套解决方案，得到了市局领导的充分肯定：对13个分局的办税厅及办公室进行简易布线和对等网的安装；又投资10多万元，将7个分局由拨号上网改为DDN专线联网；配发各种设备40多台套。这样一来，形成了以市局标准机房为中心，8台高档服务器为数据处理核心、三级广域网和局域网为骨架的税收管理系统。全局连接成为一个稳定、高效的微机网络系统；分局的各个岗位运用单台微机各司其职，资讯共享；分局与市局、市局与省局的远程通信效率成倍提高。

二抓软件应用。我们与有关公司联手建成了全省国税部门第一个电子报税系统，紧接着逐步推广省局统一开发的IMB软件。截止到去年底，已基本涵盖了整个税收业务流程，应用效果日渐显露出来。去年，我把主要精力转移到办公自动化的应用、网页的制作、“金税工程”及CTAIS的前期准备上。这是当时乃至今后一定时期税收信息化建设的重中之重。我们提前进入准备，连续举办了3期办公自动化的培训，把所有相关人员都轮训一遍，还会同办公室一起制定了《公文处理规程》。从硬件、软件、人员到规程都一一准备到位。按省局统一要求，2000年1月，全局办公自动化系统顺利开通，实现了FTP文件传输、电子邮件的收发、网上信息的发布和下载，全市税收工作的各种资讯，都能在网页上随时查询。去年9月，市政府领导及部分市人大代表视察我局工作时，对我们的计算机工作给予了高度评价。

三抓人才培养。我们中心人手少、事情多，工作的技术含量高，特别是“金税工程”启动后，这根弦一直绷得很紧很紧。我们采取了“三管齐下”的方法，在人员的素质和数量上做文章：一是派出学习。二是岗位练兵。三是引进人才。

四抓规范管理。总局确定去年为“信息管理质量年”。我们抓住这一契机，拿出过硬措施，使全局计算机规范管理迈上了新的台阶。第一，制定了规范管理办法，科学设置岗位，明确操作流程，建立质量考核方案，对各单位人员的跟踪管理和职责配置、设备的保管与维护、运行的规程与要求、信息的有效使用及网络安全等，统一做出了严格的规定。第二，每月对各个基层单位进行网上考核，逐项评估，综合计分。第三，以考促学，以考促用，以考促改，年终汇总评估，并采取适当形式通报和奖励。一年来，我们没有出现一起重大设备、软件系统、网络安全事故，保证了全局工作的正常运行。

总之，过去一年的信息工作，我们做了新的探索，也取得了新的成效。这里面包含着市局领导的关怀和支持，凝聚着全中心同志们的心血和汗水，也得益于相关科室和基层单位的理解与配合。我作为主任，尽了心，努了力，仅仅做了一些应当做、也是力所能及的工作。回想起来，我走上信息中心主任的岗位之日，正值税收管理信息化高潮到来之时。

这是难得的工作机遇，也是巨大的工作压力。即使加班加点，即使东奔西走，即使有得有失，我也无怨无悔，有四个值得欣慰的地方：第一个欣慰是市局领导坚强有力的支持。信息管理是一项基础工作，被摆在了优先发展的位置，要钱给钱，要人给人。第二个欣慰是相关单位始终不渝的配合。信息管理是一项服务工作，没有各个单位的充分理解和配合，全市网络就不可能连接起来。第三个欣慰是全中心同志们精诚有效的合作。信息管理是一项技术工作，我不是计算机专家，但中心的同志都是专家型人才，我的重要职责就是爱护好、使用好、发挥好他们的专长，努力营造一个既有分工、又有协作，既有纪律、又有情趣的生动活泼的工作局面。第四个欣慰的是自己一直保持着强烈的敬业精神。对我来讲，信息管理是一项十分陌生的工作，我老老实实地学习，不懂就问，不会就学，既勤奋干事，又努力协调好上下、左右、内外，还有"人""机"之间的关系。

面对当前的改革，我要用平常之心对待不平常之事。从事税收工作以来，我从基层到机关，从一般员工到"兵头将尾"，无论在什么岗位上，我都要求自己先做人，再做事，从来不敢有一丝一毫的懈怠。今后，不管改革的大潮把自己推上什么岗位，我都会努力做到：岗位变了，工作的要求不能变；职责变了，敬业的精神不能变；为大家服务的内容变了，服务的质量不能变。我要从政治思想、业务知识上加倍努力学习，勤政不已，进取不怠，发扬成绩，纠正错误，为蒸蒸日上的全市国税事业尽心尽力，添砖加瓦。

谢谢大家。

述职人：×××

二○○四年十二月三十日

综合训练

□ 知识训练

一、填空题

1. 计划的特点是具有____________、____________、____________。

2. 一般来说总结的主体部分包括________、________和今后努力方向三个部分。

3. 总结要用________人称，从本部门角度来撰写。

4. 述职报告是对个人任职期间____、____、____、____、廉五个方面的全面回顾和自我评价。

5. 调查报告具有____________、____________、____________、典型性的特点。

6. 演讲稿按其内容特点划分，有________、________两种。

二、判断题

1. 表格式计划经常用于时间较短，内容单一或量化指标较多的工作计划。（　　）

2. 计划的主体部分应至少包括三个部分，即"做什么"、"怎么做"和"什么时候做"。（　　）

3. 计划的表达方式以说明、叙述为主，行文中不夹杂不必要的议论。（　　）

4. 简报的报头和公文的眉首是完全一致的。（　　）

5. 述职报告的开始部分不需要称谓。（　　）

6. 有一份计划的标题为《××学院二〇〇八年招生工作规划》。（　　）

三、选择题（单选或多选）

1.《××省卫生系统1999年工作总结》属于（　　）。

A. 文件式标题　　B. 文章式标题

C. 双标题　　D. 单标题

2. 总结的非公文式单标题，可以是（　　）。

A. 概括主要内容　　B. 概括基本观点

C. 时限和内容　　D. 单位名称

3. 述职报告正文的主体部分包括（　　）。

A. 履行职务的基本情况　　B. 所取得的成绩和实践经验

C. 存在问题和努力方向　　D. 注意事项

4. 按目的、作用、内容分，调查报告有（　　）。

A. 专题性调查报告　　B. 基本情况的调查报告

C. 研究问题的调查报告　　D. 典型经验的调查报告

5. 行政法规包括下列文种：（　　）

A. 条例　　B. 办法　　C. 细则　　D. 章程

四、简答题

1. 什么是规章制度？结合实际说明建立、健全规章制度的作用。

2. 写规章制度有什么要求？

3. 以下是两个调查报告的开头部分，各写了什么内容？

（1）“城市建设不是简单的建筑体组合，它属于人类文化的组成部分，应具有承继人文历史、面向时代未来、体现自身特色的深厚文化内涵。最近，县政协社会事业专委会组织力量，对我县城市建设中的文化问题进行了调研，现报告如下：”

（《关于城市建设中文化问题的调查》）

（2）“对于今天的大学生，人们已经不太爱用“天之骄子”来称呼他们，转轨时期形成的就业压力更让大学生还没来得及体会到考学成功的快乐，就投身到另外一种更猛烈的竞争中。对未来的就业意向来说，哪一类企业最受大学生的青睐？北京世纪蓝图市场调查公司最近针对北京大学、清华大学、中国人民大学、北京师范大学、北京航空航天大学、北京对外经济贸易大学六所大学的313位学生，做了一次关于他们对外企的看法的抽样调查。调查结果显示，63.9%的调查对象在毕业后有进外企的意向，也许最终只有很少的人能够如愿以偿，但这丝毫不影响同学的热情。可见，对外企，大多数同学心向往之。”

（北京世纪蓝图市场调查公司《大学生就业：为什么选择外企？》）

□ 能力训练

一、辨析

试辨析会议记录和会议纪要的区别。

二、改错

1. 将下面一则《服务公约》按其内在联系改写一下，说明改写的原因。

服务公约

接待群众，主动热情。解答问题，诚恳耐心。

协助单位，计划用粮。简化手续，方便群众。

粮食政策，认真执行。节约用粮，做好宣传。

坚守岗位，精神集中。接受监督，欢迎批评。

××粮店

2. 根据总结的写作要求改写下面总结的片断

学生会学习部工作总结

首先，本月经过学习部所有人员的共同努力，各项活动都得以顺利、有序的完成。

(1) 本月我部负责下发了有关四、六级考试的报名以及相关要求，国家二级考试的报名和准考证的领取，国二证书的整理发放，以及非师类进行师类考试的时间以及相关要求的通知。

(2) 进行了小语种学习的同学的名单的统计以及提交工作。

(3) 配合、协助校杂志进行了有关电影、电视观后感和随笔的征文活动，广大同学踊跃参与报名，稿件多达三十几份。

(4) 调查统计了有关数学建模大赛参赛同学名单，以及上报了参加数学建模协会同学名单。

(5) 积极配合学生会搞学生会同学活动计划，积极踊跃的参加了学生会的活动，同文艺部合作一同排练了“嘻唰唰”节目，在学生会的活动中荣获了最受观众欢迎奖。活动中承办了奥运火炬传递活动，并取得了圆满成功。

(6) 本月我部主要的工作是承办了从策划直至最后成功举办的，丰富了校园文化生活的，给予广大同学展示自己的机会的，同时使得学习部每一个成员都得到了充分锻炼的——英语电影配音大赛。

（资料来自学习网 www.gzu521.com）

三、补充写作

根据你所在班级的实际，以班委会的名义撰写一份班规。

四、给材料写作

1. 一个夺取全校演讲第一名的同学，颁奖大会要求他作一次答谢演讲。请你代他拟一份讲话稿。

2. ××厂为了调动职工的积极性，保证完成和超额完成生产任务，决定在全厂内推行××岗位责任制先进经验：要求开好三个会（动员会、经验交流会、总结表彰会），搞好试点工作，组织职工讨论，充分发扬民主，各方面配合，从7月上旬开始，利用一个半月至两个月的时间完成这项任务。请根据以上情况，为××厂拟定一份工作方案。

第六章 经济文书

第一节 概 述

一、经济文书的概念、特点

经济文书是经济活动中各种专用文书的总称，是指经济部门或企事业单位用来反映经济情况、处理经济事务、研究经济问题、协调经济活动、传播经济信息的各种书面材料。

经济文书是伴随着经济活动而产生的，它在推动社会进步和经济发展的同时，也在不断地完善着自身，并逐步形成了具有自身特点的理论体系。在内容和形式上充满勃勃生机，新的文种不断涌现，成为经济建设中不可或缺的重要文字工具。

经济文书除具有一般应用文的实用性强，格式较固定，内容真实，语言准确、简洁、注重时效等共同的特点外，还有独特的个性特点。具体表现在：

1. 创见性。科学的创见性主要是指经济研究类的文书。这类文书的首要任务是捕捉经济发展的新信息，开掘商品经济的新契机，它必须在不断出现的新问题、新情况中，总结探索符合市场经济发展的规律，提出富有见地的新想法。

2. 专业性。经济文书写作在经济领域是一种专业性写作。它必须以反映经济活动为内容。内容决定形式，所以，它的专业性也表现在形式上。如格式的程式化，语言上大量运用专业术语（如成本、利润、销售、亏损、盈利等等）。这些在可行性研究报告、合同等文种中表现得尤为突出。

3. 政策性。经济文书是宣传、贯彻党的方针、政策的有力工具之一，它必须以党的方针、政策为指导。特别是在当今社会主义市场经济条件下，更应该执行现行的有关经济政策。如合同、审计报告等文体的内容、格式及执行过程，都必须依照有关法律及政策的规定。

4. 效益性。这是经济文书区别于其他文体的重要标志。如广告的目的是宣传产品，提高经济效益。经济预测报告是预测未来，掌握经济发展趋势，以制定相应的政策和措施，改善经营管理，提高经济效益。

5. 时效性。科学的预测和正确的决策都是以及时为先决条件的。经济文书是为处理具体经济事务直接服务的，时效性是其生命。从收集材料到编写、传递都应争分夺秒，不失时机。

6. 数据性。这也是经济文书的一大特点。如市场预测报告、经济活动分析报告、可行性研究报告等，离开数据就无法说明问题。往往用大量的数据反映事物的变化和质的规定性。

二、经济文书的分类

1. 经济协约类文书：包括合同、协议书、意向书等。

2. 经济研究类文书：包括市场调查报告、市场预测报告、可行性研究报告、经济活动分析报告等。

3. 经济报告类文书：包括招标书和投标书、专利申请书、商标注册文书、项目建议书、产品说明书等。

4. 经济告启类文书：包括商业广告、商务公示、企业简介等。

三、经济文书的作用

随着社会的发展，经济工作在国家生活中越来越显示出它的重要性，经济文书也越来越受到人们的重视。它的作用具体表现在：

1. 具有传达贯彻党和国家经济工作方针政策的载体作用。在改革开放的新时期，经济文书已成为贯彻党和国家的路线、方针、政策的重要工具，可以说所有深化改革、扩大开放的经济政策都是经济文书的具体体现。

2. 具有传递经济信息、联系经济工作、保障企业经营有序进行的参考作用。由于信息时代的到来，使作为经济信息载体的经济文书显得日益重要。基层单位或职能部门，通过经济文书把经济工作中出现的新情况、新问题及时上报有关主管部门或领导机关，可作为领导部门研究、制定政策或决策的重要参考。如经济预测报告、审计报告、可行性研究报告等文体。

3. 具有扩大企业知名度的宣传作用。善于经营的企业，大都能充分利用经济文书进行宣传。如利用经济信息、商品广告、企业简介等进行宣传，扩大企业声誉，取得更好的社会效益和经济效益。

4. 具有提高经济管理人员素质，开发管理潜能的促进作用。经济文书是一门新兴的边缘学科，它融多种理论于其中，与许多学科有密不可分的联系，不断加强经济文书的写作与运用将使经济管理人员受益匪浅。同时对于提高管理水平、实施正确的经济管理也具有积极的指导作用。

思考题

1. 什么是经济文书？它有何特点？

2. 经济文书有哪几种类型？

3. 经济文书有何作用？

第二节　合　　同

一、合同的概念、特点、作用

（一）合同的概念

合同是以经济权利和经济义务及其法律责任为内容的契约，是平等主体的自然人、法人和其他组织之间设立、变更、终止民事权利义务关系的协议。

自然人，是指按自然规律出生的人，包括中国人、外国人、无国籍人。法人，是指与自然人相对应的民事权利主体，是具有民事权利能力和民事行为能力，依法独立享有民事权利和承担民事义务的组织。其他组织，是指依法成立，有一定的组织机构和财产，但又不具备法人资格的各种实体。设立民事权利义务关系，是指当事人订立合同，旨在形成某种法律关系，从而享受具体的民事权利并承担具体的民事义务。变更民事权利义务关系，是指当事人通过订立合同，使原有的合同关系在内容上发生变化。终止民事权利义务，是指当事人旨在通过订立合同，结束原法律关系。合同法正是为了协调自然人、法人和其他组织三种主体之间的关系而制定的，而合同则以设立、变更、终止民事权利义务关系为目的。

（二）合同的特点

1. 约束性。合同是依法签订的，一经成立，即具有法律的约束力。这体现在当事人必须全面履行合同规定的义务；任何一方不得擅自变更或者解除合同；及时协调解决纠纷，排除履行合同的障碍；违反合同要承担法律责任。

2. 合法性。合同的当事者，必须具有法人资格，才能订立合同。法人必须经国家认可；法人必须有独立的财产或者独立的预算；法人能够以自己的名义享有权利和承担义务。

3. 对等性。合同确认的是平等互利、等价有偿的权利义务关系。合同的双方不论是购与销、租与赁、借与贷，也不论单位的大小、部门的高低，在协商时关系是平等的，在承担法律责任时其法律地位也是平等的。任何一方不得把自己的意志强加给对方。

4. 双向性。合同一般都应包括权利与义务互转的双向性。为达到双方各自的经济目的，双方都必须享有需求对方的权利，也同时承担保证对方权利实现的义务，且明显表现为甲方的权利就是乙方的义务，反之亦然。

（三）合同的作用

1. 有利于保证国家宏观经济规划的实现。由于合同能直接反映社会生产能力和社会需求情况，可为宏观经济规划的编制提供各种切实可靠的数据；同时，国家的宏观规划也是签订合同的主要依据。

2. 有利于促进企业的经营管理，提高经济效益。合同签订后，生产者就必须按合同规定的产品、数量、质量和期限等要求，有效地组织人力、物力进行生产活动，力求提高履约率，实现企业的利润指标。

3. 有利于社会资源合理配置的实现。现代化大生产，要求把社会资源作最佳配置，以便人尽其才，物尽其用。人们通过合同关系在一定条件下自主地进行交易，从而使财富转移到最需要的地方去，体现出自身的价值。

4. 有利于保障经济秩序的稳定。通过合同把产、供、销关系紧密结合起来，克服产销脱节、供需不协调的现象。

5. 有利于保护合同当事人的权益。合同依法成立后，双方当事人必须全面履行合同所规定的义务，任何一方不得擅自变更或解除合同。合同当事人的合法权益受到法律强制力的保护。

二、合同的分类

根据《合同法》“分则”的规定，按照合同的性质和内容，合同一般可分为以下15种：

1. 买卖合同。买卖合同是一方当事人将标的物所有权转移给另一方当事人，另一方当事人支付标的物价款的合同。它包括货物买卖合同、不动产买卖合同、无体物买卖合同以及权利买卖合同。主要内容有：当事人的名称和住所、标的、品质、数量。

2. 供用电合同。供用电合同是供电方向用电方输出电力，用电方按用电量支付电费，相互行使权利义务的协议。供电合同的主要内容包括供电的方式、时间、质量、用电容量、地址、性质、计量方式、电价、电费的结算方式、供用电设施的维护责任等条款。

3. 赠予合同。赠予合同是赠予人无偿地将自己财产给予受赠人的合同。赠予合同的内容包括赠予人、受赠人、受益人，赠予财产的种类、数量、质量、交付时间、地点等。

4. 借款合同。借款合同又称贷款合同，是借款人向贷款人申请借款，约定期限返还并支付利息的合同。借款合同的内容包括借款种类、币种、用途、数额、利率、期限和还款方式等条款。

5. 租赁合同。租赁合同是出租人将其财产交付承租人使用，承租人支付租金，而财产所有权不转移的合同。租赁合同的主要内容有租赁物的名称、数量、质量、用途、期限、租金及其交纳期限、方式，租赁物维修、保养责任和违约责任等。

6. 融资租赁合同。融资租赁合同是出租人根据承租人对出卖人、租赁物的选择，向出卖人购买租赁物，提供给承租人使用，承租人支付租金的合同。融资租赁合同的内容包括租赁物的名称、数量、规格、技术性能、检验方法、租赁期限、租金构成及其支付期限和方式、币种、租赁期间届满租赁物的归属等条款。

7. 承揽合同。承揽合同是承揽方按照定作方提出的要求为完成一定的任务并交付工作成果，取得一定报酬的合同。它包括加工、定作、修理、复制、测试、检验等几种主要类型。合同的内容有标的、数量、质量、报酬、承揽方式、材料的提供、履行期限、验收标准和方法等。

8. 建设工程合同。建设工程合同是建设人与承建人订立的关于承建人进行工程建设，建设人接受该建设工程并支付价款的合同。其内容包括勘察、设计、施工等条款。

9. 运输合同。运输合同是承运人将旅客或者货物从起运点运输到约定地点，旅客、托运人或者收货人支付票款或者运输费用的合同。其内容包括运输对象的名称、种类、费用、方式、地点等条款。

10. 技术合同。技术合同是当事人就技术开发、转让、咨询或者服务订立的确立相互之间权利和义务的合同。其内容包括项目名称；标的的内容、范围和要求；履行的计划、进度、期限、地点、地域和方式；技术情报和资料的保密；风险责任的承担；技术成果的归属和收益的分成办法；验收标准和方法等条款。

11. 保管合同。保管合同是保管人保管寄存人交付的保管物，并返还该物的合同。其内容包括保管物名称、保管场所或者方法、保管期限、保管凭证等条款。

12. 仓储合同。仓储合同是保管人储存存货人交付的仓储物，存储人支付仓储费的合同。其内容包括存货人的名称或者姓名和住所；仓储物的品种、数量、质量、包装、件数和标记；仓储物的损耗标准；储存场所；储存期间；仓储费；仓储物已经办理保险的，其保险金额、期间以及保险人的名称等条款。

13. 委托合同。委托合同是委托人和受托人约定，由受托人处理委托人事务的合同。其内容包括受托人姓名，委托人支付报酬的数额、时间，受托人的损害赔偿责任等内容。

14. 行纪合同。行纪合同是指行纪人以自己的名义为委托人从事贸易活动，委托人支付报酬的合同。行纪合同又称信托合同。其主要内容包括行纪事务的种类，行纪货物的价格或劳务、服务的价格，行纪货物的要求或代办劳务、服务的要求，行纪人对行纪货物的保管责任等条款。

15. 居间合同。居间合同是居间人向委托人报告订立合同的机会或者提供订立合同的媒介服务，委托人支付报酬的合同。其内容包括居间人从事中介介绍服务的内容、委托人应支付的报酬、当事人双方应承担的义务等条款。

三、合同的格式和写法

合同的格式主要有三种，即表格式、条款式和复合式。

表格式合同是把常规性的定型化的内容，逐项填入事先设计印制成固定的表格，当事人订立合同时，按表格项目逐一填写就可以了。表格式合同具有简便、完善和防止疏漏的特点。

条款式合同是以文字叙述的方式，把当事人协商一致所达成的协议内容，逐条记载下来。条款式合同具有机动灵活、适应范围广的特点。

表格与条款复合式合同具有以上两种结构方式的优点。凡内容涉及面广，又有定型化内容的合同，一般采用这种方式。

以上几种合同格式的撰写一般包括以下四个部分：

（一）标题

合同的标题主要有两种类型：

1. 合同性质＋文种，如《借款合同》、《仓储合同》等。

2. 合同标的＋合同性质＋文种，如《房屋租赁合同》。

（二）约首

约首包括订立合同各方当事人名称或姓名。为了使正文行文简便，当事人名称或姓名简称为“甲方”、“乙方”；或“供方”、“需方”；或“发包方”、“承包方”；或“出租方”、“承租方”等。其写法有以下几种形式：

1. 开头空两格写“订立合同双方（或各方）”，然后分上下行排列写各方单位名称，其后分别写“以下简称甲方”、“以下简称乙方”。

2. 开头空两格分上下行排列写“甲方”、“乙方”，其后分别写各方单位名称。

3. 开头空两格分上下行排列写“供方”、“需方”或“发包方”、“承包方”或“出租方”、“承租方”等，其后分别写其单位。

（三）正文

正文由开头语和主体两部分组成。

1. 开头语。以极简洁的语言写明双方订立合同的原因、依据和目的。说明经双方协商一致，签订该合同。

如：根据《中华人民共和国合同法》及有关规定，为明确供方和需方的权利和义务，经双方协商一致，签订本合同。

也可以参照合同文本设立开头语。

2. 主体。此部分应写明双方协议的主要条款。为便于当事人拟订合同条款，《合同法》将合同应具备的基本内容概括为8项法定条款。它们是：

（1）当事人的名称或者姓名和住所

当事人的名称是指法人的名称，即签订合同单位的法定名称；当事人的姓名是指自然人的姓名。住所是指法人或自然人真实的住址。此项条款主要反映在合同的约首和约尾中。

（2）标的

标的是指合同当事人双方的权利义务所共同指向的对象。合同的标的有以下类别：第一是财产，包括有形财产和无形财产；第二是劳务；第三是工作成果。

合同对标的的规定应当清楚明白、准确无误，对于名称、型号、规格、品种、等级、花色等都要约定得细致、准确、清楚，防止差错。特别是对于不易确定的无形财产、劳务、工作成果等更要尽可能地叙述准确、明白。

（3）数量

数量是标的多少、轻重、大小的表示。数量一是要采用国家法定的度量衡单位来计算；二是要详细具体，如以包、箱、袋作单位计算数量时要说明其里面装了多少斤或多少件等。对尾差、自然损耗率等的许可范围也要加以说明。

（4）质量

质量是指产品或劳务的优劣程度，是标的物的内在素质和外观形态的综合。质量有国家规定的按国家统一标准执行，没有国家统一标准的按专业标准执行。如果是协商标准则必须在合同中说明，并应“立标封样”以备验。同时，对产品的等级、副次品率及处理方法等均应一一写明。

（5）价款或者报酬

价款或者报酬是有偿合同中一方当事人以货币形式向另一方当事人支付的价格或酬金。价款就是产品或商品的价格，报酬是指从事劳务应得到的酬金。价款或报酬体现了等价有偿的交换原则，是合同的重要条款之一。拟订有偿合同时，必须对价款或报酬协商一致，并明确标明支付的货币名称、货币数额、计算标准、结算方式、支付时间、支付方式等。

（6）履行期限、地点和方式

合同履行期限是指交付标的和支付价款或报酬的时间界限。可规定为即时履行或一定期限内履行。履行期限要明确规定年、月、日，不能用“明年”、“秋季”、“尽可能”等模糊词语表述。

履行地点指合同当事人履行义务的地点，如交货地、施工地等，履行地点直接关系到履行的义务和费用，对当事人有重要的实际意义，合同中对此应作明确规定。

履行方式是指当事人完成合同义务的方法，如在买卖合同中是一次交付，还是分批交付；是送货、提货，还是代办托运等。

（7）违约责任

违约责任是指当事人一方或各方由于自身的过错而未履行合同义务，依法和依约所应承担的责任。

违约责任条款一般分为两部分，一部分是在合同履行中可能出现的违约情况；另一部分是对发生了这种违约情况，责任方应承担什么责任。在拟写违约责任时，要将有关条款写具体写清楚。

承担违约责任的方式主要有两种。一是违约金，二是赔偿金。支付违约金或赔偿金后，对方要求继续履行合同的，应继续履行。

（8）解决争议的方法

解决争议的方法是指在合同中要写明当事人双方约定的解决争议的方法。或协商解决；或仲裁解决；或通过法院解决。

除上述8项法定的条款的内容外，根据法律规定必有的内容或按合同性质必须具备的内容，以及当事人一方要求规定的条款或经双方协商的其他条款或细则也构成合同的主要写作内容。需要注意的是，8项法定条款并非任何合同写作必备的条款。如有些无偿合同，自然没有“价款或者报酬”。条款之后要注明合同的有效期限、份数和保存方式。

（四）约尾

约尾一般包括签订合同各方的公章、法定地址、法定代表人的签名、电话号码、传真号、开户银行及账号、邮政编码、签订合同地点日期（有的把日期写在约首）等。

四、合同写作中应注意的问题

（一）要依法

首先，必须遵循《合同法》的基本原则，它包括平等原则、自愿原则、公平原则、诚实信用原则、守法原则。目的是达到双赢互利。其二，订立合同必须有合法资格，并遵守其他有关规定。当事人订立合同的必须有合法的资格，我国《合同法》第二条和第九条都有相关规定。另外，对委托代理人资格、合同文书形式、订立合同程序以及合同成立、生效也作了明确规定，必须严格遵守。

（二）要完备

完备就是表达必须完整、具体、明晰、准确。合同是契约性文书，突出的特点是实用性和约束力，最忌讳条款不完整，内容不准确，表述上含混笼统、模棱两可，产生歧义。

（三）要规范

合同的格式要符合规范要求，要按照国家工商行政管理局制定的统一格式制作。字迹清楚、标点正确、文面整洁。表示价金的金额要用汉字大写，任何一方不得随意涂改，如发现合同内容或文字有错漏之处，或者因发生特殊情况必须修改、补充时，一定要经双方同意，在原合同书上进行修改，并在修改处盖上双方的印章。如有的说明或补充不能写在原合同上，双方可以通过互换函件，作为合同的附件，以达到修改、补充的目的。

【例文】工业品买卖合同示范文本

工业品买卖合同

合同编号：________

出卖人：________　　签订地点：________

买受人：________　　签订时间：________

第一条　标的、数量、价款及交（提）货时间

（可用表格式写明标的名称、牌号商标、规格型号、生产厂家、计量单位、数量、单价、金额、交提货时间及数量、合计人民币金额等）

第二条　质量标准：________________________

第三条　出卖人对质量负责的条件及期限：________________

第四条　包装标准、包装物的供应与回收：________________

第五条　随机的必备品、配件、工具数量及供应办法：__________

第六条　合理损耗标准及计算方法：________________

第七条　标的物所有权自________时起转移，但买受人未履行支付价款义务的，标的物属于________所有。

第八条　交（提）货方式、地点：________________

第九条　运输方式及到达站（港）和费用负担：__________

第十条　检验标准、方法、地点及期限：________________

第十一条　成套设备的安装与调试：________________

第十二条　结算方式、时间及地点：________________

第十三条　担保方式（也可另立担保合同）：________________

第十四条　本合同解除的条件：________________

第十五条　违约责任：________________

第十六条　合同争议的解决方式：本合同在履行过程中发生的争议，由双方当事人协

商解决；也可由当地工商行政管理部门调解；协商或调解不成的，按下列第________种方式解决：

（一）提交____________仲裁委员会仲裁；

（二）依法向人民法院起诉。

第十七条　本合同自____________起生效。

第十八条　其他约定事项：____________________

出卖人 出卖人（章）： 住所： 法定代表人： 委托代理人： 电话： 传真： 开户银行： 账号： 邮政编码：	买受人 买受人（章）： 住所： 法定代表人： 委托代理人： 电话： 传真： 开户银行： 账号： 邮政编码：	公证意见： 公证机关（章） 经办人： 年　月　日

第三节　招标书与投标书

一、招标书

（一）招标书的含义

招标书，也叫招标公告，是招标人对外公布的用以明确招标要求和条件内容的应用文书。

招标和投标是一种引入竞争机制、适用范围极其广泛的现代贸易活动。在贸易活动中，属于大宗商品或大型建设项目，按照规定的条件，对外公开邀请符合条件的国内外企业报价投标，最后由招标人从中选择价格和条件优惠的报价与该投标人签订合同。在这种特定的交易中，对采购商来说，他们进行的是招标；对承包商或出口商来说，他们承担的业务是投标。

（二）招标书的种类

1. 按时间划分，有长期招标书和短期招标书。

2. 按内容划分，有企业承包招标书、企业租赁招标书、工程招标书、大宗商品交易招标书、科研技术招标书等。

3. 按招标范围分，招标书分为招标公告、招标启事、招标函三类。

招标公告（或招标通告）：用于招标内容比较重大且面向国内外招标的招标书。即用于国际招标的招标书。招标启事（或招标广告）：用于面向国内、关于一般事项招标的招标书。即用于国内招标的招标书。招标函：采用信函形式，直接通知有承办能力的单位参加投标，适用于较小范围招标的招标书。

4. 按招标目的分，招标书主要有采购招标书、建筑工程招标书、科技项目招标书、企业经营者（承包者）招标书四类。

采购招标书：即以采购大宗商品为目的的招标书。建筑工程招标书：即以寻求工程项目承包者为目的的招标书。科技项目招标书：即以寻求科技项目的研究或推广者为目的的招标书。企业经营者（承包者）招标书：即以寻求企业经营者（承包者）为目的的招标书。

（三）招标书的特点

1. 科学明确性

招标人对招标的项目或者工程基本情况要给予明确的说明，例如项目或者工程的主要目的、基本情况、产品要求、人员素质和具体规定等，必须在招标书中给予清晰的描述。

2. 公平竞争性

招标的原则是公开、公平、公正，只有公平、公开才能吸引真正感兴趣、有竞争力的投标厂商竞争，通过竞争达到采购目的，才能真正维护使用单位利益、维护国家利益。作为招标机构编制、审定标书，审定标书中是否含歧视性条款是最重要的工作。作为政府招标管理部门，监督部门在管理监督招标工作，其中最重要的任务为审查招标文件中是否存有歧视性条款，这是保证招标是否公平、公正的关键环节。

3. 法律制约性

招标书是招标方意向的明确表达，受法律的保护和约束，在本质上是为制定交易合同做准备，是要约的过程。一旦确定中标以后，作为招标的重要文件招标书连同投标须知等就成了制定合同的依据，也可作为合同的组成部分。例如项目名称、规格、数量、质量、标价、时间（开工竣工日期）、地点等等都是合同的主要条款。招标书一旦发出就不能随意改动，否则违背了条款就要承担法律责任。

（四）招投标的流程

1. 招标

根据《中华人民共和国招标投标法》的规定，招标项目按照国家有关规定需要审批手续的，应先履行审批手续，取得批准；招标人应有进行项目的相应资金或资金来源已落实，并应在招标文书中如实载明。招标工作包括：

（1）确定招标方式

主要分为两个步骤。

首先要确定是公开招标还是邀请招标。

公开招标：这是一种无限竞争的招标方式。就是招标单位通过各种渠道在一定范围发布招标的信息，吸引有资格的企业或者个人参加投标，在机会平等的条件下，将招标文件售卖给他们，并组织其参加投标活动。

邀请招标：这是一种有限的招标方式。招标单位经过一定的考察，根据工程或者项目的具体要求，邀请行业内的若干单位前来投标。招标邀请书发出后，招标单位需要对投标单位的资格进行预审并召开标前会议，然后进行投标和开标的一系列活动，最后对标书进行评审，择优选择中标单位。对于邀请来的落标单位，或者退回押金，或者给予投标补偿金。

国务院发展计划部门确定的国家重点项目和省、自治区、直辖市人民政府确定的地方重点项目不适宜公开招标的，经国务院发展计划部门或者省、自治区、直辖市人民政府批准，可以进行邀请招标。

其次还要确定是自行招标还是委托招标。

委托招标需向有资格的招标代理机构办理委托手续。首先填写委托书，提供技术资料和有关文件；随之要交纳保证金，与代理机构一起确定招标类型、定标程序。

（2）发布招标信息

如公开招标，在国家指定的报刊、信息网络或者其他媒介发布招标公告。如邀请招标，应当向三个以上具备承担招标项目的能力、资信良好的特定法人或其他组织发出投标邀请书。招标人不得以任何不合理的条件限制排斥潜在的投标人，不得对潜在的投标人实施歧视待遇。

（3）出售招标文件

在公告或邀请书规定的时间、地点发售招标文件。招标文件应当包括项目的技术要求、对投标人资格审查的标准、投标报价要求和评标标准等所有实质性要求和条件以及拟签订合同的主要条款。招标人应当确定投标人编制投标文件所需要的合理时间；但是，依法必须进行招标的项目，自招标文件开始发出之日起至投标提交投标文件截止之日止，最短不得少于 20 日。

（4）勘察项目现场

如有必要，可组织潜在投标人勘察项目现场。但不得向他人透露已获取招标文件的潜在投标人的情况。

2. 投标

投标人应当具备承担招标项目的能力。两个以上的法人或其他组织可以组成一个联合体，以一个投标人的身份共同投标，签订共同投标协议，约定各方承担的工作和责任，将协议与投标文件一并上交招标人，共同与招标人签合同。投标过程包括：

（1）编制投标文件

投标人应按照招标文件要求，对招标文件提出的实质性要求和条件作出响应。

（2）提交投标文件

在截止时间前将招标文件正本、副本送到规定地点，同时交纳投标保证金。招标人应当签收保存，不得开启，投标人少于三个的，应当重新招标。

3. 开标

开标应当在招标文件确定的投标文件截止时间的同一时间公开进行，开标地点应当为招标文件中预先确定的地点。由招标人主持，邀请所有投标人参加，由投标人推选的代表或由招标人委托的公正机构检查并公证，确认无误后，当众拆封，宣读，同时记录，存档备查。

4. 评标

评标由招标人依法组建的评标委员会负责。评标委员会成员为 5 人以上的单数，其中技术、经济等方面专家不得少于总数的 2/3，专家须从事相关领域工作满 8 年并具有高级职称或具有同等专业水平，由招标人从国务院有关部门或省、自治区、直辖市有关部门提供的专家名册或招标代理机构的专家库内的相关专业的专家名单中确定，一般招标项目可以随机抽取，特殊招标项目由招标人确定，与投标人有利害关系的人不得进入评标委员会。中标结果确定前评标委员会成员名单应保密。

评标委员会评标后应向招标人提出书面评标报告并推荐合格的中标候选人，也可直接确定中标人。中标人应能够最大限度地满足招标文件中规定的各项综合评价标准和实质性要求，经评审的投标价格最低，但低于成本价的除外。

如果评标委员会认为所有投标都不符合投标文件要求的，可以否决所有投标，重新招标。

5. 定标

招标人向中标人发出中标通知书，中标通知书具有法律效力。同时将中标结果通知未中标的投标人，向未中标的投标人退还保证金。

依法必须进行招标的项目，应在确定中标人之日起 15 日内，向有关行政监督部门提交招标投标情况的书面报告。

6. 签约

招标人与投标人应在中标通知书发出之日起 30 日内，按照招标文件和中标人的投标文件签订书面合同。

在招标、投标的具体过程中，涉及大量的文书，如：招标委托书、招标公告、投标邀请书、投标须知或投标说明、资格预审公告、资格审查结果通知书、投标书、投标项目方案及说明（施工方案及说明，设备方案及说明）、投标保证金保函、评标报告、中标通知书、落标通知书、招标及投标情况报告等。我们在本节中主要介绍招标书和投标书。

（五）招标书的结构与写法

招标书在结构上一般由标题、正文和落款三个部分构成。

1. 标题

标题一般为招标单位加文种，如“海尔集团国际招标公司招标公告”，也可写成招标单位加招标项目名称加文种，如“河南省郑州市煤气管网改造项目办公室关于惠济区改线工程施工招标的公告”。

有的招标书还有招标号，一般是招标人的英文缩写、编号；有些招标公告没有招标号。如果有招标号，则写在标题之下。

2. 正文

分为开头和主体两部分。开头简要说明招标的缘由、依据或目的。例如：“根据我院发展需要，我院将对验光实训室、镜片加工实训室设备进行邀请招标，兹邀请合格投标人前来投标。”主体包括以下几项：

（1）招标项目情况：此项一般包括项目名称，主要内容、规模、数量等。

（2）招标范围：此项需要说明投标人应具备的资质条件。

（3）招标步骤：包括招标文件发售时间、价格，投标截止时间、地点，开标时间、地点，有的还说明签约时限，项目计划开工时间和完工时间。开标时间的确定要给投标商留足准备标书和传递标书的时间，国际招标应尽量避开国外休假和圣诞节，国内招标避开春节和其他节假日。

3. 落款

包括招标单位署名和公告发布日期。招标单位署名除写明单位名称外，一般还写明其地址、电话、电挂、电传、邮编等。

需要说明的是，招标书是整个招标文件的重要组成部分，招标文件有时还包括投标人须知，招标项目的技术要求及附件，投标书格式，投标保证文件，合同条件，技术标准、规范，投标企业资格文件，合同格式等文书，此处从略。

（六）招标书的写作要求

1. 要熟悉招标程序，遵守有关规定

要写好招标书，就要熟悉招标的全过程，还应注意贯彻国家的有关政策、法律，遵守招标工作有关规定和具体办法，执行国家颁布的技术规范及质量标准。

2. 表达要简洁、准确

招标书主要是传播招标信息，写作时，要将项目情况、要求等内容表达清楚、准确，以免使投标者产生歧义和误解，同时还应注意语言的简明。

3. 用语要庄重严肃

招标、投标是国内外广泛采用的经济贸易手段，受法律的保护和监督，招标书作为这种方式的一种书面表达形式，用语必须庄重严肃。

【实例一】

南湖迎宾大道（外环—高速段）绿化改造工程施工招标公告

招标编号：HBAH10041015810101－LH

1. 招标条件

本招标项目南湖迎宾大道（外环—高速段）工程已由相关部门批准建设。项目业主为××市公路建设管理处，建设资金由××市财政局及××市交通运输局设法筹措。项目已具备招标条件，现对本项目绿化改造工程进行国内公开招标。

2. 项目概况与招标范围

2.1 项目概况

2.1.1 建设规模

该路段西起西外环高速出口，东至西南环线，道路全长约800米，为新建工程。

2.1.2 建设工期

计划开工日期为2010年7月1日，计划竣工日期为2010年7月20日。

2.2 招标范围及标段划分

本次招标共一个标段，招标范围为本项目高速互通区等区域内地形改造及绿化工程实施、完成及其缺陷修复等全部相关工作，具体内容详见施工图纸及工程量清单。

3. 投标人资格要求

3.1 本次招标要求具有独立企业法人资格，同时具备建设主管部门颁发的园林绿化工程一级资质和市政公用行业（含风景园林）设计乙级及以上或风景园林工程设计专项乙级及以上资质（均不含暂定资质），近五年内有类似工程（公路项目绿化）施工业绩，并在人员、设备、资金等方面具备相应的施工能力。

3.2 投标人不可以组成联合体投标。

4. 招标文件的获取

4.1 请于2010年6月3日至2010年6月9日（法定公休日、法定节假日除外）每日上午9：00～11：00时，下午14：00～16：00时（北京时间，下同），持企业法人营业执照副本原件、企业资质证书副本原件、单位介绍信、经办人身份证及上述资料彩色复印件或彩色扫描件一套（全本A4幅面装订成册，且逐页加盖单位章），到××市建设路99号新星大厦16层××招标有限公司报名并购买招标文件。

4.2 招标文件每份售价2000元人民币（含图纸），售后不退。

5. 投标文件的递交及相关事宜

5.1 招标人不统一组织进行工程现场踏勘，且不统一召开投标预备会。

5.2 投标文件递交的截止时间为2010年6月23日9时00分，投标人应于当日8时00分至9时00分将投标文件递交至××市建设工程交易中心会议室。

5.3 逾期送达或者未送达指定地点的投标文件，招标人不予受理。

6. 发布公告的媒介

本次招标公告同时在××省招标投标综合网、××省交通厅行政权力公开透明运行网上发布。

7. 联系方式

招标人：××市公路建设管理处
地址：××市××路××号
邮编：063000
联系人：杜美
电话：××××××
传真：××××××

代理机构：××招标有限公司
地址：××市建设路99号新星大厦16层
邮编：063000
联系人：张宝旺
电话：××××××
传真：××××××

【评析】

这是一份工程施工项目招标书。文章明确了招标条件、项目概括与招标范围、投标人资格要求、招标文件的获取、投标文件的递交及相关事宜、发布公告的媒介及联系方式等，内容完备，分条表述，层次清晰，便于投标单位快速了解和把握招标的内容及要求。

【实例二】

政府采购招标公告

（招标编号：DMZ20100705）

我公司受采购人委托，对采购人的制服及菜籽油等购置项目进行竞争性谈判招标，其项目资金已落实，并已进入政府采购资金专户，欢迎合格投标人对此项目提交密封投标书。

一、招标内容

A包：菜籽油（33吨）

B包：制服（一批）

二、资质或资格要求

（1）经年检有效的营业执照副本、税务登记证副本、组织机构代码证，以上资料须提供清晰的复印件并加盖公章；

（2）A包投标人还须提供食品卫生许可证；

（3）B包投标人还须提供标准制服生产许可证；

（4）法人代表授权委托书及被授权人身份证复印件；

（5）本项目不接受联合体投标。

三、发售招标文件时间从2010年7月14日起到2010年7月20日下午16：30时止。

四、发售招标文件地点：××市××路世纪大厦603室。

五、招标文件售价：人民币200元全套，售后不退回。

六、投标截止时间：2010年7月21日上午9：30时。

七、开标时间及地点：2010年8月2日上午9：00时，××市××路世纪大厦603室。

八、招标代理机构：××市××招投标服务有限公司。

联系部门：政府采购部　联系人：××

九、联系电话：（××××）×××××××××

传真号：（××××）×××××××××

办公地址：××市××路世纪大厦603室

邮政编码：××××××

十、电子邮箱：

企业联系QQ：政府采购一部××××××××××

政府采购二部××××××××××

详情请登录：××省招标投标网：××××××××

××交易网：××××××××

十一、开户银行：中国银行××市××支行

账号：××××××××××　账户名：××市××招投标服务有限公司

××市××招投标服务有限公司

二〇一〇年七月十四日

【评析】

这是一份政府采购招标书。文章在简单说明招标背景条件的基础上，分项说明了招标项目的内容，投标人的资质或资格要求，招标文件的发售时间、地点及售价，递交投标文件的截止时间，开标的地点及联系方式等等，内容具体且有条理，格式规范。

二、投标书

（一）投标书的含义

投标书是投标人按招标书提出的条件和要求，具体向招标人提供备选方案并提出订立合同建议的应用文书。

（二）投标书的种类

按照不同的标准分，投标书也可划分为许多种不同的类型。

1. 按投标内容分，投标书可分为承包或租赁企业投标书和任务（项目）投标书两类。

承包或租赁企业投标书：即根据招标条件的要求，投标者把自己在一定期限内的经营方针、所能达到的经营目标、各项主要的经济指标和完成目标的实施办法及设想意见等，按照一定的格式写成的书面投标方案。任务（项目）投标书：即投标者根据招标目的任务或项目的具体要求指标，把自己在规定期限内，愿意接受招标任务或项目提出来的招标条件，完成目标的措施、方法，以及完不成目标应承担的责任等，按照一定的格式写成的书面投标方案。

2. 按投标主体分，投标书分为个人投标书、集体投标书、企业投标书三类。

个人投标书：即投标者是个人的投标书。集体投标书：即投标者是三人以上组成的集体的投标书。企业投标书：即投标者为某企业集团的投标书。

（三）投标书的特点

1. 针对性

投标书是投标单位根据招标文件的要求而写成的文书，投标单位必须认真地对招标单位的条件和要求作出郑重承诺，同意招标书中的各项制约性条款，所写内容应是招标单位要求或关心的，表现出很强的针对性。

2. 明确性

投标书要对所采取的方式、方法，实施措施，所要达到的目标和标准，采用的科学技术方法，可以获得的经济和社会效益等，都要明确清晰地进行说明。

3. 制约性

投标书是投标方意向的明确表达，和招标书一样受法律保护和约束，是承诺的过程。一旦确定中标以后，投标书就成了制定合同的依据，也可作为合同的组成部分。投标书寄出以后，投标人便不能更改，否则即是违约，就要承担相应的法律责任。所以，写作投标书必须有严谨的法律观念，科学的态度。

（四）投标书的结构与写法

投标书是对招标书的回答。由于投标的项目不同，其内容与写法也不尽相同，但其结构形式基本相同，一般由标题、称谓、正文、附件和落款五部分组成。

1. 标题

一般由投标项目和文种两部分组成，也可以写成投标单位名称加文种，如：《××经济特区土地使用权投标书》、《××省第三建筑公司投标书》等。

2. 称谓

一般在标题下，顶格写招标单位名称，如同书信中的称呼，也可以不写此项。

3. 正文

一般由前言和主体两部分组成。

前言部分，一般写招标投标的意义或指导思想，阐明投标项目和内容，以及自己在本次投标竞争中的态度。

主体部分，是投标书的主要内容所在，是鉴定投标方案是否可行，能否被选中的关键部分。一般应写出对本投标项目基本状况进行的分析，找出自身优势和困难的主要方面，提出经营方针、指导思想，讲明承包目标、考核指标，还应写出完成目标的可行性分析和方法、措施，也可写出对招标者所提要求、条件的认可程度。如有必要，也应写明投标者基本情况。若是企业投标，一般写明企业名称、所有制性质、隶属关系、固定资产、技术力量和设备等；若是个人投标，一般写明自己的文化程度、简历、任职情况、有多少财产可以抵押等。关于投标者基本情况可以写在主体部分，也可以专门形成一份材料，作为附件。

主体部分往往内容很多，一般采用横式结构，分部分来写，若其中项目固定，数字较多，也可以采用表格形式。应做到目标可信，方法妥当，措施可行。要有数据，有分析，有目标，有论证，有方法，有措施，有步骤，有见解。

投标书正文的写作也可以根据招标文件的具体要求内容而行文，只要把投标单位的情况、态度，以及对招标单位的要求写清楚，也就达到了写作基本要求。

4. 附件

有的投标书随正文后有附件。若是建筑工程投标，其附件主要有：工程清单或单位工程主要部分标价明细表，也包括单位工程主要材料，设备标价明细表等。若是大宗商品买卖，商品的规格、价格等，可列表作附件。

有的投标书附件是根据招标文件的要求，出具相应的材料，如营业执照复印件、银行开具的保证金保函等。

5. 落款

写明投标单位名称（或投标者个人姓名）、法定代表人姓名、盖章，再注明投标者的地址、电话、电报挂号等，最后写发文日期。

（五）投标书的写作要求

1. 资料要齐全

只有对市场情况、自己的实力了如指掌，掌握多方面的资料，并在写作投标书时充分运用这些资料，才能保证投标书的内容翔实、具体，且具说服力。

2. 内容要具体明确

在投标书写作中，对投标项目的分析，自己的投标态度，将要采取的方针、经营政策，所要达到的目标、采取的措施、承担的责任等，均应写得具体、明确。所有定量数据，都要有切实的依据，并经过严格认真的核算。当然，有时出于竞争策略上的考虑，可以有一定的灵活性。

3. 纲目分明，重点突出

投标中涉及的问题较多，写作投标书时要注意分项说明，做到纲目分明，同时，不能事无巨细全部写进投标书中，而应根据招标文件的要求突出写作重点。

4. 要实事求是，不轻易许诺

投标书的各项内容要在专家充分论证的基础上实事求是地认真填写，因为一旦中标，中标人将在规定期限内与招标人签订合同，而投标人对自己在投标书中的承诺要负法律责任，所以，切忌为中标而毫无把握地许诺。

另外，还应讲究时效。因为招标都规定了明确的时限，过期不候。所以，投标者要在规定的时限内制作好并送出投标书，才有中标的可能。

【实例】

投标书

阿荣旗至深圳国家重点公路濮开高速长垣至封丘段 NO.3 合同段

××黄河高速公路有限公司：

1. 在研究了上述项目第×合同段的招标文件（含补遗书）和考察了工程现场后，我们愿意以人民币大写××××元（¥××××元）的投标总价，遵照招标文件的要求承担本合同的实施、完成及其缺陷修复工作。

2. 本合同段长约××km，技术标准：高速公路，沥青混凝土路面。有××立交××处，大中桥×座，计长×××米，以及其他构造物工程等。

3. 如果你单位接受我们投标，我们将保证按照你单位认可的条件，以本投标书附录写明的金额、方式和时间提交履约担保。

4. 我们同意从规定的开标之日起 90 天的投标文件有效期内严格遵守本投标书的各项承诺。在此期限满期之前，本投标书始终对我们有约束力，并随时接受中标。

5. 在合同协议书正式签署生效之前，本投标书连同你单位的中标通知书将构成我们双方之间共同遵守的文件，对双方具有约束力。

6. 我们理解，你单位不一定接受最低价的投标或你单位接到的其他任何投标，同时也理解，你单位不负担我们的任何投标费用。

7. 随同本投标书，我们出具金额为人民币 50 万元的投标担保。如果我们在本投标文件有效期内撤回投标文件，或拒绝接受按投标人须知规定的对投标文件细微偏差进行澄清与补正，或在接到中标通知书后的 10 天内未能或拒绝签订合同协议书，或未能提交履约担保（含按规定提交的相应比例的银行汇票），你单位有权没收投标担保，另选中标单位。

附件：×××××××××

投标人：××××公司（盖章）

地址：××市××路×号

法定代表人：张××
邮政编码：××××××
电话：×××××××××
传真：×××××××××
联系人：赵××
200×年12月15日

【评析】

这是针对招标书所做的投标书，直接表明接受招标单位提出的条件，针对性强。正文内容比较简单，表述清楚，是经过了认真准备而写成。在结构上采用分条形式，层次清晰，重点突出。

第四节 财务预（决）算报告

一、财务预决算报告的含义

财务报告制度是政府、企业等法人实体机构在日常管理工作中形成的一种法律制度。它包括定期报告与不定期报告。它是依法行政、财务公开的具体体现。

财务报告又包括财务预算报告和财务决算报告两类。

所谓财务预算报告就是向上一级主管部门报告未来一定时期内可能的或计划的财务收支情况的一种书面文体。相应的，财务决算报告就是向上一级主管部门报告过去一段时间内财务预算的执行情况。

通常情况下，定期预算报告和决算报告是合二为一的，即预决算报告。

二、财务预决算报告的写作

财务预决算报告的结构一般由标题、主送机关、正文、结尾和落款等几个部分组成。

1. 标题

财务预决算报告的标题一般是公文式标题。如《关于×××公司2011年度财务预算执行情况的报告》。

2. 主送单位

一般是上级主管部门，或者人民代表大会的代表。

3. 正文

财务预决算报告的正文包括报告缘由、报告主体。报告缘由说明报告的原因。

常规定期的报告一般用“我受×××的委托，向××××报告××××××，请予审议。”

报告主体是报告的核心内容。一般分“过去一段时间内的财务预算执行情况”（即财务决算情况)、“未来一段时间内的财务预算情况”（即财务预算情况）两大部分。在“预算执行情况”部分中，一般先总述，然后分析其特点或规律。在“预算情况”一部分中，一般先概述，然后分析要完成预算，必须采取的具体措施或步骤。

4. 结尾

财务预决算报告的结尾一般采用号召式结尾。

5. 落款

财务预决算报告的落款一般包括报告人、报告时间。报告人一般放在标题下方。报告时间则放在文尾。

【实例】

关于湖南省2011年财政预算执行情况与2012年财政预算草案的报告

省财政厅厅长 史耀斌

2012年1月31日

各位代表：

受省人民政府委托，我向会议报告2011年预算执行情况与2012年预算草案，请予审查，并请各位政协委员和其他列席人员提出意见。

一、2011年预算执行情况

过去的一年，全省上下深入贯彻科学发展观，认真落实省委、省政府的决策部署，围绕中心，服务大局，奋勇开拓，扎实工作，全面完成省十一届人大五次会议确定的2011年预算收支目标和财政工作任务。

全省财政总收入完成2460.7亿元，比年初预算增加370.5亿元，比上年增加582亿元，增长31%。其中：地方收入1456.1亿元，比年初预算增加258.5亿元，比上年增加374.4亿元，增长34.6%；上划中央收入1004.6亿元，比年初预算增加112亿元，比上年增加207.6亿元，增长26%。全省财政支出为3465.8亿元，比上年增加763.3亿元，增长28.2%。

省级财政总收入完成645.2亿元，比年初预算增加90亿元，比上年增加145.7亿元，增长29.2%。其中：地方收入267.4亿元，比年初预算增加57.7亿元，比上年增加72.7亿元，增长37.3%；上划中央收入377.8亿元，比年初预算增加32.3亿元，比上年增加73亿元，增长24%。省级财政支出为739.5亿元，比上年增加251.4亿元，增长51.5%。省级财政超收收入主要用于增加教育投入、保障性住房建设、重大水利工程配套、科技支出、扶贫资金、困难群众临时价格补贴等方面，安排使用情况已向省人大常委会报告。

全省政府性基金收入完成705.4亿元，政府性基金支出为705.8亿元，其中省级收入130.4亿元，支出88.9亿元。省级收支之间差距较大，一是由于部分基金实行“上年收、下年支”的预算管理体制；二是相当一部分省级收入安排到市县，列市县支出。全省社会保险基金收入完成639.6亿元，社会保险基金支出为505.6亿元，其中省级收入114.5亿元，支出78亿元。

初步判断，省级可实现收支平衡，略有结余，市县总体上也可以实现收支平衡。上述预算执行情况是快报数，在决算编制汇总后还会有一些变化，届时再向省人大常委会报告。2011年全省预算执行和财政工作主要有以下四个特点：

（一）财政增收持续稳定，收入规模再上新台阶。全省财政总收入成功突破2000亿大关，达到2460.7亿元。横向比较，我省地方收入增幅快于中部六省和全国平均水平。财政收入实现快速增长，是多方因素复合作用的结果，一是经济平稳较快发展，企业效益明显提高，各项与税收密切相关的经济指标均保持了较高增幅，带动相关税收较快增长；二是物价水平上涨，使得以现价计算的税收收入增加较多；三是非税收入的政策性和一次性增收较多，主要是按照中央统一要求，将部分预算外非税收入新纳入一般预算管理，以及国有资产有偿使用收入较上年增长了近1倍。

分结构来看，全省税收收入完成1910.7亿元，增长25.1%。主体税种中，增值税546.4亿元，增长19.8%；消费税384.5亿元，增长26.7%；营业税320.4亿元，增长24.8%；企业所得税220.3亿元，增长47%；个人所得税120.5亿元，增长28.2%。全省纳入一般预算管理的非税收入完成550亿元，增长56.7%。

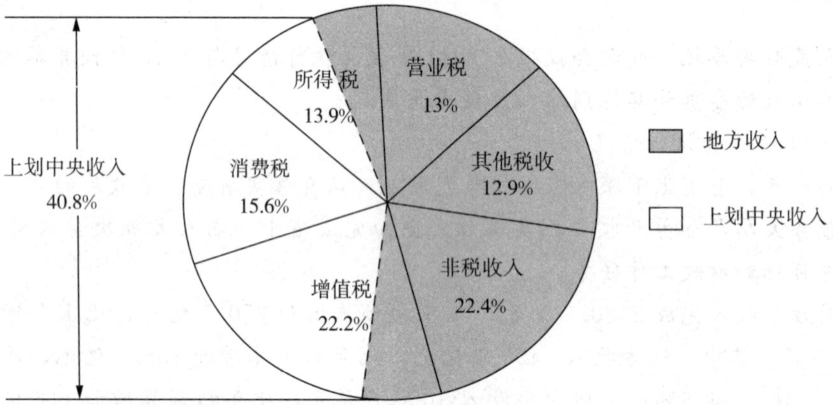

2011年全省财政总收入构成图

（二）重点支出保障较好，民生建设取得新突破。全省支农、教育、医疗卫生、社会保障和就业等直接用于民生的支出2274.3亿元，比上年增长30.9%，占财政支出的65.6%。如果再考虑交通运输、商业服务业等其他科目中涉及民生的支出，民生支出的比重还要更高一些。

加强农业基础地位：全省农林水事务支出完成389.9亿元，增长20.8%。（余略）

突出加大教育投入：全省教育支出完成521.6亿元，增长29.4%。（余略）

推进覆盖城乡的社保体系建设：全省社会保障和就业支出完成476.2亿元，增长20.1%。（余略）

支持深化医药卫生体制改革：全省医疗卫生支出完成255.2亿元，增长41.5%。（余略）

加快文化强省建设：全省文化体育与传媒支出完成44亿元，增长10.8%。（余略）

加强生态环保建设：省财政新增省级生态公益林补偿资金7784万元。（余略）

（三）调控功能积极发挥，推动发展取得新成效。各级财政统筹整合各种调节手段，促进全省经济稳定增长、提质增效。

稳定经济运行方面：（余略）

转变发展方式方面：（余略）

（四）扶持市县力度加大，区域协调迈出新步伐。（余略）

2011年，全省财政在支持经济社会建设的同时，全面推进科学化、精细化管理。进一步规范政府性基金预算，扩大社会保险基金预算试编范围，启动国有资本经营预算编制，强化政府预算体系的完整性。积极推进财政预算公开工作，省级50项重大民生专项实现了资金文件原文公开，2010年省级决算公开到了款级科目。建立省直部门正常运行经费保障机制，推动预算分配与部门履行职责紧密结合。加强政府性债务管理，清理规范政府融资平台。构建年初尽快批预算、年中抓执行、年底清结余的全程管理机制，支出进度明显加快。省级行政事业单位资产清查顺利推进，预算绩效管理试点正式启动。进一步规范非税收入管理，按中央统一政策取消预算外资金，将政府性收入全部纳入预算管理。

总的来看，当前财政运行良好，这得益于各级党委政府的坚强领导，人大、政协的支持监督，凝结了全省人民的辛勤汗水和智慧结晶。但是，有很多矛盾和问题需要特别关注：要素资源供应持续紧张，经济增速下行压力加大，宏观调控能力亟须加强；城乡差距依然较大，部分地区和部分群众还很困难，均衡发展的任务艰巨；政府性债务规模持续扩张，财政金融风险不断积累；财政收支规模不断扩大、管理范围不断延伸，既要服从服务大局、履行职能职责，又要加强监管、确保安全高效，管理水平有待进一步提高。对此，我们将通过加快改革步伐，改进工作方式，逐步加以解决。

二、2012年预算草案

2012年，湖南财政发展面临很多有利条件，同时也存在不少困难和压力。

从有利条件来看，发展的时机、势头和基础条件整体较好。随着“两型社会”综合配套改革进入第二阶段、湘南地区获批国家级承接产业转移示范区、武陵山片区区域发展与扶贫攻坚试点启动，我省正面临新的重大政策机遇。这些年下大力气培育了一大批新兴产业和企业，加快实施了一大批基础设施建设项目，扎实推进“四个湖南”建设，全省经济发展的基础和环境进一步改善，为财政持续增收创造了较好条件。

从制约因素来看，经济增长下行压力和物价上涨压力并存，财政工作面临十分严峻复杂的形势，预算平衡压力很大。一是发达经济体受债务危机等影响，复苏缓慢，外需增长乏力。二是目前信贷政策还没有大的松动，新增建设用地供需矛盾突出，投资形势严峻；再加上煤电油气等能源短缺呈现出常态化、全年化趋势，内需持续扩大的压力很大。三是企业生产经营成本上升，效益空间压缩，中小微型企业普遍困难。这些都将直接影响相关税收的增长。四是增值税、营业税、个人所得税起征点提高等结构性减税政策的实施，在大大减轻社会负担的同时，预计会带来约75亿元的政策性减收。五是支出方面，重大政策性投入需求巨大，省级仅教育、文化、保障性住房、水利、社会保障、医疗卫生等重点支出的硬需求就超过了百亿元，再加上促进经济发展转型、确保重大在建工程还需要大量资金，收支矛盾极其尖锐。

上述问题相互交织，都将集中影响财政运行，科学合理地编制2012年预算尤为重要。2012年预算编制的指导思想是：全面贯彻党的十七届六中全会和省第十次党代会精神，紧紧围绕中央和省委省政府的决策部署，积极发挥财政政策调控功能和资金引导作用，转变方式，培植财源，推动经济稳定运行、财政持续增收；增加投入，支持改革，推动民生福祉提升水平、文化建设蓬勃发展；均衡财力，调节收入，推动城乡区域协调发展、社会群体和谐进步，为加快建设全面小康和“四化两型”作出新的积极贡献。

根据上述形势分析和指导思想，2012年全省和省级财政收入增幅按13%安排，具体为：全省财政总收入2780.6亿元，比上年增加319.9亿元，其中：地方收入1645.4亿元，上划中央收入1135.2亿元。预计中央补助1520.4亿元，上解中央支出等19亿元，全省财政支出安排3146.8亿元，当年收支平衡。

省级财政总收入695.2亿元，比上年增加50亿元，剔除上年部分一次性收入后按13%增长，其中：地方收入268.3亿元，上划中央收入426.9亿元。省级财政支出481亿元，其中当年可用财力安排支出351.5亿元，比上年增长8.6%，当年收支平衡。

另外，全省政府性基金收入安排717.2亿元，政府性基金支出安排722.4亿元，其中省级收入133.9亿元，支出86.2亿元。全省社会保险基金收入安排732.8亿元，社会保险基金支出安排637.9亿元，其中省级收入120.8亿元，支出100.5亿元。

2012年财政收支政策和工作重点主要是以下三个方面：

（一）切实增加农业投入，加快推进“三农”发展。省级农林水事务支出安排40.4亿元。（余略）

（二）优先支持改善民生，加快缓解民生难题。（余略）

（三）突出支持“四化两型”，加快转变发展方式。（余略）

为确保完成2012年预算，我们将着重抓好四个方面的工作：

一是切实加强宏观调控功能。紧密跟踪宏观经济走向，着重关注物价水平、要素供应、信贷投放等指标的变动情况，努力提高财政调控手段的针对性和前瞻性，切实把握好各项政策落实的力度、节奏和重点，促进经济稳定增长、财政稳定增收。

二是不断提高财政保障能力。积极落实促进产业、企业发展的结构性减税政策，在此基础上严格收入征管，优化收入结构，提高收入质量。深入研究中央政策的目标取向、实施重点和分配办法，通过争取政策覆盖、解决特殊困难、纳入创新试点等方式，尽可能多地争取中央政策倾斜和资金补助。

三是统筹安排各项重点支出。综合考虑资金需求和财力可能，统筹存量和增量，严控一般性支出，严格落实厉行节约工作要求，尽力保障重点支出。对于一些资金需求巨大、年初预算难以足额考虑的事项，将在年中根据中央支持情况再行筹措安排，优先保障教育、文化、水利、保障性住房、医改、社保等重大政策、重点项目和重要工作的资金需要。

四是加快财政改革创新步伐。积极促进基本公共服务均等化，继续完善县级基本财力保障机制和转移支付体系，健全省直部门正常运行经费保障机制，保障各级各部门维持基本运转和履行职能职责的必要开支。稳步推进预算公开，启动部门预决算、三公经费和行政经费的公开工作。高度重视财政金融风险问题，研究建立政府性债务管理机制，继续抓紧规范政府融资平台公司，积极构建管理规范、运行高效的政府举债融资机制，优先化解教育、医疗等公益性政府债务。建立健全覆盖所有政府性资金和财政运行全过程的监督机制，下大力气推动预算绩效管理，提高财政资金的安全性和有效性。

新的一年，站在新的起点，全省财政将在省委省政府的领导下，自觉接受人大和政协监督，发奋图强，扎实工作，为推动全省科学发展、富民强省作出新的积极贡献。

第五节　市场预测报告

一、市场预测报告的含义和作用

（一）市场预测报告的含义

“凡事预则立，不预则废。”这说明不管做什么工作，只有高度重视预测，才能获得成功。因而，古人在政治、军事、外交等方面都要进行大量的预测工作。“运筹帷幄，决胜千里”，说的就是这个道理。

市场预测是一门掌握市场需求变化动态的科学，它以马克思主义基本原理为指导，以经济理论为基础，并融合系统工程学、信息论等学科知识，对市场供求情况进行调查研究，进而预测和判断未来市场发展的进程和结果。

市场预测报告，顾名思义，是指以书面的形式把市场预测的进程和结果报告出来。具体来说，就是指根据市场调查的资料和信息，对未来一段时间内的市场发展与变化趋势进行科学预测、分析、判断，得出定性或定量结论，从而提出有针对性的措施或决策的一种应用文体。

（二）市场预测报告的作用

在市场经济条件下，市场预测已成为探索经济规律，提高经济效益的重要环节。市场预测报告不仅要迅速及时提供当前市场的各种信息，而且要预测市场各种因素的发展趋势。从某种程度上说，市场预测报告与企业未来发展密切联系在一起。具体来说，市场预测报告具有以下作用：

1. 有助于市场信息的传递

通过市场预测，勾画出经济活动的发展前景，为企业提供重要的市场信息。一方面，可以促进企业掌握管理的主动权，增强企业的竞争力，提高企业的经济效益；另一方面，可以促进企业加强经营管理，通过市场预测，可以发现有发展潜力的产品和项目以及发展后劲不足的产品和项目。对有发展潜力的产品和项目，应及早予以扶持；对发展后劲不足的产品和项目，可以及时采取措施加以引导。

2. 有助于企业发展规划的制定

市场预测报告通过科学的推断，能够增强经济计划的预见性，对未来经济发展做出准确估测，从而为本企业制定发展规划奠定基础。一方面，企业的发展规划必须适应未来经济发展形势的需要；另一方面，市场预测报告又能够有效地控制企业管理流程，充分发挥规划的指导作用。

3. 有助于经济决策方案的最优化

市场预测的作用在于为企业的决策、计划、管理服务。一个企业如果不能很好地预测，决策就会盲目、片面，甚至造成严重失误，给企业未来发展带来重大损失。日本三菱财团就十分重视市场预测，认为：企业的成败在于经营，而经营的关键在于决策。因而，从根本上说，企业的经营管理水平，就表现在市场预测的能力上。因为，市场预测通过提供未来的经济情报，以增加决策者对未来的了解，把企业风险和潜在危机降低到最低程度，以便从各种备选方案中选取最优化方案，使经济决策更有效。

二、市场预测报告的种类

市场预测报告根据预测的目的和特征的区别，可以做出不同的分类。

1. 按市场预测范围划分，可以分为宏观市场预测报告和微观市场预测报告。

（1）宏观市场预测报告。它是指预测整个国民经济中某一领域、某一类商品在国内外市场上较长期的全面发展前期的报告。

（2）微观市场预测报告。它是指预测一个单位、一个企业、一个品牌商品在国内外市场上一定时期内的经济发展前景。

2. 按市场预测时间划分，可以分为长期、中期、短期市场预测报告。

（1）长期市场预测报告，又称战略预测报告。它是指对五年以上未来市场变化趋势的预测报告，侧重估测商品销售的长期经营方向和商品销售结构的发展趋势。

（2）中期市场预测报告，又称战术预测报告。它是指对一至五年内未来市场变化的预测报告。

（3）短期市场预测报告。它是指对一年或一个季度的市场变化的预测报告，主要适用于对季节性较强的商品的估测。

3. 按市场预测的内容划分，可以分为单项市场预测报告和综合市场预测报告。

（1）单项市场预测报告，又称专题预测报告。它是指对影响市场活动某一因素的预测报告。

（2）综合市场预测报告。它是指对企业经营管理活动中诸因素或其中几个因素的预测报告。

三、市场预测报告的特点

市场预测报告具有以下特点：

1. 预见性。市场预测报告必须面向未来，通过科学的分析预见市场未来的发展趋势。尽管所得的结论是未然的，但它应做到使预测结果和实际之间的偏差达到最小化，尽可能减少不确定性。

2. 科学性。市场预测报告尽管是对未来的预测，但它不是凭空想象，而是依据大量的客观事实，寻求事物发展的内在规律，推断出其未来的发展趋势，即由已知推断未知、由已然推断未然、由现实推断未来。这个推断过程是经过严密的逻辑推理和科学的分析计算的，因而是能够做到比较准确地把握未来的。

3. 时效性。通过市场预测报告，可以清楚认识社会需求变化，准确把握市场发展趋势，从而有利于企业控制和占有未来市场。市场预测报告作为市场信息的载体，借助它，第一时间将信息传播出去，企业管理者就可以利用这些信息进行产品研发，占领市场。

四、市场预测报告的格式和写作

（一）市场预测报告的格式

市场预测报告的格式比较固定，一般由标题、正文、落款三个部分构成。

（二）市场预测报告的写作

1. 标题

市场预测报告的标题灵活多样，完整的标题由预测时间、预测空间、预测内容和文种四个要素构成。其中文种写法较灵活，可采用“预测”、“展望”、“趋势”、“走势”、“前景”、“前瞻”、“形势分析”等词语表明文种的性质。市场预测报告的标题要写得鲜明、简要、突出中心。一般来说，市场预测报告的标题有三种常见的写法。

（1）叙述式标题。这一类标题最为常见，它直接在标题中交代预测时间、预测空间和预测内容，当然也可以省略其中某个要素。如《××年中国空调市场预测》，是四要素完整的标题。再如《全国服装市场预测》、《居民小区智能化管理的前景》，就省略了预测时间这一要素；《今年月饼产销总趋势看跌》，则省略了预测空间这一要素。

（2）总结式标题。这一类标题往往直接在标题中表明预测的主要观点，或直接用结论式的语言在标题中把报告的主要内容揭示出来。如《网络销售：市场竞争的新热点》、《去年减产、今年滑坡——棉花市场货源趋紧》。

（3）复合式标题。这一类标题一般由主标题和副标题两部分组成。其中主标题一般为总结式标题，体现预测的主要观点或结论，副标题一般为叙述式标题，交代预测的时间、预测的空间和预测的内容等。如

健美双全

——××××年化妆品市场预测

2. 正文

市场预测报告的正文一般由导语和主体两部分构成。

（1）导语，又称前言、引言，位于市场预测报告的第一自然段或第一部分。通常用高度概括的语言简要介绍市场预测报告的写作动因和目的，以及预测对象的性质、历史背景和预测的方法，起到提纲挈领、统摄全文的作用。

（2）主体。这是市场预测报告的核心内容，一般分为三个层次：

第一层次，历史现状的描述。运用翔实的材料、准确的数据回顾历史，说明现状。历史现状是市场预测报告写作的基础。知道了历史现状，才能预测未来。历史现状不明，未来也就无从把握。这一层次，大多包括以下三个方面内容：一是企业自身的历史现状；二

是商品产销的历史现状；三是消费者的消费状况。对历史现状的材料和数据的收集，既要做到全面、充分，又要重点突出，抓住直接影响未来发展趋势的主要材料和数据。

第二层次，发展趋势的预测。这是市场预测报告的重中之重。它是针对各种历史现状，加以分析研究，对预测对象在未来市场的发展趋势和可能发生的状况做出估计和判断，为企业产品的技术革新和结构调整提供依据。这一层次在写作上要推理严密，论证有力，分析透彻，不能语无层次，思维混乱；预测结论要明确具体、客观审慎，不要语焉不详，模棱两可。预测中，既要把握市场发展的总趋势，又不能不洞察市场发展总趋势中出现的波动和变化；既要考虑各种客观因素和不可抗力因素，又不能不考虑各种主观因素和人为原因；既要考虑常规的、已出现的因素的影响，又不能忽视非常规的、潜在因素的影响；既要采取静态的分析，又要进行动态的分析，及时把握市场的动态变化。总之，在预测过程中，要防止简单化、片面化和表面化，要力图做到科学、真实、准确。

第三层次，措施或建议的提出。这一层次是正文的结尾部分，它是根据预测的结论，提出有针对性的措施或建议，供领导决策参考。这些措施或建议要明确具体、切实可行，能够真正解决未来发展趋势中出现的问题。这一层次在写作上采取说明的手法，一般以分条列项的形式将措施或建议一一列出。应该注意的是这一层次不是市场预测报告的必备内容。市场预测报告的主要目的在于预测市场未来发展的动态和趋势，以供企业管理者参考。如果撰写者不能把握，这一部分可以不写。

主体的三个层次应有严密的逻辑关系，它们互为因果、有机统一、环环相扣，构成一个整体。在写作过程中，以上三个层次可以有所侧重，也可省略不写。如有的市场预测报告对历史现状部分写得非常简单，甚至省略。有的市场预测报告就没有措施或建议部分。

3. 落款

落款包括署名和写作日期。署名一般位于正文后右下方，也有部分报告署名位于标题下方，要写明企业名称或报告撰写者姓名。写作日期，又称成文日期，位于署名的下方，要写明年、月、日。

五、市场预测报告写作注意事项

写作市场预测报告，要注意以下几点：

（一）围绕预测目的，收集市场信息

写作市场预测报告，离不开大量的第一手市场信息的收集。而收集市场信息，又要做到迅速及时、重点突出，这就要求紧紧抓住预测目的，有针对、有选择地筛选信息，把有用的和价值高的信息写进预测报告。这是市场预测的基础，也是市场预测报告质量的重要保证。

（二）分析要透彻，推断要严密

分析是市场预测报告写作的关键。分析必须以马克思主义基本原理为指导，综合运用多学科知识，尊重市场运行规律，尽可能准确地确定预测值，减少预测误差。

（三）结构安排合理，合乎程序

市场预测报告的结构，一般采用“历史现状—分析预测—提出措施和建议”三个部

分的自然层次来组织安排，符合市场预测报告文体的特点。三个部分要做到层次分明、环环相扣、主题集中。从程序上说，市场预测报告的写作必须遵循一定的程序。这就是：确定预测目标—收集相关市场信息—分析和预测—编写写作提纲—撰写报告—修改报告。

【例文】

计算机安全产品市场分析与预测

一、安全形势不容乐观

我国信息产业发展很快，但是，由于缺乏安全防范意识和对关键的核心技术掌握不够，我国的信息安全形势不容乐观。信息与网络安全的防护能力很弱，许多应用系统处于不设防状态，具有极大的风险性和危险性。我国国民经济信息化已提上政府议事日程。随着1999年“政府上网工程”的全面启动，我国各级政府将陆续设立自己的网站。电子商务也正以前所未有的速度迅速发展。由于许多应用系统处于不设防状态，存在着极大的信息安全风险和隐患。金融领域中这一现象更为突出。

在我国，高技术犯罪的案件已呈直线上升，金融银行业计算机犯罪屡有发生，个案金额已从数十万上升到上百万元。对我国金融系统某些计算机网络现状，专家们有一些形象的比喻：使用不加锁的储柜存放资金（网络缺乏安全防护）；使用“公共汽车”运送钞票（网络缺乏安全保障）；使用“邮政托寄”的方式传送资金（转账支付缺乏安全渠道）；使用“商店柜台”方式存取资金（授权缺乏安全措施）；使用“平信”邮寄机密信息（敏感信息缺乏保密措施）。

在银行计算机犯罪案件中，最具破坏性的犯罪类型是篡改数据，而一些银行对计算机数据保护、操作密码保护和储户密码保护都缺乏有力的措施。以证券系统为例，这个系统采用的Novell服务器是在DOS平台上的。DOS系统是个开放的系统，稍懂计算机的人就可以在系统上做手脚。对引进的信息技术和设备缺乏保护信息安全所必不可少的有效管理和技术改造在信息化过程中，对某些跨国公司在提供的关键装备中可能预做手脚（如后门程序）无从检测和排除，可能造成既花费大量资金又买来经济运行中隐患的后果。由于国外电脑硬件、软件中可能隐藏着“特洛伊木马”，一旦发生重大情况，那些隐藏在电脑芯片和操作软件中的“特洛伊木马”就有可能在某种秘密指令下激活，或使民用电脑全部无法启动，或使我国政府、军事电脑网络、电信系统瘫痪，造成灾难性的经济、社会和军事后果。

二、安全产品市场方兴未艾

由于网络的影响已经日益深入到经济生活的方方面面，因此，网络安全产品也将变得无所不在。也就是说，信息安全产品已经不再只是国家机关和国防部门才需要的产品，其应用的范围正在迅速扩大，特别是在金融证券等领域。因此，信息安全产品的商业前景被广泛看好。现有条件下，用于安全系统的投资应该占整个网络建设投资的15%～20%，这样，安全产品的市场将是异常巨大的。

以证券系统为例，目前全国有2 400多个证券营业部，5 000万股民，如果装备完整的安全系统，就是一个相当庞大的市场。鉴于信息安全产品巨大的发展潜力，各国都十分重视信息安全产品的研制和开发。相关企业和产品迅速增加，据统计，仅1997年世界上就有68个国家的900余家公司生产了1 600多种密码产品。

（一）市场规模和产品本地化趋势

加速发展我国的信息安全产品开发已成当务之急。目前我国在信息安全的关键理论如核心的密码技术方面已经处在世界前列，但是，在工艺及芯片技术方面与国际上的一些信息技术大国尚有一定差距。近年来，有许多企业投身信息安全产品开发领域，并已经在市场上取得很大成绩。据IDC调查数据显示我国1999年信息安全产品市场销售额为4 256万元，而2000年增加到6 870万元，预计2001的市场规模将要达到1亿元，到2010年信息安全市场将达到10亿元（人民币）。

在信息安全产品结构和技术层面上，和国外比较我们还有相当的差距。防火墙产品国内自主知识产权的市场份额约36％左右，而国外厂商的产品却占64％的空间。国内主流产品的厂商有东软股份、天融信、启明星辰、中联绿盟、上海格尔等。在防病毒产品上排名三甲的是江民、瑞星和金辰。在入侵检测产品市场上，高端产品基本上由海外产品占领，国内仅仅有几家公司形成了市场规模，但是都在低端上徘徊。

据调查资料显示我国计算机用户在选择安全产品时有21％倾向购买国外的信息安全产品，而有36％的用户倾向选择国产产品。

在渠道代理方面，国外安全产品厂商倾向于总代理加2级代理方式，通常2级代理由总代理发展。

海外计算机安全产品面对中国的大市场推出了有针对性的七项措施：

（1）产品本地化

（2）市场本地化

（3）渠道本地化

（4）管理政策本地化

（5）服务本地化

（6）培训本地化

（7）研发机构本地化

（二）安全产品的消费趋势

中国信息行业商会会长张琪女士在最近的一次安全产业战略研讨会上透露我国信息产业的生产速度为32.9％，比全国工业增长水平高9.6％（全国工业平均增长率2000年为23.3％），信息行业对于国民经济的贡献率为15.6％，拉动工业增长2.5个百分点。全国电子行业今年1～9月工业总产值达到9425.6亿元，平均增长30.1％。而全行业产品销售增长率为97.7％。自主品牌的微机生产量495万台，信息产业的市场销售额为6032.5亿元，同比增长28.6％，1～9月份全国信息产业的利润总额达到313亿元，税金总额168.4亿元。中国电子信息行业位居全球第三位。

…………

未来十年内预计国内信息安全产品的市场销售总额为1 000亿元。根据信息产业部张琪司长的信息发布数据估算，我国未来十年内信息产品的市场销售总额累计将达到120万亿元，2001 年可以实现的市场销售额为 1 万亿元，信息安全产品及技术服务市场的销售额应占到 8.5%左右（850 亿元）也就是说国内信息行业所销售的产品收益中每 100 元就有信息安全产品市场贡献 8.5 元。

按照上面的统计预测分析的数据，我们可以评估出今后十年在安全数据库产品市场上平均每年大约有 1.5 亿元的市场空间（占信息产业总收入的 1.76%），平均销售额约在 1.2 亿元/年左右。预计未来十年内实现贸易额 12 亿元（人民币）。这就是实在的市场概算。假如，克服了人为因素和外界不可预测的因素，保守的估算利润额应当在 6 000 万元/年左右。十年累计利润应当在 6 亿元。

综合训练

□ 知识训练

一、填空题

1. 意向书按签署方式分，可分为__________、__________、__________三类。
2. 协议书的特点有__________、__________、__________、__________。
3. 经济合同应具备的主要条款有__________、__________、__________、__________、__________、__________。
4. 投标书又称__________、__________。
5. 招标书的标题由__________、__________、__________三部分组成。
6. 广告正文的写作方式有__________、__________、__________、__________。
7. 如因合同违约产生争议，根据《合同法》第 128 条的规定可选择的解决方法有__________、__________。
8. 市场调查的主要方法有__________、__________、__________、__________。
9. 市场预测报告的主体包括__________、__________、__________三部分。
10. 经济活动分析报告的特点有__________、__________、__________。

二、单项选择题

1. 意向书的各项条款只是对一些重要问题作出确定，不重细节，不求具体，求同存异，为进一步接触留下商谈、回旋的余地，因此意向书条款具有(　　)。

   A. 粗略性　　B. 原则性　　C. 模糊性　　D. 参考性
2. 我国《合同法》按内容性质规定了十五种合同的基本类型，下列哪一种不属于这个范围？(　　)

   A. 借款合同　　B. 技术合同　　C. 仓储合同　　D. 领养合同
3. 下列哪些对象可以作为合同的标的？(　　)

   A. 劳务　　B. 土地　　C. 文物　　D. 枪支
4. 甲方将一座仓库借给乙方使用，双方应签订(　　)。

A. 租赁合同　B. 借贷合同　C. 仓储合同　D. 承揽合同

5. 招标人为了征召承包者或合作者而对招标的有关事项、要求做出具体说明和揭示，利用投标人之间的竞争而达到优选投标人的一种告知性文书是(　　)。

A. 通知　B. 意向书　C. 招标书　D. 申请书

6. 招标书的主体一般包括招标的项目、方法和(　　)。

A. 步骤　B. 目的　C. 范围　D. 根据

7. 实事求是是写作市场调查报告的(　　)。

A. 基础　B. 前提　C. 写作方法　D. 根本要求

8. 经济活动分析正文的构成要素是(　　)。

A. 背景、指标、措施　B. 概况、分析、建议

C. 前言、概况、事实　D. 总则、分则、附则

9. 市场预测与调查报告的关系是(　　)。

A. 并列关系　B. 包容关系　C. 延伸关系　D. 对比关系

10. 经济活动分析是一种(　　)的文书。

A. 决策性　B. 展望性　C. 计划性　D. 回顾性

三、多项选择题

1. 《今夏上海西瓜市场预测》的类属是(　　)。

A. 宏观预测　B. 微观预测　C. 长期预测　D. 短期预测

2. 广告“酒气冲天，飞鸟闻香化凤；糟粕落地，游鱼得味成龙。”（洋河大曲广告）在修辞上属于(　　)。

A. 比喻　B. 象征　C. 夸张

D. 拟人　E. 对偶

3. 订立合同应遵循(　　)原则。

A. 平等　B. 自愿　C. 合法　D. 协商

4. 当事人订立合同，可采取的形式有(　　)。

A. 书面形式　B. 口头形式　C. 电话形式　D. 其他形式

5. 市场调查的内容包括(　　)。

A. 市场需求状况　B. 竞争者状况

C. 市场货源状况　D. 企业经营状况

6. 市场预测报告的正文的主要内容包括(　　)。

A. 市场调查　B. 基本情况　C. 预测分析　D. 对策建议

7. 市场预测是一种为企业(　　)服务的文书。

A. 经营管理　B. 决策计划　C. 协调生产　D. 市场销售

8. 招标、投标的步骤是(　　)。

A. 招标单位发布招标公告　B. 投标单位购买招标文件与投标

C. 开标评标决标　D. 中标、签订合同　E. 修改合同

9. 招标公告又称(　　)。

A. 招标广告　　B. 招标启事　　C. 招标通告　　D. 标函

10. 商品广告的写作要求是(　　)。

A. 实事求是　　B. 新颖别致　　C. 针对性强　　D. 条款明确

四、判断题

1. 广告的宣传要取得效果，就必须介绍商品的所有特点。(　　)
2. 市场预测就是对未来市场发展趋势做出的想象。(　　)
3. 某中学的总务科长与市建筑公司的生产科长共同签订了一份为某中学建造教学楼的“建筑工程承包合同”。(　　)
4. 经济活动分析报告就是调查报告。(　　)
5. 招标人对投标人的投标有明确的期限要求。(　　)
6. 投标人在投标书中对自己的权利和义务可以不做表态。(　　)
7. 市场预测报告重在预测部分，建议部分是完全没有必要的。(　　)
8. 意向书的条款可以不必写得详尽具体。(　　)
9. 广告为了介绍产品的优点，可以适当夸张一些。(　　)
10. 协议书不具备法律效力。(　　)

五、名词解释

1. 协议书
2. 合同
3. 市场调查报告
4. 广告
5. 经济活动分析报告

六、简答题

1. 意向书、协议书、合同三者有何异同？
2. 合同的正文一般包含哪些内容？
3. 招标书、投标书有哪些特点？
4. 广告文案写作有哪些基本要求？
5. 广告的标题和标语的区别有哪些？
6. 市场调查报告的写作要求有哪些？
7. 根据市场预测报告的特点，你认为写好市场预测报告应注意哪些内容和方法？
8. 简述市场调查报告与市场预测报告的区别。
9. 经济活动分析的方法主要有哪些？
10. 简述经济活动分析报告与市场调查报告的区别。

□ 能力训练

1. 指出下面这份合同的不足之处，并加以修改。

合　同

立合同方：××商场营销部（甲方）

××丝织品厂生产科（乙方）

为了保障市场供应，满足人民群众生活需要，经与乙方商定同意签订以下合同。

货物名称：毛巾

数量：1000 条

货物单价 4 元。总价 4000 元。

交货：最好在五月底前供货。货物由供方送至甲方仓库所在地。

付款：货到付款。

违约处理：如有一方违约，赔偿另一方损失。

立合同人：甲方张××（签章）

乙方韩××（签章）

2006 年 2 月 10 日

2. 评析下面一则广告

皮鞋广告

本产品款式新颖，做工精良，穿着大方、舒适。质量上乘，价格合理，包君满意，欢迎选购！

3. ××茶厂新生产一种优质茶叶，具有减肥排毒功效。想寻找销售合作伙伴。请你替厂方拟制一份宣传该产品同时表达招商愿望的广告文案。××进出口公司见到广告后欲与该厂合作出口这种茶叶，派代表王某前往该厂商洽合作事宜。经过一番努力，该进出口公司成为茶厂的出口代理并顺利出口了一批此种茶叶。请据此自设情境各写一份意向书、协议书和购销合同。

4. 数码产品深受年轻人喜爱，在校园里也日益走红。请根据所学，在校园里做个数码产品消费市场的调查，写一份市场调查报告和一份市场预测报告。

5. 上网搜索有关信息，写一份关于某企业的经济活动分析报告。可以选择某一个方面深入分析。

6. ××公司拟向社会公开招标采购一批微型计算机作为办公设备，要求是品牌产品，性能优良，价格适中，售后有保障。请据此情境补充详细内容写一份招标公告，再以投标人的身份写一份针对这次招标的投标书。

第七章　法律文书

第一节　法律文书概述

一、法律文书的概念和特点

（一）法律文书的概念

法律文书是法律行为主体在法律规定的条件下，为实现其权利或履行其义务而制作的，具有法律意义和价值的一系列文件的总称。法律行为是指参与法律活动的主体——自然人、法人、国家机关为实现其法律规定的权利或履行法律规定的义务而实施的一种特殊活动。而法律文书正是对这种动态的权利、义务关系的微观设计与描述。

（二）法律文书的特征

因为法律文书是一种特殊的文书，所以它在内容上、形式上、语言上有自己的特征。

从内容上看，法律文书具有严格的法律规定性。制作法律文书的主体（自然人、法人、国家机关）必须具有相应的合法资格，比如，“提请批准逮捕意见书”、“起诉意见书”的合法制作者只能是公安机关；“起诉书”、“抗诉书”的合法制作者只能是人民检察院；“判决书”、“裁定书”的合法制作者只能是人民法院；此其一。其二，法律文书的法律规定性还体现在文书内容必须合法，还必须符合一定的法律程序和履行一定的法律手续。如公安机关的“提请批准逮捕意见书”中要求逮捕的人必须符合《刑事诉讼法》第 40 条 1 款的规定对象，并按照法律程序履行一定的法律手续。

从形式上看，法律文书具有独特的规范性。具体表现在：

1. 制作程序上的规范性。有些法律文书是法律行为进行到某一特定阶段的产物，因而在制作上具有严格的时间规定性。比如，上诉人的“上诉状”必须在法律规定的期限内提交，人民检察院的“抗诉书”必须在法律规定的期限内提交，否则无效。

2. 语言运用的规范性。法律行为的严肃性。决定了法律文书是一种严肃的文体，因而在语言上就要求它的简明性、准确性。在制作法律文书时，应当用尽可能少的文字简练地、明白地表示某一法律行为的性质、内容、程度或实现的途径，坚决反对拉杂烦冗，模棱两可，故弄玄虚，卖弄辞藻，虚构想象等等。要掌握使用好规范化的专门术语，如“诬陷”与“检举失实”、“未遂”与“中止”、“正当防卫”与“防卫过当”，等等，以准确体现质和量上的严格规定性，提高法律文书的效率，避免不必要的歧义和纠纷。

二、法律文书的分类和作用

（一）法律文书的分类

法律文书种类繁多、内容复杂，大体可以分为两大类：专属性法律文书和一般性法律文书。专属性法律文书是指公、检、法、司等司法机关为实现其特定的职能制作的法律文书。一般性法律文书是指司法机关以外的国家机关和个人、公民在运用法律手段处理法律事务的过程中所制作的法律文书。本章主要介绍一般性法律文书的写作，比如起诉状、上诉状、答辩状、仲裁申请书。

（二）法律文书的作用

随着社会主义法制的不断加强和健全，公民、国家机关、企事业单位与法律的关系越来越密切，法律文书的价值作用也越来越受到重视。概而言之，大致有以下四个方面：

1. 法律文书是公民、法人实现和维护自身合法权益的重要武器。
2. 法律文书是国家机关（包括司法机关）实现管理职能的重要手段。
3. 法律文书是反映法律行为的记录和凭据。
4. 法律文书是普及法律知识和培养公民法律意识的重要途径。

三、法律文书写作的基本要求和表达方法

（一）基本要求

从法律文书制作者的思想修养和专业知识素质而言，最主要的应当强调两点：

一是必须具备相当的法律知识和严格依法办事的法律意识。不能设想一个不懂法律的人能写出合法合格的法律文书。所以，学习法律文书制作，首先必须学习法律知识，然后才去学习它的基本写作技能。

二是必须具备唯真唯实的良好思想作风。法律文书是十分严肃的实用文体，来不得半点的虚夸和浮艳，必须是对法律行为的客观描述，它只能以事实为依据，以法律为准绳，不仅应坚决反对出于各种动机而篡改、歪曲事实的做法，而且还要尽力避免主观感情的干扰。

就法律文书的具体制作过程来说，有必要着重强调的是以下几点：

1. 主题要突出

每一份法律文书，都必然有其主题，制作者首先应根据法律文书的体裁和具体法律行为的方向，确立“主脑”，即主题。所有选用的材料，寻找的论据，都应当紧紧围绕这一主题，集中突出地以恰当的文字表述出来，而不能多中心，多头绪。

2. 结构要严谨

法律文书是在长期的法律实践中逐步形成的比较稳定的结构样式，体现了法律文书自身的客观规律性。制作法律文书应当老老实实地遵循这种结构，而绝不能像某些文学创作那样标新立异。

3. 选材要妥当

某一具体的法律行为或法律事实的客观表现，既是多方面的又是纷纭复杂的，制作法

律文书，目的是反映法律行为或法律事实的最本质、最基本的方面，因此，有必要对有关的事实、证据、理由、要求等素材进行去伪存真，去粗存精，由表及里的严格取舍，使之典型概括，简洁明确。

4. 语言要得体

法律文书的语言，应当符合法律文书的文体，就应当具有法律文书的特色。要通俗易懂，明白晓畅，坚决反对那种半文不白、晦涩难懂的文风。要规范化，程式化，使用标准的法学语言和其他固定的专门术语。

（二）表达方法

法律文书制作，一般都要使用记叙法、说明法、论述法。

1. 记叙的方法

记叙是写作法律文书的最基本方法。它一般具有时间、地点、人物、事件、原因、结果等六要素。记叙的目的，是为了通过记人叙事状物，客观忠实地反映法律事件或事实的真实面貌。

记叙的方法很多，有顺叙、倒叙、插叙、补叙、分叙等，如何运用，应根据法律文书的类别和法律事件的具体情况定。一般来说，比较简单的法律事件用顺叙（按事件发生、发展以至结束的先后顺序写）、倒叙（把事件的结果或其中最关键的情节放到前面，然后再倒过去按事件发生、发展的顺序写）的方法就可以了。但较为复杂的法律事件，则不但需要顺叙、倒叙，有时还需要插叙（记叙中暂时中断，插进对另一有关事件或事实的叙述）、补叙（记叙中对有关事件或事实作特别的注释和说明）、分叙（在记叙主要法律事件或事实时，分别记叙有关的两个以上的次要法律事件或事实）等方法的交替使用。

除了熟练掌握以上的记叙的方法而外，还要把握好记叙的线索。有的法律事件的情节发展比较单一，记叙线索较好掌握；有的法律事件的情节发展比较复杂，头绪繁多，则一定要紧紧围绕一个中心线索，或突出一个中心线索，这样才能使文书脉络清晰，重点突出。一般来说，主要有以下记叙的线索：

时间——以法律事件的发生、发展在时间上的经过为线索；

地点——以法律事件的发生、发展在地点上的轨迹为线索；

人物——以法律事件的发生、发展过程中的人物角色为线索；

物品——以法律事件的发生、发展中的典型物品为线索。

在法律事件和事实因素的记叙过程中，还有一点需要注意的是，一定要择其要害者重点叙述之，如重点人物、重要情节，非重点人物重要情节该略则略。

2. 说明的方法

法律文书中的实质性内容，往往是用说明的方法加以表达的。如案件来源、当事人概况、当事人之间的特殊关系，判决书协议书中的主文，对物证、证言的介绍，现场勘查和检验笔录，刑期的计算和上诉的交代，等等，都是说明性文字。在说明这些情况时，应当力求客观、具体、明确、无个人主观好恶，无疏忽遗漏，无歧义误解现象。

3. 论述的方法

论述也是法律文书制作的常用手法。凡出现某种观点、判断、评价、定性、要求、意见、决定的时候，一般都要采用论述的方法，充分运用支持上述论点的论据，论证它的合理性。和一般议论文一样，法律文书的论述也有立论和驳论两种形式。一般多用立论的方法，也有诸如答辩状、辩护词、驳回上诉的裁定书、驳回申诉的通知书等，是运用驳论的方法。上诉状、申诉状也需要驳论的方法。

思考题

1. 什么叫法律文书？法律文书有哪些特征？

2. 法律文书具有哪些作用？

3. 在写作法律文书时，应该如何运用记叙的方法？

第二节　起　诉　状

起诉状分为民事起诉状、行政起诉状和刑事自诉状。本节主要介绍民事起诉状和行政起诉状的写作。

一、概念

民事或行政案件的原告，为了维护自身的合法权益，向人民法院呈送的指控被告的书状即为民事或行政起诉状。民事、行政起诉状经有管辖权的人民法院受理后，将引起民事或行政诉讼，人民法院则依法按诉状中提出的诉讼请求审理案件，并最后做出裁决，以维护法律和有关当事人的合法权益。

按照法律规定，起诉必须符合下列条件：（1）原告是与本案有直接利害关系的公民、法人或其他组织；（2）有明确的被告；（3）有具体的诉讼请求；（4）属于人民法院受理的诉讼范围和受诉人民法院管辖。

二、结构、内容和写作方法

民事、行政起诉状分为首部、正文和尾部三部分。

（一）首部

包括标题、当事人基本情况。标题只需写明“民事起诉状”或“行政起诉状”，这种文书无编号。当事人基本情况，分别写明原告和被告的姓名、性别、年龄、民族、职业、工作单位和住所，法人或其他组织的名称、住所和法定代表人或者主要负责人的姓名、职务。

（二）正文

正文按格式规定应写明诉讼请求、事实与理由、证据和证据来源以及证人姓名和住址，并按上述三部分内容安排固定的层次结构。下面分别说明写法上应注意的问题。

1. 诉讼请求。诉讼请求是原告要求达到的诉讼根本目的，必须明确、具体。但文字上又必须做到简明扼要，让人一目了然。如要求离婚的诉状必须明确地提出“请求法院判决原告×××与被告××离婚”的要求，其次要明确提出有关子女抚养、财产分割的具体要求。如“女孩×××判归原告×××抚养，被告按月提供生活费×××元”，“住房判归原告居住使用，个人衣物归于原、被告个人，共用财产折价后由原、被告均分”。

2. 事实与理由。事实与理由虽列为一个题目，但实际上仍为两个组成部分，即事实和理由各为一部分。应先写明纠纷事实，在写清事实的基础上，再写理由。事实应包括纠纷发生的时间、地点、关涉的人物、起因、发展过程、造成的结局以及双方的争执焦点等，并应按案件的不同性质，写明不同事件中的法定要素。如合同纠纷，则应写明原告与被告于何时、何地订立以何种标的物为内容的合同，合同的具体内容，在合同履行过程中产生了何种纠纷，造成了何种后果，责任在哪一方，对纠纷造成的后果双方的争执焦点是什么。这些都必须一一写清。然后根据“以事实为根据，以法律为准绳”的原则，阐明起诉的理由。论证原告诉讼理由和要求的合理性和合法性，并应具体引证相关的法律条款，分清是非，明确责任。如涉及赔偿财产损失的，还应通过具体的计算说明对方应予赔偿的具体数字，提供损失财物的具体的证据。

在实际的写作中，写作者还应考虑到诉状不仅是呈给法官的，同时还要送达对方当事人，因此还应该注意写作的技巧，不能一览无余，使自己在庭审的辩论中处于被动的地位。

首先，从呈给法院的角度来说，为了使法官对案情有一个明晰的了解，在陈述基本案情时做到重点突出是必要的，但并不等于对某些关键的要素诸如时间、争议焦点等细节都毫无保留。虽然从心理学的角度来说，叙述得越详尽，法官对原告的陈述愈加相信就愈容易受到先入为主的影响，但这并不能对案件的结果起到决定性的作用，庭审中的质证、辩论才是关键，因此有时对某些关键性的细节可有意模糊处理，以便在庭审辩论中诱敌深入，使其自相矛盾，从而一举击倒对方，使之无狡辩还手之力。

其次，从送达对方当事人来讲，由于被告在开庭前并不是必须提交答辩状，这样就使原告与被告从彼此获取的信息呈现出不对称性。在实际运作中，被告往往故意拖延举证时间，在举证期限截止日才提交证据，原告获取被告信息的时间较晚，后续的调查时间较紧，仍然处于不利的地位，加之对于证据的证明作用和对象在庭前并不要求说明，有些证据的意图不明，仍会影响原告的判断。因此如果单纯强调事实叙述的详尽具体，是弊大于利的，我们应根据案件的具体情况灵活地把握信息披露的详略，不可一味强调详尽具体，使自己处于被动的地位。

再次，理由的援引，更不宜在诉状中具体披露，否则等于提醒对方当事人仔细研究原告方已掌握的法律依据，在庭前就暴露自己，使对方知己知彼，做好针锋相对的准备，在庭上反戈一击。至于证据和证据来源，虽然法律规定必须提交，但提交时的说明应能简就简，尽可能在法律许可的范围内保留自己的撒手锏，以便在庭审辩论中占据主动。

3. 证据和证据来源以及证人姓名和住址。这一项目，可以单独列为一项书写内容，也可以结合叙述案情事实，采取边叙事实边举证的方法。最后再加以简要归结并开列证人名单。

（三）尾部

尾部包括以下内容：(1) 送交法院的名称。先空两格写“此致”，后另起一行写“×

×人民法院”。(2) 签名和日期。起诉状的右下方，起诉人签名并盖章，然后写明年月日。(3) 附项。在签名和日期的左下角，作为起诉状最后的内容，应是附项，即注明本状副本几本、物证几件、书证几件等内容。

三、民事、行政起诉状范式

原告：　地址：

法定代表人：　性别：　职务：

委托代理人：　性别：　单位：

职务：

被告：　地址：

法定代表人：　性别：　职务：

委托代理人：　性别：　单位：

职务：

案由：

诉讼请求：

事实与理由：

此致

××人民法院

起诉人：(印章)

年月日

附项：1. 本状副本份。

2. 书证件。

3. 物证件。

四、范文评析

民事起诉状

原告：冯××，男，1959年4月25日出生，汉族，饮食个体户，住××市××路××街2号。

原告：罗××，女，1960年7月9日出生，汉族，××市××厂工人，住址同上。

被告：××房地产实业发展公司。

所在地址：××市××北街××酒店332房。

法定代表人：××。

诉讼请求：

(一) 判令终止原、被告双方所签的《购房协议书》，责令被告返还原告的购房款30.66万元；

(二) 判令被告支付违约金，自违约日起至1998年8月31日，暂为11.1909万元。

事实和理由：

原告冯××、罗××于2002年4月25日与被告××房地产实业发展公司签订了《购房协议书》，协定原告向被告购买坐落于××市××路的××苑11楼G单元，建筑面积$70m^2$，总价款为306 600元；被告须在2002年8月30日前将竣工验收之房屋交付原告；原告在协议签订之日先付60%的房价款，计183 960元，余款122 640元于2002年7月1日前付清；被告如违约逾期交楼，则每逾期1日，按原告购房款总额每日1%向原告支付违约金（见证据一）。协议签订后，原告即依约于2001年4月25日、2002年7月1日分两次付清了购房款（见证据二），并在图纸11楼G座处签名确认（见证据三）。但时至今日，已超出约定交楼的日期足1年，该房屋仍未完工。原告多次催促，被告只得写了两次未交楼的证明（见证据四）。2003年6月，原告到建房地点察看，发现楼房已砌墙，但房屋面积、间隔与原告签名确认的图纸不符，墙体成斜线，厅部分被截去一块，无法正常使用。实用面积更只有$41.56m^2$，与$70m^2$相比，实用率仅59.37%！

由于被告人在交楼期限、房屋间隔、面积方面的违约行为，严重侵害了原告的合法权益，致使双方所签的《购房协议书》继续履行已失去意义。因此，特诉请法院依法终止原、被告所签的《购房协议书》，被告应返还原告的购房款306 600元；并判令被告承担违约责任，依约支付逾期交楼日起计的违约金，暂计至2003年8月31日，为111 909元。以上共计人民币418 509元，应由被告返还及赔偿给原告，并且由被告承担本案诉讼费用，以维护原告的合法权益。

证据和证据来源，证人和住址

1. 原、被告双方所签《购房协议书》；
2. 被告两次收取原告购房款的收据；
3. 原告签名确认的图纸；
4. 被告两次出具的未能交楼的证明；
5. 现场所建房屋结构图。

此致

××市××区人民法院

起诉人　冯××　罗××

二〇〇三年八月二十六日

【评析】

这份民事起诉状诉讼请求非常明确，即终止原购房协议书，责令被告返还购房款并支付违约金。事实与理由紧紧地围绕诉讼请求进行论证，即原告严格按照协议规定履行义务，而被告却严重违约，不履行自己的义务，因而继续履行购房协议已失去意义，故诉诸法院终止原、被告签订的《购房协议书》，并判令被告返还购房款，支付违约金。不难看出，理由非常充分，而且论证一环紧扣一环，具有极强的逻辑性。

行政起诉状

原告：陈×良，男，1959年1月28日出生，汉族，个体工商户，住××市××路

162号。

被告：××县王商行政管理局，所在地址：××市××路26号。

法定代表人：叶××，局长。

诉讼请求：

（一）撤销被告××县工商行政局查封原告店铺的行为；

（二）判令被告赔偿因无理查封原告店铺给原告造成的损失13 650万元，并赔偿原告在查封期间店铺失窃的损失，计有现金2 500元、丢失货物折价款5 000元。

事实与理由

原告陈×良于2000年6月在××县东海市场16号摊位租用了一个$20m^2$的店铺，并于7月在被告处办理了个体营业执照，经营百货业，每月向被告缴纳工商管理费50元。开业后，经营情况良好，每日日均盈利100元以上（见货物购、销单据及纳税证明）。2001年初，被告分管东海市场工作的工作人员肖××为了给其一个熟人找一个好位置的铺位，要求原告调换，原告不同意。同年3月，肖××再次要求原告调换铺位被拒绝后，肖××和被告的3个工作人员于3月12日在未出示任何证件的情况下，将原告正在经营的店铺查封，换上门锁，贴上盖有被告公章的封条，对店内的商品也没有清点记录。原告多次找被告反映，但被告均以“查封是肖××个人行为，与工商局无关”为由推诿，再无人理会。结果造成原告停业90天；原告店铺在查封期间，两次被盗，共计被盗现金2 500元，服装两袋共20件，红外线电热取暖器2台，货物折价款5 000元。

从上述事实可见，于2001年3月12日查封原告店铺的肖××等人，是受被告委派分管东海市场的工作人员；查封原告店铺使用的封条盖有被告的公章。可见，对原告合法经营的店铺强制查封，是被告依职权进行的具体行政行为。被告作为国家行政机关，应依法行政。但被告在行政管理活动中，仅因原告不愿按被告工作人员的意愿与他人调换铺位，就对原告合法经营的店铺强行查封，换门锁，贴封条，将商品封在店内，直接侵犯了原告的合法财产权，使原告失去了对自己财产的控制、处分和经营权。被告查封原告店铺的行政行为是没有法律依据的。

被告查封原告的店铺，只是来强换门锁、贴了封条就一走了之，并没有书面决定送达原告，也没有将查封决定向原告宣布，更加没有告知原告有关的申请复议或提起诉讼的权利，是违反法律程序的。

由于被告查封原告店铺的行政行为没有法律依据，又违反了法律程序，依法应予撤销。

被告滥用职权，作出上述不当的行政行为，严重侵犯了原告人的合法权益，致使原告被迫停业90天，停业损失13 650万元；原告店铺在被被告无理查封期间失窃两次，损失计有现金2 500元，丢失货物折价款5 000元，以上共计21 150万元。对此损失，被告应负赔偿责任。

为此，特向你院提起行政诉讼。请依法判令撤销被告×县工商行政管理局查封原告店铺的具体行政行为，并赔偿非法查封期间造成的经济损失21 150万元，以维护原告的合法权益。如所述。

证据和证据来源，证人和住址

1. 原告营业执照；

2. 东海市场16号铺位租赁合同；

3. 原告店铺货物购销账本及单据；

4. 原告缴税证明；

5. 东海市场档主张××、陈××证言；

6. 原告被查封的店铺及被告封条照片；

7. 原告店铺失窃报案材料及失物清单（复印件，原件在××派出所）。

此致

××省××县人民法院

起诉人 陈×良

二〇〇一年八月二十六日

附：本诉状副本1份。

【评析】

这份行政起诉状不但格式符合规范，而且内容也十分全面具体，具有很强的说服力。行政起诉首先叙述了工商行政管理局工作人员查封店铺的具体行政行为及其实施这种具体行政行为后给原告造成的财产损失，因果关系明确；然后分析了被告的行为性质，既侵犯了原告的合法财产权利，同时又违反了法律程序，因而从事实和理论上都论证了原告诉讼请求的正确性，即要求撤销××县工商行政管理局查封原告店铺的行为和赔偿因无理查封店铺给原告造成的经济损失21 150万元，这两项诉讼请求是完全成立的。

思考题

1. 根据下列材料制作一份民事起诉状（材料不足，可根据需要合理补充）。

2001年5月，滨海市塑料厂购买滨海市家具厂办公桌50张，价格为每张200元，共计人民币1万元；餐桌200张，每张150元，计人民币3万元，两项共计人民币4万元。当时约定半个月付款，可是一直到了1999年5月，塑料厂仍未付款，家具厂多次派人催款，塑料厂不予理睬，于是家具厂拟向人民法院起诉，追回货款，滨海市系县级市。滨海塑料厂厂长为赵××，滨海家具厂厂长为卢××。

2. 根据下列案情材料，按照要求，拟写一份行政起诉状。

2002年12月15日下午4时左右，李××去××市××街××号房间找其兄李×林，李×林时正与赵××、王××、林××赌博。4时10分左右，××街派出所根据举报，派出4名民警来到××市××街××号房间抓赌，李×林等4人被抓获，李××也被抓获，并处治安拘留15天。李××不服处罚决定，向××地区公安局申请复议，××市公安局维持原处罚决定。李××拟向××市人民法院起诉。

李××，男，汉族，1977年2月18日出生，××市钢铁公司工人，住××市浮林街67号。

第三节　上　诉　状

上诉状分为民事上诉状和行政上诉状。

一、概念

民事、行政案件的原被告双方，不服一审的判决或裁定，在法定的上诉期内，向原审法院的上一级法院提出要求改判的诉状，称民事、行政上诉状。它是引起二审的法律文书，对推动二审法院依法改正错判或维持正确的裁决有重要的作用。

二、结构、内容和写作方法

民事、行政上诉状可分为首部、正文、尾部三部分。

（一）首部

除标题外，写明上诉人与被上诉人双方的基本情况，具体写明的事项内容与起诉状中对公民和法人或其他组织的要求相同，只是在上诉人、被上诉人基本情况之后，有一段引起上诉缘由的文字叙述。文字如下：

上诉人因……一案（写明案由），不服××××人民法院年×月×日（　　）　　字第×号（写明判决或裁定），现提出上诉。

这段固定的文字有过渡的性质，引入正文。

（二）正文

这一部分是上诉状的核心，应写清“上诉请求”、“上诉理由”两个内容。

1. 上诉请求。要求明确具体，文字也要简明扼要。如：“要求二审法院撤销原判，改判×告赔偿×告经济损失×××元。”如有多项要求时，可以分项列出。

2. 上诉理由。上诉理由是上诉状的核心内容，能否写好上诉理由是能否达到上诉目的的关键所在。故必须切实做到以下几点：

第一，上诉理由必须具有鲜明的针对性，即要针对原审裁决的错误或不当之处。原审裁决在上诉人看来，或是因认定事实有误导致错判，或是因适用法律不当而导致错判，或是因违反法定程序而影响裁决的公正，甚至于是因兼有几方面的错误而做出了错误的裁决。这样上诉理由就必须有针对性地予以反驳说理。涉及事实的首先要说明事实的真相，然后再指明其在适用法律方面的不当或错误；如果上诉人对原审认定事实并无异议，则应主要就其适用法律方面、具体处理决定方面的错误或不当，予以说理反驳。总之，要区别不同情况，有针对性地予以申说事理、反驳谬误。

第二，上诉理由必须据实依法说理反驳，即必须坚持“以事实为根据，以法律为准绳”的原则。在澄清事实时要注意举证，以充分确凿的证据论证事实的无可辩驳性；阐明理由时，要以有力的法律依据，作为驳倒原审裁决的错误和树立上诉人正确主张的基石。

第三，上诉理由更要注意恰如其分，力戒言过其实，无限上纲。牢记“超越真理一步即可成为谬误”的道理。因此，阐明事理必须合乎分寸，以理服人。

下面是一份民事上诉状中上诉理由部分的文字阐述：

上诉理由

1. 原审判决认定事实错误

1993年8月5日，上诉人与被上诉人签订广告代理合同。合同约定：上诉人自1993年8月28日起至10月18日止在××区××大街两侧为被上诉人粘挂印有被上诉人标志的广告吊旗，被上诉人支付广告代理费28万元。合同订立后，经上诉人报有关主管部门批准，1993年8月28日起开始在指定路段粘挂由被上诉人总经理费××审定认可的广告吊旗。

由于自8月3日起天气状况突然发生变化，连日刮风下雨，使粘挂的广告吊旗破损脱落甚多，虽经上诉人两次补挂，仍不能保证持久，且显得十分零乱。为此，有关部门下令自9月20日起停挂该广告吊旗，并限令两日内摘除吊旗。

以上事实，有关主管部门出具的文件可以证明。然而，原审判决却认定上诉人悬挂广告吊旗未经有关部门批准，属于非法悬挂；且未能按约定期限悬挂。这一认定违背了事实真相，实属错误。

2. 原审判决适用法律错误

原审判决在对事实认定错误的基础上，将上诉人与被上诉人之间订立的广告代理合同认定为无效合同，并适用《中华人民共和国经济合同法》中关于无效合同的处理规定，判决上诉人应承担责任，返还被上诉人交付的28万元广告代理费。这在适用法律上亦属错误。

事实上，上诉人与被上诉人依据各自真实的意思表示订立的广告代理合同符合《中华人民共和国经济合同法》基本原则，属于合法有效的合同。合同订立后，上诉人依据广告代理的规定向有关部门办理了相应的手续，并实际履行了该合同确定的义务，只是由于出现不可抗力的自然因素，才招致合同被有关部门予以中止。但不能据此认定为无效合同。

根据上述事实和有关法律规定，特请二审法院撤销原判，予以改判。

（三）尾部

1. 另起一行空两格写“此致”。

2. 另起一行顶格写上诉状送达的人民法院名称。

3. 上诉状的右下角，上诉人签名、盖章，注明上诉的日期。

4. 上诉状的左下角，安排附项，即副本×份。

三、上诉状范式

民事（行政）上诉状

上诉人名称：

所在地址：

法定代表人（或主要负责人）姓名：　　职务：　　　　电话：

企业性质：　　工商登记核准号：

经营范围和方式：

开户银行：　　　　账号：

被上诉人名称：

所在地址：

法定代表人（或代表人）姓名：　　　职务：

电话：

上诉人因一案，不服人民法院××××年××月×日（×）字第×号，现提出上诉。

上诉请求：

上诉理由：

此致

××人民法院

上诉人：

年　月　日

附：本上诉状副本×份。

四、范文评析

民事上诉状

上诉人（原审被告、反诉原告）：××县××制衣有限责任公司。

所在地址：××县××镇×××路100号。

法定代表人：何××，公司总经理。

被上诉人（原审原告、反诉被告）：××省××企业进出口公司。

所在地址：××市×××路500号。

法定代表人：方××，公司总经理。

被上诉人（原审原告、反诉被告）：××××企业发展公司。

所在地址：××市××道中119—121号13楼A座。

法定代表人：范××。

上诉人因××省××企业进出口公司、××××企业发展公司诉××县××制衣有限责任公司货款纠纷一案，不服××市××区人民法院（2001）×民初字第588号民事判决，现提出上诉。

上诉请求：

1. 撤销××市××区人民法院（2001）×民初字第588号民事判决。

2. 判令被上诉人支付拖欠上诉人的货款33 768元，并赔偿给上诉人造成的损失129 322.42元。

事实和理由：

（一）原审判决歪曲事实

1. 原审判决认定"××制衣有限责任公司（上诉人）未按合同约定日期之前将货交

付×××企业发展公司（被上诉人之一），××××企业发展公司对此提出异议，但要求××制衣有限责任公司继续履行合同并依客户要求提出降价，同时对订购T恤服装款式规格作部分修改。××制衣有限责任公司对××企业发展公司提出的上述要求未提出异议”，这完全颠倒了事实。

原审判决隐瞒了上诉人未能按合同约定的期限2001年3月10日前交货的原因，是被上诉人对合同服装布料的印花工艺多次要求改动，致使印花工艺确认板直到4月才由被上诉人确认并通知上诉人安排生产。以后在生产过程中，在6月出第一批货前，直到7月14日，被上诉人还对布料的花色、色泽、服装的款式、尺码等要求一改再改（均有被上诉人的传真为证证实），致使合同“3月10日前交货”的条款已根本失效。被上诉人在6月26日通知出本合同第一批货之前、之时也根本未对“逾期”提过异议，也未提供“异议”证据，不知原审法院是据何认定？反而是出本合同第一批货后，被上诉人拒不依约支付货款，上诉人多次追偿未果。7月16日被上诉人通知准备出第二批货前，又突然无理要求降价，上诉人不答应，被上诉人就以“如果工厂坚持价格不变按原价执行，客人将取消此合同”相威胁（见7月16日传真），最终导致合同无法履行。可见，对被上诉人的无理降价要求，上诉人是坚决反对的，不知原审法院如何得出上诉人“未提出异议”的结论的？上诉人对被上诉人多次改花色、款式的要求照做，但对无故降价是坚决反对的，原审法院怎能偷偷把两个问题拢在一起，然后认定“××制衣有限公司对××××企业发展公司提出的要求未提出异议”。

2. 原审判决隐瞒了被上诉人拖欠本合同一批货款的事实。该合同共有四个款号共1 536打服装，不可能一次履行，是分批履行的。按合同第三项规定“货到后20天内付款”，上诉人在6月26日交了第一批货（186打，价值48 240元）后，被上诉人应在7月16日前支付该批货的货款（扣除被上诉人已预付的30%订金，为33 768元）给上诉人。因上诉人保证依时支付货款，被上诉人也于6月25日打印了一份保证函给上诉人，保证“在出货10天内付款给工厂”（此函亦已提交原审法院）。但不管是出货后的10天，还是20天，直到今天，被上诉人均未依约付款。可见，合同余下的部分无法履行，责任在被上诉人。而原审法院把上诉人追偿的这批货款错认为“另一批货款”，从而驳回上诉人的诉讼请求，不知是无意，还是有意？

（二）原审判决颠倒责任

如上所述，由于被上诉人无视上诉人的合法权益，先是拖欠本合同的第一批货款，后待上诉人生产了满仓的货物，又无理压价，导致合同的余下部分无法履行，违约责任在被上诉人。而原审法院不惜混淆或隐瞒有关事实，对被上诉人于7月16、17日要求降价并以取消合同相威胁的传真件、于6月25日发的保证函（保证出货后10日内付款）及一直未付货的事实视而不见，蛮横认为：“××公司反诉称不予认定！”因而把违约责任归于上诉人，而违约在先、造成上诉人巨大损失的被上诉人则可把满仓的货物推给上诉人，却享有收回订金和违约金的权利，于法不合，于理不公！而且，被上诉人预付总货款30%的订金，是给上诉人购买生产全批服装的物料之用，上诉人也全部用之于购买生产该合同服装的原材料并进行生产（有在仓的货物为证）。而原审法院却判上诉人已交价值48 240元服装予以冲抵，这就混淆了“订金”与“货款”的性质，把全批货物的订金当成部分货物的货款，损害了上诉人的合法权益。

（三）被上诉人应负违约责任

被上诉人应清偿拖欠的本合同的第一批货款33 768元，并承担违约责任，向上诉人赔偿因被上诉人违约而给上诉人造成的损失129 322.42元。上诉人在被上诉人确定印花工艺生产确认板后，就依约投入生产。虽然收到被上诉人30%的订金，但因被上诉人过去多次拖欠上诉人的货款共60多万元（为此上诉人已向××市××区人民法院提起诉讼），上诉人还要借款购买生产原材料；生产过程中，被上诉人又一再要求对款式、尺码等做改动，并无理要求降价；出了第一批货后，被上诉人拒不支付货款。由于被上诉人的违约行为，上诉人的产品、资金被积压，连工人工资也难以发出，合法权益被严重侵害。因此，被上诉人除立即支付拖欠上诉人的货款33 768元外，还应依法承担违约责任，赔偿因违约给上诉人造成的损失，计有拉链改款的损失2 058元，积压资金的利息26 180.34元，工人工资80 445.28元，仓租20 638.80元等共129 322.42元。

综上所述，被上诉人与上诉人签订合同约定的交货期条款，因被上诉人对产品要求的一再改动而失效；被上诉人对已出的货物拒付货款，又在合同履行过程中无理压价，违约责任应由被上诉人承担。为此，上诉人特提出上诉，请依法改判。

此致

××市中级人民法院

上诉人：××县××制衣有限责任公司（公章）

二〇〇一年五月七日

【评析】

这份民事上诉状为了论证其要求撤销原审判决和判令被上诉人支付货款赔偿损失的诉讼请求的正确性，着重分析了原审判决歪曲事实和颠倒是非责任的错误：原审判决书隐瞒了上诉人未能按合同约定的期限履行的原因，即被上诉人多次更改合同，故推延了交货的日期；同时原审判决还隐瞒了被上诉人拖欠货款的事实。正是由于原审判决歪曲了事实，因而必然导致颠倒责任的判决，事实与结论之间因果关系明确，在此基础上，上诉状又分析了被上诉人应该承担的违约责任，事实清楚，理由充分。

思考题

根据下列材料制作一份民事上诉状。

××市××饭店经理王××（女，25岁，住本市××路××号），2003年5月开始租赁张××（男，50岁，在本市汽车站工作，驻车站宿舍）的房子五间。双方并签订了租赁合同：房租每月300元。从2003年5月至2003年12月，王××均按期如数交付房租。但后来王××得知张××租给他人同样的房子每月房租仅45元，就向张××提出房租减到与别人同样多的要求，遭到张××的拒绝，因此，王××从2004年1月起停止付房租。张以王不付房租赖占住房为由，向法院起诉，市人民法院于2004年5月16日第65号民事判决书判决：维护双方2003年4月25日签订的合同，令王××将欠张××的五个月租金1500元一次付清。王不服判决，于2004年5月25日向市中级人民法院上诉，以双方过去签订的合同租金过高，不公平为由，要求比照其他同类房屋，减少每月租金数额。同时，以经济困难，一时付不起五个月的房租为由，要求分期付给。以维护上诉人的合法权益。

第四节 答辩状

一、答辩状的定义

答辩状是指民事、行政案件的被告或被上诉人针对原告的起诉状或上诉人的上诉状、刑事案件的被告人或被上诉人的上诉状在法定的期限内做出回答或辩驳的法律文书。

答辩状按照案件的性质可分为民事答辩状、行政答辩状、刑事答辩状；按照诉讼程序可分为一审答辩状、二审答辩状。

二、答辩状的格式、内容和写法

答辩状由三部分所组成，即首部、正文和尾部。

（一）首部

1. 标题。根据案件性质分别写明“民事答辩状”“刑事答辩状”“行政答辩状”。

2. 答辩人的基本情况。答辩人是公民的，分别写明其姓名、性别、年龄、出生地、单位或职业、住址；答辩人是法人或其他组织的，分别写明单位名称、单位地址、法定代表人或负责人姓名、职务、电话号码。

3. 答辩案由。写明对何人起诉或上诉的何种性质的案件提出答辩。对何时收到起诉状副本，可写可不写。具体写法如：“答辩人因原告×××提起××××（案由）诉讼一案，现答辩如下：”或者写：“答辩人于××××年×月×日收到你院转来原告×××提起××××之诉一案的起诉状副本，现提出如下答辩：”

（二）正文

这是答辩状的主体，主要陈述答辩的论点和论据。答辩是针对起诉状或上诉状提出的事实理由而进行答辩的，因此要根据具体的诉状叙述的事实和理由，抓住其中的错误进行驳斥，从而说明对方的诉讼请求全部不成立，或者部分不成立，请求人民法院作出正确的裁判。这是答辩状的主体部分，或者说是关键部分。大体包括以下几个方面：

1. 就事实部分进行答辩对原告诉状中所写的事实是否符合实际情况表示意见。如果所诉事实全部不能成立，就全部予以否定；部分不能成立，就部分予以否定。提出符合客观真实的事实来加以证明。就事实部分进行论证，要着重列举出反面的证据来证明原告诉状中所述事实不能成立，并且要求反证确实、充分，不能凭空否认原告诉状中所叙述的事。这里所说的反面证据，一种是直接与原告所提的证据相对抗的证据，另一种是足以否定原告所述事实的证据。

2. 就适用法律方面进行答辩。一是事实如果有出入，当然就会引起适用法律上的改变，论证理由自然可以从简，此所谓事实胜于雄辩。二是事实没有出入，而原告对实体法条文理解错误，以致提出不合法要求的，则可据理反驳。三是在程序方面，如果原告起诉违反民事诉讼法的规定，没有具备引起诉讼发生和进行的条件，则可就适用程序法方面进行反驳。

3. 提出答辩主张。在提出事实、法律方面的答辩之后，引出自己的答辩主张，即对原告诉状中的请求是完全不接受，还是部分不接受，对本案的处理依法提出自己的主张，请求法院裁判时予以考虑。

（三）尾部

1. 致送机关。写明受状法院的名称。分两行写：另起一行空两格写“此致”；另起一行顶格写送达法院名称。

2. 答辩人签名或盖章，并注明答辩状制作日期。右下方写：答辩人：×××（签名或盖章）并注明年、月、日。

3. 附项：位于左下角。写明：本答辩状副本×份；证物或书证××（名称）×件。

三、答辩状范式

答辩状

所在地址

法定代表人（或代表人）姓名　职务　电话

企业性质　工商登记核准号

经营范围和方式

开户银行　账号

因……一案（写明原被告姓名及案由），提出答辩如下：

此致

×××人民法院

答辩人：×××

年　月　日

附：答辩状副本×份

四、需要注意的问题

制作答辩状，特别注意两点：

第一，要有针对性。即要有的放矢地予以说明、反驳和答解。答辩必须是针对原告方（或上诉方）的指控。涉及案情事实的，如有异议就针对对方提供的事实，进行答辩，并应列举证据，说明事实真相，还应注意写明证据来源和证人的姓名、住址。涉及法律和理由的，则应具体地引证与之密切相关的法律，阐述自己的理由。涉及对方诉讼请求的，也应根据事实和法律表明自己的态度。

第二，要具有一定的反驳性。反驳必须做到据理反驳，不能无理狡辩，必须加强说理性，不能为反驳而反驳，即不顾事实和法律，盲目反驳。如果对方的指控或上诉的确有理，并有事实根据，不应当一概否认，需要解释的可以作解释性说明。

五、范文评析

民事答辩状

答辩人：袁××，男，47岁，汉族，××市××乡××村人，农民，住本村。

被答辩人：田××，男，63岁，汉族，××市人，退休职工，住××市××街××号，邮编：××××××。

田××诉我侵权赔偿一案，现提出答辩如下：

(1) 原告田××诉称“长×店南关外19号”是他的“私房”。我住的是14号，并非19号。诉状说我“60岁”，我目前仅47岁。诉状说原告曾多次找我，从上述情况看，也并未多次找过我。总的来说，原告诉状内容有诸多不实。原告田××的父亲，解放初期在长×店南关外本来是有两个院子的房屋共11间，但他家从未住过。解放初，我很小，我父母和我曾住在这里，住3间西房。由于我家住3间西房，而原告家并不住在这里，于是土改就没有另外分给我家房屋，连宅基地也没分给我家。我家一直住在这里，直到现在。土地是国家的，我现在的房屋是我经组织批准自己修建的，而不是是原告的“私房”。

(2) 原告田××的父亲在长×店南关外的“私房”，包括我家曾经住的3间在内，因年久失修，有倒塌危险，于1972—1973年之间由房管所拆了，其中我家居住的3间也给拆了。因当时我家没有房子住，经过生产队同意，让我在空地上盖了3间房屋来住，后来又盖了1间小平房。当时，生产队给我家盖房有一批条，批准我家盖房，批条在1976年地震时弄丢了。国家的土地，生产队批准我在空地上盖房屋居住，就是分给我的宅基地，我这样盖房，不是侵占什么人的土地，不是占了什么人的宅基地。按当时的政策，宅基地上没有房屋，这土地就是属于国家所有的。

(3) 上述我家自己修建的住房，因房屋位置低，每逢下雨就往屋里流进水去，同时房屋修得简陋，房屋本身也漏水，到1991年经过生产队、镇政府、农村办事处三级批准我才翻建的。现有《村民申请盖房占地审批表》为凭。我翻建此房，严格按照批准我的宅基地，根本不是侵犯原告家的地，更没侵犯什么人的房屋。

由上所述，田××诉我侵权，要我赔偿，是毫无道理的。即使南关外14号房屋地皮，原来属于原告家的宅基地，但我建房是由政府批准的，是合理合法的，因此没有侵犯任何人的权益，根本不存在赔偿的问题。

此致

××县人民法院

答辩人　袁××

二〇〇二年二月十六日

附：《村民申请盖房占地审批表》复印件1份。

【评析】

这份答辩状写得较好，好就好在抓住了原告诉状中提出的问题一一进行反驳。答辩状首先针对起诉状关于“长辛店南关外19号是他的私房”的观点进行反驳，指出19号并非原告家住房，而属答辩人家住房，因此答辩人家未另外分到房屋。接着答辩人又评述了原告家的“私房”因年久失修而被房管所拆掉，答辩人的住房也被拆除，然后经有关部门批准重新修建，因此证明答辩人的住房既不是原告的“私房”，也不是在原告原住房宅基地兴建的。接着答辩人又陈述其住房经政府部门第二次翻建的情况。综述以上情况，答辩状水到渠成地得出结论：答辩人没有侵犯原告的权益，自然也不存在赔偿损失的问题。综观全篇，文书有理有据，具有不可辩驳的力量。

综合训练

□ 知识训练

一、名词解释

诉讼　起诉状　民事上诉状　刑事起诉状　行政起诉状　上诉状　民事上诉状刑事上诉状　行政上诉状　申诉状　答辩状

二、填空题

1. ________是发动整个诉讼程序的第一步。

2. 民事起诉状是人民法院对案件进行________和________的依据和基础。

3. 上诉状是对各级人民法院________裁定或判决不服提起的。

4. 一般情况下，对________的判决、裁定、调解协议不服，应向________人民法院提出申诉。

5、答辩状是与________或________相对应的一种诉讼文书。

三、选择题

1. （　　）是公民、法人或其他组织认为行政机关及其工作人员的具体行政行为侵犯了其合法权益时，依据事实和法律，向人民法院提起诉讼的文书。

   A. 刑事自诉状　　B. 民事起诉状　　C. 行政起诉状

2. 起诉状的正文包括（　　）

   A. 当事人基本情况　B. 案件事实与起诉理由

   C. 决定事项

3. 上诉请求是针对（　　）的判决和裁定而提出的。

   A. 被上诉人　　B. 第一审人民法院　C. 上诉人

4. 申诉状中的申诉理由，一般采用证明法和（　　）

   A. 反驳　　B. 推理　　C. 说明

四、判断题

1. 答辩状可以适用于一切诉讼阶段。（ ）
2. 申诉状主要用于第二审。（ ）
3. 起诉状主要针对对方当事人，上诉状主要针对法院的裁判。（ ）
4. 答辩状是一种应诉行为，是法律赋予起诉人或上诉人的诉讼权利。（ ）
5. 申诉状往往不受审级的限制。（ ）

五、简答题

1. 起诉状的事实与理由部分应写清哪些内容？
2. 上诉状与申诉状的写法有什么不同？
3. 上诉状的首部和尾部写作有何规定？
4. 上诉请求一般可以从哪些方面提出？
5. 申诉状有哪些特点？
6. 答辩状的正文包括哪些内容？各部分应如何写？

□ 能力训练

一、辨析题

阅读下面一份民事诉状，回答文后的问题。

民事诉讼状

原告：李××，女，32岁，汉族，住××市××路××号。

被告：××房地产开发公司，地址：××市××路××号。

法定代表人：秦××，总经理。

请示事项

一、判令被告向原告支付房屋及产权证。

二、判令被告向原告支付违约金190080元（大写：壹拾玖万零捌拾元整）。

事实和理由

原被告双方于一九九四年四月一日订立（合同书）一份，确定由原告向被告付款384000元（大写：叁拾捌万肆仟元整），购买被告所承建开发的住宅一套。双方对住宅地点、位置及面积、单价及付款方式、责任及费用、房屋标准、验收和工期及违约金等进行约定。原告依约向被告支付了定金及购房款共计288000元（大写：贰拾捌万捌仟元整），履行了约定义务。但被告却屡屡违约，其房屋未能依约竣工和交付使用，房屋质量也不符合合同规定。经原告多次交涉，被告仍不履行其办理产权证和交付房屋之义务，更拒绝承担违约金。至今，该房屋都未能通电和燃气；连水电等设施都未能保证。

原告为维护自身合法权益，在与被告多次交涉未果的情况下，被迫诉至贵院立案受理。请贵院明确责任，依法判决被告承担相应的民事责任，以维护消费者的正当权利，确

保民事合同法律。此致

××市××区人民法院

具状人：李××

二○○×年五月十日

(1) 本案的诉讼当事人有哪些？

(2) 本民事诉状在写作基本格式上是否正确？为什么？

(3) 本民事诉状的事实理由是否清楚？是否符合写作要求？

(4) 如果本民事诉状有不尽完善的地方，请提出修改意见。

二、补充写作题

1. 根据下面上诉状的首部，写出上诉请求。

民事上诉状

上诉人（一审被告）：汪××，男，1952年12月14日生，汉族，××省××市人，××市××厂工人，住××市××路××巷34号。

被上诉人：（一审原告）：肖××，1948年6月28日生，汉族，××省××市人，个体户，住××市××小区10号楼304室。

上诉人因支付赏金一案，不服××市××区人民法院199×年×月×日［199×］民初字第×号民事判决，现提出上诉。

上诉请求：

2. 根据下面提供的成立，写出民事上诉的理由部分：

一天下午，某机关幼儿园甲班组织孩子玩滑梯。这时候从墙外走过一个小学低年级的学生，他无目的地向园内扔了一块石头，恰好击中亮亮的头部。当时老师不在现场，扔石头的小朋友跑了，而亮亮头部受了重伤，后经医院抢救脱险。亮亮的家长认为，孩子被砸伤与幼儿园老师失职有关，幼儿园应付赔偿责任。一审法院判决亮亮的家长胜诉。幼儿园不服，提起上诉，理由大致有三：第一，直接责任者是那位肇事的小学生，应设法找他，让他的家长承担责任；第二，从园外飞来石头属意外事件，是无法预见的，以前就从来没有发生过从园外飞进石头的事；第三，作为一个大班的幼儿园老师，同时需要照顾几十个孩子。当时有一个孩子肚子痛，老师带她去医务室，而且立刻就回到孩子们身边，离开时间只有几分钟，而且是因公，算不上失职。

三、改错题

阅读下文，指出下文的错误及原因，并加以修改。

刑事上诉状

（××××）刑字第×号

上诉人：朱××，女，50岁，汉族，××市人，住本市××街××号。

被上诉人：李××，男，60岁，汉族，××市人，住本市××街××号。

上诉人朱××，于19××年×月×日向法院起诉，控告被上诉人李××一家行凶打人，致使其右肋折移位，要求法办被上诉人李××。

××法院在审理中，认为上诉人对所述伤害事实提不出确凿的证据。××法院并未深入进行现场调查，在场目睹群众因害怕报复而无人出面证明被上诉人有伤害上诉人的行为。因此，××法院认定本案证据不足，根据《中华人民共和国刑事诉讼法》第一百二十六条第三项之规定，驳回起诉的判决是错误的。

上诉人请求人民法院为民做主，将被告人李××判处有期徒刑3年6个月，并赔偿上诉人经济损失3．2万余元。如若法院不予判决，上诉人将继续上诉于××地区中级人民法院。

××乡××村

上诉人：×××

19××年×月×日

四、给材料写作题

根据下列案情，代李某拟写一份起诉状。

孙某欠李某20500元，有欠条载明。其后孙某还欠款给李某，并在原条上注明“还欠款18500元整”，同时，李某出具了一张收据给孙某。后李某继续向孙某索要欠款时，双方对原欠条上所注“还欠款18500元”中的“还”字读音发生争执，李某主张孙某尚欠18500元，“还”字应该读“hái”（音孩）。孙某则认为“还”字应该读“huán”（音环），以还清18500元为由拒绝付款，并称原告出具的收条被遗失。

第八章　日常应用文书写作

第一节　概　　述

一、日常应用文书的概念

一般来说，日常应用文书是指人们的日常工作、学习或生活中，办理公务、处理私事时所使用的一种实用性文书。它主要用以沟通感情，增进友谊，表达意愿，改善关系等。

二、日常应用文书的特点

（一）明确的读者对象和实用目的

日常应用文书是针对什么样的读者来写，对象非常明确。如书信、请柬等。其实用目的也非常明显。如书信的沟通作用，条据的凭证依据作用和约束作用等。

（二）约定俗成的固定体式

日常应用文书的体式虽然不像公文那样有着明文规定，但也有约定俗成的格式，我们不能随意违反，而必须严格遵守这些规范。

（三）具有特定的习惯用语

某一种日常应用文书一般都会有一些特定的习惯用语。我们在下面讲一些具体文体的写作时会不断地接触到。如条据开头的“今”，介绍信开头的“兹”等等。

三、日常应用文书的种类

日常应用文书一般包括以下几类：

（一）条据类。包括借条、收条、欠条、请假条等。

（二）启事类。包括启事、告示、声明、海报等。

（三）申请书类。

（四）书信类。包括一般书信与专用书信，专用书信包括介绍信、证明信、感谢信、慰问信、推荐信、邀请信、求职信等。

四、日常应用文书的写作要求

（一）要遵循日常应用文书约定俗成的规范性特点，力求把文书写得恰如其分、规范、得体。

（二）措辞要严谨礼貌，符合对象、场合。

第二节 条 据 类

一、条据的概念

条据是人们在日常生活、学习、工作中，要办理某些事情或发生财务往来时常用的一种文书。通过简单书面条子的形式要向有关人员托付事情说明情况，这样的条子也属于条据类应用文。

二、条据的特点

条据主要有以下三大特点：

（一）凭证性

条据的主要功能就是凭证作用，条据类作为钱物借还的重要凭据，应该严加保管，供日后核对情况甚至可以作为档案保存起来。

（二）说明性

条据内容涉及钱物的名称、用途、时间、数目、去向等重要信息，具有说明事实的性质，其语言要遵守说明文语言的规范。

（三）简便性

条据类应用文一般在熟悉的人员之间使用，运用起来灵活、方便，文小功能大。

三、条据的种类

根据内容和性质，条据可以分为两大类：

（一）说明性条据

如留言条、请假条等。

（二）凭证性条据

如借条、欠条、收条、收据、领条等。

四、条据应用文的格式与写法

（一）说明性条据

说明性条据主要是向有关人员说明情况、托付事情、传递信息用的条子。其写作的基本格式为：

1. 标题

请假条一般都有标题，留言条、便条一般省略。标题要居中。

2. 称呼

因为条据一般是在熟人之间使用，称呼一般可以用简称，如唐老师、小李等等。称呼要顶格写。

3. 正文

一般需要交代清楚原因（或因病，或因事，要表达清楚）、时间、具体事情或者有关要求等。行文要注意语言简洁、礼貌周全。

致敬词：最常用的有此致敬礼、谢谢等用语。

4. 落款

包括署名和时间两个内容。

【实例】

请假条

邓老师：

我因重感冒需休息四天（11 月 12 日至 15 日），不能上课。特此请假，恳请批准！

附：医院证明一张。

此致

敬礼！

12 土木 1 班　李××

二〇一一年十一月十一日

（二）凭证性条据

凭证性条据又称单据，它是单位之间、个人之间，或单位和个人之间发生财务往来时，一方写给另一方的字据凭证。凭证性条据一般涉及借、欠、收、还、领个人或公家现金、财物，它往往起到日后的凭证作用，钱物归还后，条据要回收作废或撕毁。凭证性条据主要有借条、欠条、收据、领条等。

凭证性条据通常写作格式为：

1. 标题

可以直接用条据的种类“借条”、“欠条”、“收据”或“领条”作为标题，标明条据的性质内容。标题要居中。

2. 正文

正文开头惯用语为“今借到”、“今领到”、“今收到”等，涉及钱物数量数字要大写。数额前不留空格。如果是钱币，还应写上币种名称，如“人民币”、“美元”等。如果金额末位数不是“分”的话，则应在金额末尾数后写上“整”字，以防被人在后添加数字。

3. 落款

包括制件人姓名和时间两项内容。如果是单位名称，除了写明单位名称外，还应写明经办人姓名。

【实例】

借　条

今借到×××人民币壹仟元，借期一个月，至××××年××月××日前归还。利息不计，此据。

借款人×××
××××年××月××日

收　条

今收到×××公司赞助的人民币壹拾万元整。此据。

经手人×××
××××年××月××日

领　条

今领到笔记本电脑贰拾台，凳子三十条。此据。

领取人×××
××××年××月××日

欠　条

今在本校小卖部购饮料叁箱，计人民币叁佰元整，已付贰佰伍拾元整，尚欠伍拾元整，定于本月八日归还。此据。

欠款人×××
××××年××月××日

五、条据类应用文写作注意事项

（一）条据必须由对方亲笔书写，接收方不能代笔，要交代清楚四项要素，即写给谁，什么事情，谁写的，什么时间写，要一一写明。

（二）条据涉及的钱物数量要写清楚，数字要大写，数字前不能留空白，后面要写明计量单位，以防恶意添加或篡改。

（三）语言要避免歧义，以免造成纠纷。

（四）单据写好后，不宜改动，如需改动，应在涂改处加盖责任人的印章，以示负责，如能另写一张则更好。

（五）用墨应用蓝色或黑色钢笔或圆珠笔，不要用铅笔、易褪色的墨水或红色墨水。这样保留时间长而不易变色。

单据一般要保留一段时间，单据又涉及财物，所以稍不小心，很容易引起矛盾纠纷，故单据要写得清晰、字迹端正，不要用草书，以免误认。

第三节　启事、声明

一、启事

（一）启事的概念

“启”有稿纸、陈述的意思，启事是单位、个人因有事向社会告知或请求有关单位、别人帮助所写的一种说明事项的实用文章。启事是公开的，一般张贴于公共场所或刊登在报刊上，也可在广播电台、电视台中播出。

（二）启事的种类和特点

1. 启事的种类：启事的种类繁多，不胜枚举，大体上可归为三大类。

（1）告知类启事。即因有事要向社会宣布或告知，并希望引起人们注意所发的启事，如开业、停业、迁址、更名、改期、讲座、举办活动等启事。

（2）征求类启示。即出于某种需要，请求别人帮助、关照时所发的启事，如征集、征订、征地、征稿、征租、招聘、招标、招募等启事。

（3）寻求类启事。即因丢失物品、资料，或因友人走失、下落不明所写的启事，如寻人、寻物等启事。

2. 启事的特点：

（1）周知性

启事所涉及的内容必须是需要向社会大众公开陈述的有关事项。因此，周知性便成为其第一个特点。为了使有关事项在社会上得以周知，它往往采用多种多样的发布途径和发布形式。既可以抄写张贴在公共场所，也可以制成印刷品广泛传播；既可以在报刊登载，也可以利用广播、电视播放。

（2）商洽性

启事和通知、通告一类的公文虽然都具有周知性，但它不像通知、通告等公文那样具有行政的强制性和约束力。机关、单位需要向社会公众周知有关事项时，它们与告知对象之间在行政上并没有隶属关系，因而，不能以通知、通告之类的行政公文发布，而只能采用启事以商洽的语气向社会大众陈述有关事项。它不能硬性规定人们必须阅读、收看或者收听，更不能强制别人必须办理、执行。它所周知的事项，知悉者可以参与，也可以不参与。

（3）祈请性

启事的目的不仅在于向人们公开告知有关事项，而且更侧重于请求人们协助办理。

（三）启事的写作格式

启事一般由标题、正文和落款三部分组成：

1. 标题

启事的标题有多种写法，一种是笼统式，只写“启事”两字；二是事由和文种式，如“开业启事”、“招聘启事”；三是事由式，即只有事由，没有文种，如“招聘”、“寻人”、

“征婚”等；四是单位名称、事由和文种组合而成的标题，如“×××公司的招聘启事”。一般而言。第一种笼统式效果不太好，标题不引人注目，容易被人忽略，而写明事由，则较为醒目，而且针对性强，便于人们分类查找。另外，有的启事为表明诚意，还在标题中加上敬辞，如“诚聘”、“敬聘”；有的要紧启事，还在标题中注明“紧急寻人启事”，这样更容易引起人们的注意。

2. 正文

在第二行空两格空两行写正文。由于启事种类繁多，正文内容也不一致，要分别而论。一般而言，启事的正文要概括说明启事的目的或原因、具体事项和要求、联系地址和方法。如招聘启事，正文需要写明所招聘的缘由，招聘工种、专业或岗位，条件、人数、要求以及应聘方法、联系地址等内容。而开业启事则应写明开业单位的名称、开业地点、经营服务项目、有何特色、具体营业时间，最后往往写上一句“敬请广大顾客光临”等客套话收结。总之，启事的正文要根据不同的种类来安排内容。关键在于具体、明确。启事由于内容简短，所以通常不另结尾，全文大多只设一段文字，如具体事项多，也可分条目逐一表达。

3. 落款

在正文后偏正右边，写上启事单位名称或个人姓名。单位名称已写入标题，后边就不必再写了。只写联系地址，电话号码，邮政编码，联系人，年月日。

（四）启事的写作要求

1. 标题需醒目

一般应表明事由，以便人们按需查找。

2. 内容要单一

启事应做到一事一启，不能将几件事放在一起。

3. 语言要简洁

启事的语言要尽可能简洁达意，通俗明白。

4. 事实要真

启事的内容必须真实，诸如“招工启事”、“征租启事”、“征婚启事”都应实事求是，不能从中作假进行欺骗。

【实例】

××门市部开业启事

××门市部装饰工程已顺利完工，定于×月×日正式开业。

本门市部向您提供自产各式面包，物美价廉，营养丰富；堂内供应各式饮料，可堂吃也可外卖，方便、经济、实惠。

营业时间：9：00～21：00

门市部地址：××路××××号

××门市部

××××年×月××日

二、声明

（一）声明的概念

声明是国家机关、社会团体、企事业单位或个人就某一重要问题表明立场、态度、主张或就自己权益所发表的公开性应用文书。

（二）声明的特点

1. 周知性

声明所涉及的内容必须是需要向社会大众公开说明的有关事项，为了达到周知目的，它往往采用多种多样的发布途径和发布形式。既可以抄写张贴在公共场所，也可以在报刊登载，还可以利用广播、电视播放。

2. 严肃性

声明的事项都是重要而严肃的，不是任何事情都使用这种文书，写作声明的态度要严肃、认真，不可使用幽默诙谐的语气。

（三）声明的种类

根据内容，声明大体可以分为如下几种：

1. 道歉声明

指通过声明向某人或某群体就某事项而道歉的文书。

2. 遗失声明

指为了不让别人利用自己遗失的物品或证件，通过声明说明自我态度的文书。

3. 搬迁声明

指为了不影响业务联系，通过声明公布搬迁的事实的文书。

4. 委托声明

指通过声明委托某人或某单位做某事的文书。

5. 澄清声明

指通过声明澄清某事项、说明某情况的文书。

（四）声明的写作格式

声明通常由标题、正文、落款和附项四部分组成。

1. 标题

在第一行正中用大于正文的字体写“声明”或“××声明”。如果事关重大、紧急，也可以在声明之前加上“重要”、“严正”或“紧急”等字样，表明声明的性质与内容，或表明情感态度。

2. 正文

在正文中要写清楚声明原因和声明事项。写作中注意层次清楚、细节分明，使人一目了然。

3. 落款

在声明右下方写明声明的单位或个人姓名，署名下一行写日期。

4. 附项

有的声明正文内容中写有希望公众检举揭发侵权者的意思，如有必要，可以附注自己单位的地址、电话、电传号码以及邮政编码，以便联系。

（五）声明的写作要求

1. 事实清楚

事实清楚有利于公众了解情况，办理有关事项。对于警告性的声明来说，文中指出的侵权事实一定要清楚、确凿。确凿的事实才能让声明有充足的依据。

2. 语言得体

声明用语表明态度或说明真相，语言风格应该适应文种性质的需要。态度要严肃，观点要鲜明。措辞要严，侵犯当事人的合法权益是违反国家法律的行为，故声明的措辞应义正词严，毫不留情。即严正地指出侵权者的违法事实，及由此造成的严重后果和不良影响，严正地要求侵权者停止侵权行为，严正地阐述当事人的态度和立场。

3. 行文简洁

声明应该简洁明了，层次分明，条理清晰。

【实例】

澄清声明

我们注意到，近期有媒体刊载一篇题为《中金对深发展方案忍无可忍　公开征集投票权》的文章。该文章多处将“山东中金资本管理有限公司”简称为“中金公司”，并在题目中将其略写为“中金”。我公司特此郑重声明：我公司的正式中文名称为中国国际金融有限公司，《中金对深发展方案忍无可忍　公开征集投票权》一文中所指的“山东中金资本管理有限公司”与我公司没有任何关系；中国国际金融有限公司从未发布任何向深发展流通股股东征集投票权的声明，亦从未授权任何第三方发布此类声明。

如有任何问题，敬请联系中国国际金融有限公司公关部，电话××××－×××××××。

中国国际金融有限公司

××××年×月×日

第四节　申请书

一、申请书的概念

申请书，顾名思义，就是申明请求的一种文字，是单位或个人因某种需要，向有关部门、组织、社会团体提出书面请求的专用文书。申请书一般有表格和书信两种形式，要求写清申请解决的问题及具体要求、申请的理由及动机、申请者的态度等。有些申请书要经过有关部门批准同意，才能有效。申请书也是一种专用书信，它同一般书信一样，也是表情达意的工具。申请书要求一事一议，内容要单纯。

二、申请书的使用范围

申请书的使用范围十分广泛，尤其是在当今商品经济的大潮中，人们的交往越来越多，申请书的使用大有用武之地。个人对党团组织和其他群众团体表述志愿、理想和希望，要使用申请书；下级在工作、生产、学习、生活等方面对上级有所请求时，也可以使用申请书。

三、申请书的作用

申请书的作用是多方面的，其主要作用如下所述：

1. 申请书是向机关、单位领导反映情况的一种好形式

机关、单位领导不可能对所属部门的每一个问题都完全清楚，特别是在某些具体问题上更是如此。这就需要所属部门或个人将工作、生产、学习、生活等方面的愿望、要求及时地向上级机关、单位反映清楚，并且采取书面的形式申报说明，以便上级机关、单位掌握情况，加深对自己或下级的了解和理解。所以，申请书是下情上传的一种好形式。

2. 一种良好的沟通手段

要想做好任何一项工作，个人与组织，群众与领导，下级与上级之间的关系非常重要。如果上下一致，齐心协力，工作就能做好，良好的愿望就能实现。否则，上下不和，左右扯皮，就会延误时间，抵消力量，以至出现事倍功半的结果。要上下一致，通力合作，申请书则是一种良好的沟通手段，能够把分力变成合力，从而最大限度地做好工作。

3. 申请书是增加感情、引起重视的一种有效办法

凡使用申请书，一般都是个人向组织，下级向上级有所要求，不仅要把情况、困难、问题说明清楚，而且要把请求讲得明确，这就要求态度谦恭，语言恳切，做到以诚相见，以情动人。况且申请书是以从下向上的角度和口气写成呈送的，这样就容易引起人的好感、同情及领导的重视，从而使申请书在个人向组织，下级向上级有所要求中发挥有效的作用。因此，申请书虽属于书信类，但不是一般书信，而是一种专用书信。它是个人、集体或下级对组织、机关、团体、单位有所请求时使用的书信，具有一种汇报和请求的口气，在内容上一般是一事一文。这就使得申请书这种专用书信与互通情况、交流感情、交换意见、研究工作、商量事情的一般书信有所区别。

四、申请书的特点

申请书主要有以下一些特点。

1. 申请书请求的特性

“申请”是申述自己的理由对他人有所请求的意思。无论是个人在政治生活上入团、入党的申请，或者个人、单位在其他方面的申请，均是一种请求满足要求的一种公用文书。所以，请求的特性是申请书的一个根本的特点。

2. 申请书采用书信体格式

申请书是一种专用书信，因此它也必须按照书信的格式来行文。其内容因要求不同而

不同，但形式都基本保持不变。

3. 申请书是个人向组织、下级向上级的行文方式

这是申请书的性质所决定的。所以，申请书在语言的使用上及选择上均需符合这种下对上的行文标准。

五、申请书的类型

申请书从用途上可分为以下几类。

1. 思想政治生活方面的申请书

这种政治申请书一般是指加入某些进步的党派团体，如申请加入中国共产主义青年团、中国共产党、少先队、工会、参军等。

2. 工作学习方面的申请书

这种申请书是指在实际工作中或求学等方面所写的申请，如设备更新申请书、带职进修申请书、工作调动申请书等。

3. 日常生活方面的申请书

在日常生活中，对于柴米油盐、吃穿住行，我们常常会遇到一些问题，需要个人申请才可以被组织、集体、单位考虑、照顾或着手给予解决，诸如申请结婚、个人申请开业或困难补助申请等。

六、申请书的写法和格式

各种类型的申请书，尽管内容各异，要求不同，但就其结构形式而论，却可归纳出它们的一般格式，即它们有着相对固定的规范。申请书的一般格式介绍如下。

1. 标题

在申请书第一页第一行上面的正文中间，写上申请书的标题，即申请的名称。有的只写上“申请书”三个字；有的则按申请书的类型写上“入会申请书”、“技术革新申请书”等；有的还加上说明，如“关于参加第三期计算机学习班的申请书”，使人不仅知道它的申请类型，而且知道它的主要申请内容、事项。标题的字体一般要大些，以便醒目和引起重视。

2. 称呼

称呼主要是指接受申请书的组织、团体、机关、单位或者是负责人的姓名、职务。称呼写在标题下第一行的顶格处，如“辽宁省写作学会”、“××市工商行政管理局”、“××大学”或“校长先生”、“张局长”等。称呼后要加冒号，表示要说的内容在下边。当然，也有的把称呼写在申请书结尾之后、署名之上的左前方，即“此致”另行顶格左前方。

3. 正文

这是申请书的主要部分。在这部分里，要写清楚所申请事情的原委、理由和事项。在一些短的申请书里，因为内容简单，理由单一，采用简短精练的语言就可以说清楚，然后直接提出申请事项，如困难补助申请就是如此。在一些长的申请书里，因为内容复杂，牵涉方方面面的问题，为了更好地说明情况、申述理由，必须根据情况将内容、理由、申请

事项分段交代清楚。

4. 署名和日期

在正文之后的右下角2～3行下面，要写上申请人的姓名或申请单位的名称，并加盖印章。有时根据情况还要单位领导签字或加盖印鉴。在署名的后面或下边，应写明申请的年、月、日。

5. 注意的事项

写申请书时应注意以下几点：

（1）先要把申请个人、申请单位的情况介绍清楚。这是提出请示、讲明理由的基础和前提，没有它，请示和理由就无从谈起。但这部分要写得简明扼要，不可占篇幅过多，否则会喧宾夺主，冲淡主要内容。

（2）对于不同的申请内容，在介绍情况的时候也要有不同的侧重。要使申请书的接收者看后能比较透彻地了解申请人或申请单位的具体情况，知悉其意愿和要求。如果申请者对事情和理由交代不清，含混不明，或者写得不得要领，就会影响上级或领导的决心，延缓问题的解决。

（3）要坚持实事求是的态度。为了达到申请的目的，绝不是把情况和问题说得越严重越好，越迫切越好，也不是把要求提得越高越好。所以，只有如实介绍情况，合情合理地进行分析，实事求是地提出要求，有理有据地说服接收申请的人，使他们满足申请者的要求。

（4）语言文字要得体。申请书是给组织、团体、机关、单位的领导审阅的，他们是特定读者。因此，写作者态度要诚恳，口气要谦虚，要以汇报的形式讲问题，切不可用指令性语言。说明情况，申明道理，语言要准确，文字要朴素，只要求实事求是，把道理表达清楚。切忌为了说透问题，而随意渲染，故弄玄虚，或为了文辞生动，牵强附会地使用怪僻、深奥的文字语言，造成因字害意、因词害文的现象。同时，收尾要工整，符号要正确，格式要规范，这样才能使人读起来有严肃、认真、恭敬、礼貌的印象，从而收到申请的最佳效果。

【实例】

入党申请书

敬爱的党组织：

我郑重地提出申请，要求加入中国共产党。

加入中国共产党是我在学生时代就向往的，记得我在加入共青团时，就曾宣誓要为共产主义事业而奋斗终生。现在，我已进入中年，曾几次拿起笔，想向党表明心愿，可在这严肃的时刻，总觉得我与党的要求相差甚远，常常因没有勇气而搁笔。

这几年来，经过党的教育，英雄模范人物的激励，我经过了思想磨炼，更加坚定了把自己的前途、工作与党的事业结合起来，为共产主义远大理想奋斗终生的信念。我热爱中国共产党，对她坚信不移。

中国共产党是中国工人阶级的先锋队，是中国各族人民利益的忠实代表，是中国社会主义事业的领导核心，党的最终目的是实现共产主义的社会制度。

中国共产党是伟大、光荣、正确的党。曾带领中国人民战胜了各种艰难险阻，从1921年建党以来，取得了一个又一个的胜利。没有共产党就没有新中国，没有共产党就没有我们当今的建设成就。党的十一届三中全会确定了我党在新时期的改革开放的政策，并且取得了丰硕成果。尽管我们党也受到一些挫折，党内还存在不正之风，但这不是主流，是在前进道路上的问题。事实证明，党能够依靠本身的力量，克服困难，改正错误，更加生气勃勃地前进。

我深深地认识到，我们只有团结在党的周围，在党的各项方针政策的指引下，进行社会主义现代化建设，才能使我们国家早日进入世界先进国家的行列。我们个人的命运与党的命运息息相关，没有党的领导，建设社会主义将是一句空话。更何况个人的前途命运。

近几年来，我在本职工作方面取得了一些成绩，思想方面也有了较快进步，这些都与党对我的关怀、教育分不开。我的身上还存在缺点，还有待于不断学习不断磨炼。我衷心希望得到党组织的帮助和培养。虽然我现在还不是一个共产党员，但是，我决心用共产党员的标准严格要求自己，积极向组织靠拢，在组织的教育和帮助下，发扬成绩，克服缺点，不断进步，争取早日从思想上入党。当前，党和国家的各项改革事业正在蓬勃发展，能够在此时向党递交申请，我感到光荣和自豪。不论组织何时发展我入党，我都将永远为党的事业而不懈努力。

请党组织在实践中考验我！

此致

敬礼！

申请人：×××

××××年×月×日

思考与练习

1. 条据类应用文写作应该注意哪些事项？

2. 2010年10月10日张东按照合同向房东缴了2010年第四季度的房租4500元钱，请你代替房东张丽写一张收条。

3. 株洲炎帝广场麦当劳店于2013年6月18日开业。6月18日至28日开业期间，全场商品8折优惠，专卖店地址：××市××路××号，电话×××。根据以上材料，写一则开业启事。

第九章　公务书信

第一节　概　　述

一、公务书信的概念

书信是人们工作和生活中交流情况、沟通思想、联系工作、表达意愿等而广泛使用的一种应用文体。

书信一般分为一般书信和专用书信两类。一般书信指私人之间来往的书信，大多不宜公开。如家书、情书等。而专用书信是指用于某种特定场合，针对某种特定事务或需要的具有专门用途的书信，大多可以公开。其中为处理单位与单位之间公务活动的书信称为公务书信，如慰问信、感谢信、推荐信等。

二、公务书信与一般书信的区别

1. 公务书信大都有明确的标题，标明书信的性质。
2. 公务书信在内容上具有专门性或规定性，一种专用书信只限于写一个内容。
3. 公务书信的写信人和收信人之中，一般至少有一方是团体或单位。
4. 公务书信可以由个人或团体署名，并加盖私章或公章。

三、公务书信写作的基本要求

（一）对象要明确

书信是向特定对象传递信息，交流思想的应用文。写什么、怎样写都要设身处地替收信人着想。有了确定的对象，才能进一步确定书信要谈的具体内容和表达方式。关系不同，写法各异。目的不同，写法有别。

（二）表述要清楚

写信是名副其实的笔谈。如果“谈”不清，或对方一时弄不明白，可能会误事，所以一定要把意思表述清楚。

（三）书写要规范

书信写作规范突出地表现为两个方面：一是书写格式的规范；二是书信语言的礼貌规

范。这两种规范都要严格遵守，否则就会出乱子，闹笑话，影响交际效果乃至误大事。

思考题

1. 公务书信的含义是什么？
2. 公务书信与一般书信的区别？
3. 公务书信写作应注意什么？

第二节 请柬

一、请柬的概念

请柬，也称请帖，它是为邀请客人而发出的一种短小书信。在邀请宾客前来参加会议或活动时，常采用发送请柬这种书信形式。

二、请柬的格式和写法

请柬一般由标题、称呼、正文、结尾、落款五个部分组成。

1. 标题。居中写“请柬”作为标题，字体要醒目。

2. 称呼。抬头顶格写被邀请者个人的姓名或单位名称。若写给个人，姓名后面应加上“先生”或“女士”或职务。

3. 正文。交代活动的名称、内容、地点和时间。为了便于被邀请者赴会，有的还应注明如何接送，或乘什么车辆抵达。

4. 结尾。在正文后另起一行空两格写“敬请”二字，然后再另起一行顶格写“光临”。除“敬请光临”以外，还有“致以敬礼”、“恭候指导”等表示欢迎、恭敬的词语。

5. 落款。写明邀请人和发出请柬的时间。

三、请柬的写作要求

1. 内容要简明、准确

简明，就是不要烦冗造作，不要堆砌辞藻。准确就是要把邀请对象，活动安排、时间、地点、邀请者，发请柬的时间等必须写得一清二楚。

2. 语言要平实、自然

请柬要根据对象内容认真措辞，尽量多用口语，少用文言。如用文言，也应注意，并能被邀请者理解，否则会适得其反。

3. 感情要饱满、诚恳

被邀请者看了一封带有诚意和礼貌的请柬定会欣然前往。所以在写柬文时切忌生硬和粗鲁。

四、请柬的例文和评析

【例文】

请　柬

×××先生：

兹定于九月二十日上午八时在我校办公楼会议室召开本校建校五十周年座谈会。敬请莅临指导。

此致

敬礼

××中学（加盖公章）

二○○三年九月四日

【评析】

该请柬写明邀请谁，在什么时间、什么地点、做什么事情以及邀请者和发出日期。内容清楚明白，文字精练、朴实，语气和蔼、热情。

思考题

1. 请柬的含义是什么？
2. 简述请柬的格式和写法。
3. 某企业拟举办产品推销会，按格式要求代写一份请柬。

第三节　慰　问　信

一、慰问信的概念

慰问信是单位以组织的名义或个人的名义，向有关部门、群体、个人表示慰问的书信。

慰问信可以是在对方取得成就、荣誉，做出贡献时使用，也可以是在对方遭到灾害、困难、意外损失时使用，还用于节假日慰问群体、个人。它能充分体现组织的温暖和亲友之间的深厚情谊，给人以情感的慰藉和心灵的鼓舞。

慰问信可以直接寄给对方，也可以通过新闻媒体传播。

二、慰问信的种类

慰问信的种类有三种：

1. 灾难慰问。向在自然灾害中遇到重大损失的地区和群众表示安慰与激励；向遇到不幸个人（如患重病或家属之故等）表示同情与安抚。

2. 业绩慰问。向为国家与集体做出贡献的集体或个人表示慰劳与祝贺。

3. 节日慰问。遇传统节日向有关人员表示问候、祝愿。如在春节时对驻守在边防线上的解放军战士，对节日坚持工作的各条战线的工作人员表示节日慰问等。

三、慰问信的格式和写法

慰问信一般由标题、称呼、正文、尾语、落款五部分组成。

1. 标题。居中写“慰问信”或“××致××的慰问信”。字体相对较大。

2. 称呼。在标题下另起一行顶格写被慰问单位名称或个人姓名。要写全称。

3. 正文。根据慰问信的种类，正文内容可分为三类。

一是对做出贡献的群体、个人的慰问。首先要肯定他们的成绩和奋斗精神，对他们辛勤劳动、为国争光做出成绩给予赞扬，然后表示或号召向他们学习，表达慰问之情。

二是对灾害与事故受害者的慰问，可以简述受害情况，说明受害者顽强的奋斗精神，表示对他们的关心支持，最后是希望或祝愿。

三是节日慰问，要根据对方工作的性质，简要讲述这种工作的意义，赞扬他们的辛勤劳动，忠于职守和无私的奉献。结尾可表示共同的愿望和决心，或再次表示深切的慰问之情。

4. 尾语。用“此致敬礼”作结，或写祝愿的话。如“祝你们取得更大的成绩”；“衷心地祝你们休养愉快，早日康复”；“祝节日愉快，合家欢乐”等。

5. 落款。在尾语的右下方署上慰问单位名称或个人姓名。署名下一行写上具体的年、月、日。

四、慰问信的写作要求

1. 对象要明确。根据不同的对象确定慰问内容。

2. 感情要真挚。应以高度的热情，赞颂或慰勉对方，使人受到鼓舞，奋进向前。

3. 语言要亲切。慰问信的主旨是向对方表示慰问，语言要恰如其分，不要故意拔高、夸大其词，甚至有献媚之词。应富有感染力，让被慰问者从中得到慰藉与鼓励。

五、慰问信的例文与评析

【例文】

慰问信

××厂的女士们、先生们：

首先对你们在××交通事故中的不幸遭遇表示真挚的同情，对你们身体和精神受到的伤害表示深切的歉意，对于因为恶劣天气和工作失误给你们造成的痛苦表示衷心的慰问。

×月×日，你们赴我厂指导生产，山路崎岖，行车难度较大，又遇浓雾，本应改变此次行动，但因事情紧急，又存侥幸心理，司机在行车中未掌握好车速，造成了这次事故的发生。其责任应由我厂承担，现派我厂副经理×××代表全厂职工，携带慰问品前去表示真诚的慰问。希望你们静心休养，尽快恢复健康。

衷心地祝你们休养愉快，早日康复！

×县×镇××厂（加盖公章）

总经理×××

×年×月×日

【评析】

本慰问信格式正规，正文首先对事故中受害者表示慰问，其次简述了受害的经过，表示了对他们的关心，最后是祝愿。语言精练、亲切，感情真挚，是一篇极富感染力的慰问信。

思考题

1. 什么是慰问信？它的特点是什么？

2. 假设今年3月8日（三八妇女节）这天，某中学女教师放弃休假，依然在给学生上课，试以××市教育局的名义，向某中学女教师写一封慰问信。

第四节　感　谢　信

一、感谢信的概念

感谢信是机关、团体、单位、个人获得有关方面和人员的关心、支持、帮助、慰问、馈赠后，向对方表示感谢的公务书信。

感谢信广泛用于公务活动及日常生活，只要是答谢另一方的好意，以表示感激之情并赞扬对方的高尚风格及奉献精神均可使用，它可用于谢援助、谢探访、谢悼唁等等。感谢信不仅有感谢的意思，而且有表扬的意思。

二、感谢信的格式和写法

感谢信一般由标题、称谓、正文、结尾、落款五部分组成。

1. 标题。第一行正中写“感谢信”或“致×××的感谢信”等字样，字体应大些。

2. 称谓。第二行顶格写被感谢方的单位名称或个人姓名，个人姓名应加上“同志”、“先生”或职务等，称谓后加冒号。

3. 正文

写感谢信的内容，一般有以下两个方面：

（1）简述事迹，说明效果。应交代清楚人物、事件、时间、地点、原因和结果，并扼要叙述在关键时刻对方帮助所产生的客观影响和社会效果。

（2）颂扬品德，表示决心。既表感激之情，也谈今后如何用实际行动向对方学习。

4. 结尾。写上表示敬意，感谢的话，如“此致敬礼”、“致以最诚挚的敬礼”等。

5. 落款。在右下方写上单位名称或个人姓名，发信时间。

三、感谢信的写作要求

1. 内容要真实。叙述事迹要真实具体，以充分反映出对方的先进思想，高尚品质，人物、时间、地点及有关数字要绝对准确，关键部分要突出，并给对方以恰如其分的评价。议论要精当、自然，不要泛泛讲大道理。

2. 感情要丰富。做到以事表情，以情感人。既要感情充沛，讲究文辞，又避免平铺直叙，辞藻华丽。表达谢意的行动要符合实际，说到做到，切实可行。不要夸大，不要拔高。

3. 篇幅要短小精悍，简明有力。

四、感谢信的例文与评析

【例文】

感谢信

××百货公司：

×月×日下午我单位业务员××到贵公司购买物品，不慎丢失皮包一个。内有人民币五千余元，工作证一个、手机一个、信誉卡一张。当我们正在焦急寻找时，贵公司职工××将拾到的皮包主动送到我公司。我们再三感谢并表示要赠送纪念品，×××同志却说：“这是我应当做的。”一再表示不能接受纪念品。她这种拾金不昧的高尚品德，对我们全体工作人员是一次很好的教育。在此，特致信贵公司，深表谢意，并建议对×××的高尚行为予以表扬。

××厂（加盖公章）

××××年×月×日

【评析】

本感谢信简明扼要地交代了事情的始末，并且对××百货公司职工××给予赞扬，表达了感谢之情。语言朴素大方，感情自然真挚，评价恰如其分。

思考题

1. 写感谢信时应注意哪些事项？

2. 根据下面提示，代拟一份感谢信。

×××市×××区×××养老院位于城郊，老人们进城修眼镜很不方便。××市美好眼镜厂得知此情况后，2003 年 8 月 20 日专门组织人员上门服务，免费为老人修理眼镜 30 副，销售眼镜 20 副，受到养老院全体老人的好评。

第五节 推 荐 信

一、推荐信的概念

推荐信又称推荐书、引荐信，是通过有关单位或有关人士向用人单位或有关部门介绍引荐人才，希望对方接纳、任用时所写的一种公务书信。

推荐信一般是由第三者出具。由单位出具的必须要加盖公章；由个人写的，最好亲笔书写，不要打印。推荐信的应用范围十分广泛，凡需要推荐人才的场合都可以使用。随着国家人事制度的改革，人才流动日益频繁，呈现出竞争就业、择优上岗的局面。因此推荐信越来越得到人们的重视。

二、推荐信的格式与写法

推荐信一般由标题、称谓、正文、结语、落款五部分组成。

1. 标题。首行正中标以“推荐信”三个字，也可以写成文章式的，如“关于×××的推荐信”。字体要大些。

2. 称谓。空一行顶格写用人单位的名称和负责人姓名。写给单位的要写单位全称。写给个人的一般按对方的身份和职务称呼。以个人名义写给负责人的，要根据双方关系的亲疏深浅灵活称呼。

3. 正文。要较为客观、全面地介绍被推荐人的真实情况。

首先，要介绍基本情况，如姓名、性别、年龄、政治面貌、学历、职务、职称、经历等。

再次，要介绍突出特点，如学业成绩、业务能力、工作实绩、专长、爱好、适合做什么、本人愿望等。

最后，要表明推荐者的态度和意见，如“特此推荐”、“该同志适合干××工作”、“本人乐于推荐此人到贵单位任职”等。

4. 结语。一般写祝颂语作结。

5. 落款。写明推荐单位或推荐人姓名，并注明详细日期。

三、推荐信的写作要求

1. 客观公正。推荐信用于推荐人，以便于对方任用或接纳的公务书信。对被推荐人要有一定的赞誉和宣传，但要出自公心，不徇私情，把握分寸，客观公正评价，不言过其实，不掺杂水分，不凭空想象、虚构捏造。对被推荐人存在的不足，必要时如实相告。

2. 重点突出。推荐是否成功，就在于推荐信是不是引起对方的兴趣。所以要求推荐信要简明扼要，重点突出，一切用事实说话，避免空洞介绍。不必面面俱到，泛泛而谈，要根据被推荐单位职业要求介绍。要做到理由充分，事实具体，文字精练，语言流畅，使用人单位迅速准确地做出判断和抉择。

3. 谦恭有礼。写推荐信要讲究礼仪，注重修养。要尊重对方，态度要诚恳，语气要谦恭。措辞用语要朴实，恰如其分，提出要求要坦率明确，适可而止。不要脱离实际，提过分的要求，使对方感到难堪，更不能强求对方。

四、推荐信的例文与评析

【例文】

推荐信

××公司：

我院中文系文秘专业毕业生×××，女，现年22岁。该生品学兼优，身体健康，有较高的文艺天赋，曾获院女大学生风采比赛一等奖。她各门专业课均获优秀，英语已通过六级考试；计算机已通过二级考试。她喜爱秘书工作，曾在院长办公室里工作两年（课余时间），有一定秘书工作经验。作为她的领导和老师，特向你们推荐。

我相信，×××同学有能力胜任贵公司秘书工作，你们会发现她是一位非常难得的人才。望能经过考核而录用。

××学院中文系主任×××

二〇〇五年四月×日

【评析】

这是一封以领导身份写的推荐信。内容简明扼要，语言质朴务实，介绍客观公正，评价恰当中肯。特别是能突出重点，介绍了有利条件，突出了优势亮点。还注意用事实说话，使人看得见、摸得着，有据可查。给人清晰深刻的印象。

思考题

1. 写推荐信应注意什么？

2. 推荐信与一般书信的区别。

情景训练题

1. 天星电子有限公司是一个规模大，效益好的专业销售公司，实行现代化管理手段，在全国20个省市设有分公司和办事处。公司拥有一支高学历、高素质，朝气蓬勃，注重实效的专业队伍，并以优质的产品，高效的工作服务于社会。

×××，是××大学2005届数学系计算机专业本科毕业生，本市户口，23岁，男，精通计算机安装、维修、程序设计。品行诚信，身体健康，相貌端正。语言表达能力好，社会交往与人沟通甚佳。有较强的市场开拓能力，敬业、责任心强。

现×××急想去天星电子有限公司工作，若你是××大学数学系主任，请为×××向天星电子有限公司总经理写一封信。

2. 足球比赛是一种能使成千上万观众为之动情的运动。当小小的足球被甲方队员控制直逼乙方球门的紧张时刻，有多少人在跺脚、呐喊，为甲方队员鼓励加油，又有多少人捏紧拳头，屏住呼吸，为乙方队员担忧。眼看足球直射球门，就在即将射进的一刹那间，球却碰上了球门柱被弹了出去，全场哗然：有人叹息，有人埋怨，有人庆幸。足球场上，人们的神情真是丰富多变。

你喜欢看足球吗？你经历过这种扣人心弦的热烈场面吗？假若你获得这种体验都是因为一位朋友邀请你去观看这场足球赛的缘故，你此时此刻应该写一封什么样的信给你的朋友呢？

第十章 新 闻

第一节 概 述

一、新闻的定义

新闻是什么？一个多世纪以来，随着新闻事业和人们认识的逐渐发展，国内外对此有各种各样的定义。中国新闻界的前辈陆定一在1943年发表的《我们对于新闻学的基本观点》一文中提出："新闻的定义，就是新近发生的事实的报道。"复旦大学宁树藩教授认为："新闻是经报道（或传播）的新近事实的信息。"《辞海》又是这样解释的，新闻是"公开传播新近变动事实的信息"。美国威斯康星新闻学院教授布莱尔说："新闻就是新近发生的，能引人兴味的事实。能引起最大多数读者的最大兴趣的新闻就是最好的新闻。"

归纳人们的各种说法，就可以得出新闻的定义，新闻是一种满足人们对信息的需求，讲究真实，快捷地反映社会生活中有价值的事实的实用类文体。

二、新闻的特征

（一）真实性

所谓真实性，就是指新闻写作必须真实地反映客观事物的本来面目，这是新闻报道的生命所在。

新闻的真实性具体体现为：

1. 确有其事。就是说报道新闻的事实不是靠捕风捉影来的，也不是无中生有，凭空捏造，而是这件事确实发生过。

2. 构成新闻的基本要素必须准确无误。所谓基本要素是指时间、地点、人物、事件、结果、原因，即西方新闻学所强调的5个W（WHAT、WHO、WHERE、WHEN、WHY）加一个H（HOW）。这些都是新闻赖以生存的因素。

3. 新闻中引用的各种资料必须准确无误。这里所说的引用的各种资料，主要是指数字、史料，还有背景资料等等。

4. 新闻所反映事实的环境、过程、细节、人物的语言、动作必须真实。

5. 新闻中涉及人物的思想认识和心理活动等，必须是当事人所述。

（二）思想性

所谓思想性，就是指新闻报道中所体现的观点、态度、倾向，也就是新闻对受众的影响和指导性。在我国，新闻的思想性就是在新闻报道中要坚持党的四项基本原则，用与时俱进的立场、观点、方法和方针、政策、路线，回答实际工作和生活提出的有普遍意义的问题，以指导人们的思想和言行。

新闻的思想性，主要指：一要明确，就是态度、观点、倾向要明了，旗帜鲜明，不含糊；二要深刻，就是主题要深刻，分析要深入，不敷衍。要善于把思想融入客观事实的报道中，“寓意于事”。

（三）时效性

所谓时效性，就是指迅速、及时地报道新闻。新闻是“易碎品”，“今天的新闻是金子，昨天的新闻是银子，前天的新闻是垃圾”。特别是在当今信息快速发达的时代，新闻对新闻时效性的要求越来越高。

新闻的时效性主要指：一要新鲜，就是指时间新，内容新，报道的角度要新；二要快速，就是要求要迅速及时地报道新近发生的事实。既要注意“快”，又要注意“适时”，不能一味求快而影响报道质量和效果。

三、新闻的分类

一般而言，新闻（这里仅指新闻报道体裁）大体有以下几类。

（一）消息

消息是各种新闻体裁中用得最多、最活跃的一种体裁，在新闻报道中占有重要地位。所以，人们又称它为新闻报道的主角。其篇幅短小，言简意赅，有一定的结构模式，报道事件及时迅速，适用于传播新鲜的、重要的、有趣的事实。

（二）通讯

通讯是一种详细、生动的新闻报道体裁。通常以写人记事为主，它真实具体、形象生动、全面详尽地反映新闻现象，富有表现力和感染力。它是我国新闻报道中的常见文体。

（三）新闻特写

新闻特写是从消息和通讯之间衍生出来的一种报道形式，是一种“再现”新闻事件、人物或场景的形象化报道。它强调视觉印象，以描绘为主要手法，往往截取事件发展进程中的某个片断、细节或画面，绘声绘色地记写，给人留下特写镜头般的印象。

思考题

1. 在新闻写作中如何坚持新闻的真实性？
2. 具体分析一篇新闻报道，体会新闻的三大特征。

第二节 消 息

消息是用概括性叙述的方式，简明扼要的文字，迅速及时地报道国内外具有现实意义的新鲜事实。它在新闻诸文体中使用频率最高，使用数量最多，是新闻报道中最常用的文体，故人们常把消息称为新闻。狭义的新闻即指消息。

一、消息的特征

消息之所以能在新闻体裁中占有重要的地位，是与它具有真、快、新、短等特点分不开的。

（一）真

真是指内容是真实的。真实是新闻的生命和新闻写作的铁的原则。消息以客观事实为来源，它要求所写的人物、事件、地点、时间、数字、情节等都必须真实，甚至连细节也要真实。它既不允许凭空想象和联想，也不允许合理夸张，更不允许随意编造，以假乱真。同时，它还要求在确保事实准确的前提下，做到真实地反映事实的本质。

（二）快

快就是指报道时间同事实的发生时间之间的时差最小。消息总是承担着首次报道各种社会信息的任务。尤其是广播、电视等新闻媒体日新月异的发展，使消息的传播更加迅速。唯其迅速及时，才能赢得最广大的读者和听众。任何延宕迟缓，都会削弱甚至失掉消息的新闻价值，并可能造成无法弥补的损失和遗憾。当然，强调报道迅速要以报道的准确真实为前提，如果只图快而造成失真也是徒劳甚至有害的。

（三）新

新是指消息报道的事实和角度都是新的。事实新就是指消息所报道的事实必须是新近发生的、新鲜的，有意义和具有新闻价值的。在社会生活中，人们由于受地域、时间、知识、能力等各种条件的制约，不可能样样知道，因此，人们急欲知道和了解外部世界的新事物、新情况、新发现、新发明、新问题、新经验、新典型、新人物，以作为指导、充实、消遣和借鉴，而在现实生活中，新的东西报道出来，就能引起读者的关注和兴趣。

角度新就是指消息报道要确立富有新意的主题，并要抓住所报道事实的特点和受众的心理，改换过去常规报道的切入角度，选择最佳的崭新角度切入，以取得较好的社会反响。

（四）短

短是指消息的篇幅短小，文字简练。消息多在几百字以内，它要求用最简洁的语言，写清事实，显出精神。消息文约而意丰，篇幅短小，简练明白，准确生动，才便于以最快的速度把新闻传播给读者。

二、消息的种类

消息可以从不同的角度来进行分类。如按报道的对象分，可分为人物消息、事件消息、会议消息、经验消息等；按报道的地域分，可分为国际新闻、国内新闻、地方新闻等；按报道的内容范围分，可分为政治消息、军事消息、科技消息、工业消息、体育消息、文教消息等。兼顾内容和写作特点，可以将常见的消息分为以下四种：

（一）动态消息

动态消息是对正发生的或正处于运动状态的具体事物进行报道的一种形式。往往一事一报，篇幅短小，简明扼要，只报道事实，一般不加评论，所以又称为“纯新闻”。动态消息在新闻中所占比例比较大。比如，各种重要会议新闻，国家领导人和名人行踪，重要体育比赛，重大工程的开工等，都属于动态消息。

（二）综合消息

综合消息的报道面广、声势大，它就某一方面的问题，集中全国或一个地区或一条战线或一个部门带全局性的情况、动向、成就加以报道。它也称综合新闻，在材料的选用上，既要有全面性的概括材料，又要有典型的具体事例。在结构上要做到观点集中而突出，层次清楚而紧凑，材料典型又紧扣主题。因此，综合消息报道的途径是带全局性的，它所包含的事实比动态消息所包含的要多，它所经历的时间跨度较动态消息经历的要长，它所涉及的面比动态消息所涉及的要广。

（三）经验消息

经验消息是对某一地区、部门或单位取得的成功经验的集中报道。在经验消息中，往往要交代情况、介绍做法、反映变化、总结经验，从事实中得出结论，从典型中引出规律。所以经验消息又称为典型消息或专题报道。

（四）述评消息

述评消息又称新闻述评或记者述评，是指在传播新闻事实的同时还对事实发表评论。这类消息通常采用夹叙夹议、边叙边评的方法，及时地对所报道的事件加以评议，针对问题，分析研究，归纳总结，以帮助读者或听众澄清是非，提高认识。

三、消息的结构

消息由于其快速传播信息这一突出功能，在长期的历史演变和发展中，已经在结构上形成自己鲜明的特点。

通常一篇消息由标题、消息头、导语、主体、背景、结尾等几部分组成。

（一）标题

消息的标题，不但是全文的眉目，还是消息内容的提要，它往往本身就是一句话新闻。消息的标题不同于其他文体的标题，它有三个样式：三组合式、双组合式、单题式。

1. 三组合式

三组合式由引题、正题、副题组成。正题是标题中最主要的部分，所用的字号最大，居于最显著的地位。它一般用来点明消息中最主要的事实或观点，引题和副题分别在正题的上下，引题又称眉题、肩题、领题。引题的主要作用是交代背景，烘托气氛，引出正题，并与正题互为补充。它不是消息必具的标题，只有同正题配合才能存在。副题又称子题，下辅题，它多是消息内容的提要，或是对正题的补充说明，以扩大信息的显示效果。

副题只能依附正题而存在。此类标题信息量丰富，宣传声势大，常用来报道比较重大的事件。如 2002 年 1 月 2 日《华尔街日报》头版一则消息的标题：

一位病人住院 34 天

一张 520 万元账单

——怎么可能？它包含了什么？

2. 双组合式

双组合式有两种情况，一种是“引题＋正题”；另一种是“正题＋副题”。不论采取何种类型，其中有一个必须实题，另一个可虚可实。实题是对消息事实的概括，虚题是对气氛的渲染和意义的阐发，内容较为抽象含蓄。例如：2002 年 5 月 8 日《文汇报》一则消息标题：

悬泉汉简研究认为 2100 年前

敦煌也曾山清水秀

3. 单题式

单题式只有一个总题，也即正题。它醒目、易记，也是常见的一种新闻标题。如：2002 年 2 月 10 日《光明日报》一则消息标题：

暖融融的“压岁钱”

（二）消息头

消息头是消息的外在标志。它主要形式有“电”与“讯”两类。这两类形式的作用和性质是一样的，只是在传递手段上有所不同。

“电”主要是指通过电传、电子邮件、传真或电话等方式向报社传递的消息，这称之为“电头”。电头是表明电讯稿发出的单位、地点和时间的，加括号或用显著字体标出，置于稿件开头。如“新华社合肥 6 月 5 日电”，其中“新华社”是新华通讯社的简称，表示这条消息是由新华社发布的；“合肥”是新华社分社的所在地，此处也表示消息发布的地点；6 月 5 日是发布消息的时间；“电”表示此消息是采用电传方式传递的。而“据新华社澳门 4 月 20 日电”，则是报社对新华社澳门通讯分社的电讯稿进行删节后所报道的消息。

“讯”主要是指用邮寄或书面递交的形式向报社传递的消息报道。凡报社通过自身的渠道所获得的本地消息，一般都标以“本报讯”；凡由外地寄来的消息，都应标明发布消息的时间和地点。如“本报芜湖 5 月 1 日讯”。

“电”、“讯”的作用在于：①可以表明新闻稿的发出单位，借此显示消息的“身份”；②有了电头或本报讯，可以承担发表新闻作品的责任，接受社会监督；③电头注有发稿的地点、时间，可以说明新闻的来源、时效，借以传达某种信息。

（三）导语

导语是消息正文的开头，它是紧接消息头之后的第一句或第一段话。导语是消息内容的精华，一般由最新鲜、最重要的新闻事实或依托新闻事实的精辟议论组成。

新闻导语主要担负着三项使命：

第一，以省俭的笔墨反映出新闻的要点和轮廓，使读者一见即知。

第二，一语定意，为整篇报道定下基调。导语写得如何，直接影响到新闻其余部分的写作方向与展开程度。

第三，吸引读者注意，最大限度地激发读者的阅读兴趣。

导语的写法不拘一格，常见的主要有以下几种：

1. 概述式

用概述的方法，把消息中最新鲜、最主要的事实写出来。这类导语开门见山，简明扼要，无任何修饰描述。

2. 描写式

描写式导语就是从事物所处的特定时间或特定环境作简要描述开始，而后引出报道内容。这类导语生动形象，可以创造气氛，营造形象逼真的场面。

3. 评论式

对消息所报道的事实进行精要的评论，一开始就揭示出事物的意义和目的。

4. 设问式

以设问开始，把消息里的主要事实或所要解决的问题提到读者面前，以引起人们的高度关注，增强报道的论辩色彩。

5. 引用式

引用新闻中主要人物的核心语言作开头，往往能给人以深刻印象。

6. 对比式

就是用新闻事实中某种情况与过去某种情况进行对比，使新闻具有反差特点，也使读者得到深切感受。这类导语的特点是着眼于当前，讲过去是为了衬托现在，充分体现出消息中所蕴含的时间价值。

总之，导语的写法多种多样，究竟采用哪一种导语开头，就要根据消息的内容和自己的构思而定。但无论采用何种写法，都应做到：

1. 导语必须有实质性内容，不能虚晃一枪，空泛无物。

2. 将最具新闻价值、最有吸引力的事实写进导语，并注意不要与主体重复。

3. 炼字炼句，力求简短。

4. 语言力求优美生动，引人入胜。

（三）主体

主体是消息的主要部分，它紧接着导语之后，是导语的具体化，也是导语的深化和发展。它虽与导语有密切的联系，但又不同于导语，不能与导语重复。它要用事实的、具体的、典型的材料阐述导语所揭示的主题思想，补充导语所反映的事实，回答导语所提出的问题，给读者一个详细的、完整的、充实的印象。

主体部分安排层次通常采用以下几种形式：

1. 倒金字塔结构

这种结构形式是把主体中的事实材料依照其重要性按递减顺序进行安排，先写最重要的材料，接着写次重要的材料，最后写次要的材料。这种结构的好处，便于读者把握重点。

2. 纵向结构

这种结构形式是按照新闻事实发展的先后顺序来安排层次。这种结构方式的好处是，可以反映新闻事件的大致过程，让读者了解事件的前因后果。

3. 横向结构

这种结构形式是根据事物的内在联系和逻辑关系来组织材料，安排层次，事物之间存在着主从、因果、并列等不同关系，主体写作也随之作不同的变化。这种主体结构方式的特点是不受事物发展时间顺序的限制，围绕一个主题，将同一时空范围的情况有序地组织起来，反映“面”的变化。

4. 点面结构

点是指个别的、典型的事例，面是指一般的、总体的情况。以点带面，点面结合，这也是主体安排结构的一种常见的方式。

这样安排结构可以为读者提供广阔的认识空间，可以使消息更有说服力，而且也更符合普通读者的认识规律。

（四）背景

背景是指有关新闻事实的历史条件、现实环境以及同其他事物之间的联系等材料。背景是消息的从属部分，它有时穿插在主体的叙述之中，有时糅合于导语或结尾之中。它虽不属于消息事实本身，但它可以用来解释、说明新闻事实，烘托、深化主题，使主体内容更加充实。

背景一般可以分为衬托对比性材料、注释说明性材料、分析解释性材料。衬托对比性材料是用作对比，旨在突出所报道事实的特点和重要意义。注释说明性材料往往用来点明新闻事实产生的原因、条件和环境，通过横向或纵向的联系，把事情的来龙去脉、因果关系交代清楚，有助于读者对新闻的理解。分析解释性背景材料往往在“为何”这个新闻要素上作较多的文章。一般而言，分析解释都是为了化难为易，使所报道的内容明白显豁，易为人理解，在写作上要尽可能生动、通俗、深入浅出。

背景写作注意以下几点：

一是新闻背景一定要紧扣报道主题或主要新闻事实，要尽可能少而精，防止喧宾夺主。凡是与报道主题关系不太紧密的背景材料，一定要坚决删除，不能东拉西扯，枝蔓横生，令读者舍本逐末。有些尽人皆知的背景知识，就不必再写入新闻稿中。

二是运用背景材料要有明确的针对性，回答读者关心的问题。

三是不要形式固定的“背景地位”、“背景段落”。背景材料用或不用以及用在何处，都要根据表达主题的需要而定。它可以穿插在主体、结尾之中，也可以穿插在导语里；可以分散在几个地方，也可以集中在一处交代；如无必要，也可不写。

（五）结尾

新闻的结尾，常常被人们忽略，有人甚至否认新闻有个结尾问题，这实际上是一种错误的理解。结尾是消息的结束语，在文中起着总结全文的作用。它应是消息内容发展的必然结果，要自然收束，切不可画蛇添足。

结尾的方式多种多样，最常见的有：

1. 自然结尾法。大多数新闻采用这种方法，即按照新闻报道的结构安排，顺乎自然地把必要的新闻内容、事件、新闻诸要素交代完毕，而全文已具有“水到渠成”之势，就此戛然而止，不再旁生枝蔓，不再增添所谓“结尾段”之类。

2. 拾遗补阙法。这种结尾有个较为明显的“结尾段落”，它主要用于补充新闻导语和主体部分来提及的新闻要素使新闻报道完整、圆满，或者补充有关背景材料，使新闻报道更加充实、可信。

3. 卒章见义法。这种结尾方法主要用以画龙点睛，总括全篇，突出主旨。

4. 别开生面法。这种结尾，不拘一格，往往“别出一层，补充题蕴”。

思考题

1. 怎样认识导语在消息中的地位？

2. 写好消息主体需注意哪些问题？

3. 何谓新闻背景？消息为什么要加背景？

4. 下面是2002年10月11日英国《金融时报》的一篇消息，请阅读全文并加以分析，指出导语、主体、结尾和背景，说明导语和结尾的方式，主体部分的结构形式，以及“五W”的具体内容。

新加坡虚位待专才

英国《金融时报》(2002年）10月11日报道　1997年，许多受金融危机打击的东南亚国家声讨外国投机商和新殖民主义者，但新加坡却对外国专业人员虚位以待。

凭借吸引外国直接投资的威力，这个城市国家已经比自己过去的殖民统治者英国更富有。现在，通过放宽移民限制和给外国人提供便宜的住房，它发起了吸引全球专业人士的新运动。

新加坡总理吴作栋说：“我们必须欢迎外国人才带来的知识。新加坡必须变成一座全球性的大都市，一个能让来自不同国家的人都感到宾至如归的开放社会。”

这是新加坡一个重要的政策改变。过去，为了减少对外来劳工的依赖，它曾向外来劳工的雇主征税。但是，政府的“外来人才”政策不是着眼于包容更多的外国佣人，而是要吸引一流的专业人员来完成本国经济从制造业向服务业的顺利转型，以及帮助新加坡国有公司取得全球性的影响力。

新加坡政府在美国、欧洲、中国和印度设立了“接触新加坡”办公室，对本国公司雇用和安置海外人才的花费实行减税优惠。

新加坡发展银行和东方海皇轮船公司这样的国有公司任命了外国人做总经理。这些人又带来了一批外国管理人员。新加坡航空公司还首次任命一位外国人参加其董事会。

同时，从建筑师到工程师等各种外国专业人员纷至沓来。仅从数量上判断，外来人才政策已经取得了巨大成功。自该政策出台以来，新加坡外来专业人员增加了1倍，目前约有9万人。

新加坡官方的态度很明确。当它努力发展生物医学、通信技术、教育和艺术等新产业时，新加坡将需要更多的外来人才。

第三节 通 讯

通讯是以叙述、描写为主要表达方式，对具有新闻价值的人物、事件、工作经验和山川风貌等进行迅速、具体、生动的报道，从而及时地反映现实生活的一种新闻体裁。

一、通讯与消息的异同

通讯与消息同属新闻的范畴，都是有新闻价值的报道。两者都具备新闻文体的特点，同时遵守新闻的基本写作要求。

不同方面主要有：

1. 写法不同。消息一般不运用文学的手法，主要以事实说话；而通讯则要写得具体形象，生动感人，讲究表达形式，因此它要在写真人真事、真情实感的前提下，采用一些文学手法。通讯中运用文学手法是以真实、准确地反映现实为基础的，这一点又使它和文学创作区别开来。

2. 选材不同。消息选材广泛、内容庞杂，通讯的选材则较为严谨，如人物通讯则要用生动具体的事实来表现人物的精神面貌，使人物形象栩栩如生。又如事件通讯则详尽地报道某一事件的来龙去脉，给读者提供关于这个事件的具体情节，点明它的典型意义。消息选材强调有新闻价值，通讯选材则要求选取典型，写人、写事、写情节都必须具有典型意义。

3. 时效不同。消息的时效性强，报道迅速。一般反映当天发生的事情。重大消息的报道，更是争分夺秒，刻不容缓，而通讯往往较迟缓，它有一个整理、加工、提炼的过程，需要一段时间。同一新闻事件往往消息先见报端，继之随后再发人物或事件通讯。

4. 情节不同。消息一般是告诉人们发生了什么事和事情一般过程，以叙述为主，用事实说话，简洁明快，内容单一，一般不交代背景，不展开情节，不必刻画人物。所以消息较为简短、简要和简明。而通讯则要详细地报道事件，展开情节，并且要具体地描述那些有意义的场景。

5. 结构要素不同。消息一般由多行标题、导语、主体和结尾几个部分组成。而通讯就不拘泥于上述的固定格式，它常常灵活运用描写、抒情、议论，并可适当运用比喻、拟人、象征等修辞手法。因此通讯比消息更富有表现力和感染力。

二、通讯的特点

（一）新闻性

通讯是新闻作品，具有较强的新闻性，它能及时发现现实生活中具有新闻价值的人、事、场景，并迅速进行具体生动的报道。通讯的新闻性主要表现在报道内容的真实性，所报道的事实必须完全真实，要用事实说话。新闻主题的深刻性，即通讯的主题必须紧扣当前的形势、任务、情况和问题，带有明显的倾向性，具有对现实的针对性和指导性。报道角度的新颖性，即通讯反映和突出最新情况，要从崭新的角度反映客观事物发展变化的新面貌。

（二）评论性

作者可以对其所报道的典型人物和事件直接发表议论，抒发感情，揭示所写内容的思想意义。当然，通讯中的议论，要紧扣人物或事件进行，要善于即事生情，缘情见理，画龙点睛，突出主题。

（三）形象性

通讯必须形象地报道真人真事，它比消息更加生动形象。消息概括性强，通讯具体性、形象性强。有人物的外形，有人物活动的环境，有事件过程及细节，有景物描写，有心理描写。因而，通讯在表达方法上更加自由灵活。通讯的语言更加生动活泼，具有生活气息和文学色彩。通讯写作除逻辑思维外，还要较多地运用形象思维。

三、通讯的种类

按报道对象，内容和写作方法，通讯一般可分为以下几类：

（一）人物通讯

人物通讯是以具有典型意义的新闻人物为报道主体的通讯。它通过详细描述典型人物的感人事迹，展示其思想和襟怀，具有较强的舆论导向作用。人物通讯报道的对象主要是先进人物，也可以是一些新闻人物或者是群众所关心的人物。它可以是一事，一个侧面。也可以是组合式的，一篇通讯中写多个人物。

（二）事件通讯

事件通讯报道突发的、为受众所关心的事件，报道典型的、有普遍教育作用的新闻事件。可以具体而形象地写出一件事的来龙去脉，也可以压缩成概括性的叙述，又可以把新闻事件中的某个片断加以放大作突出的描绘。事件通讯所写的事件，要具有新闻性和典型性，要善于用大中取小、以小见大的方法来选择和反映事件；要善于把事件和读者的利益、要求和共同兴趣联系起来，使事件通讯为受众所喜闻乐见。

事件通讯主要是写“事”，但事因人生，所以它自然也少不了要写人。不过，它是以事带人，写人服从于写事，所写人物都是雕塑式的人物群像。

（三）工作通讯

工作通讯又称“经验通讯”、“政策通讯”，是一种比较直接地反映实际问题和指导实际工作的新闻体裁，是一种问题性、论述性、经验性的通讯文体。它经常运用典型事实，反映具有广泛的社会意义，为广大读者所普遍关心的新问题、新课题、新见解、新经验。好的工作通讯具有很强的针对性和指导性。工作通讯的表现形式有采访札记、记者来信、工作研究等。

（四）风貌通讯

又称概貌通讯，它是以一条路线、一个地区、一个单位的新面貌为报道主体的通讯。

概貌通讯用点面结合的手法，将点上的具体事例和面上的一般情况集合起来表现整体风貌。概貌通讯报道的对象可以是社会面貌，也可以是自然风貌或可兼取二者，融物、景、人、事于一体；可以是一厂、一村、一户人家的今昔变迁，也可以是名胜古迹、风土人情等。

报刊上常见的“纪行”、“巡礼”、“访问记”、“散记”、“见闻”、“掠影”、“一瞥”、“拾趣”、“记游”之类的通讯，大多具有概貌通讯的特点。概貌通讯在写作上较多使用背景材料，常用对比手法反映今昔变化。它富于思想性、知识性和趣味性。

（五）新闻故事

新闻故事又称小通讯，这是与篇幅较大的通讯相对而言的。这种通讯篇幅小、有故事情节，且较深刻的寓意。通常反映一人一事，表现一个片断，内容单一，线索简单，不求写繁多人物，不必横生庞杂枝节，但求精悍、生动和可读性。

四、通讯的写作

（一）深入采访，精选材料

通讯要具体、生动、形象地表现人物的思想、情感、个性和风貌，事件发展变化的来龙去脉以及场景的状貌和特色，作者必须进行深入的采访，深入人物的内心世界，把握人物的情感状态，了解人物个性修养等，以掌握人物发展变化的内在逻辑。而深入采访的直接成果就是更广泛、更深入地占有材料。这里的材料，包括直接材料、典型材料和背景材料。直接材料为被采访对象的主要事迹和具体细节，是各类材料中不可或缺的部分。典型材料要充分反映人物特点，就要抓住人物和事件最能说明问题的关键点，精雕细刻，不惜笔墨。背景材料是人物和事件的历史状况和周围环境的衬托，背景材料充实得当，就能为全篇报道中心突出做好铺垫。概括地说，只有深入采访，才能获取真实的材料，才能抓住重大的题材，才能写出详细、生动的报道，也才能使文章中作者的思想感情得到升华。

同时在掌握材料的基础上，要对材料进行认真的分析研究，精选出最典型的材料，选择材料要注意以下三点：第一，要考虑材料的社会效果，能否经得起社会实践的检验。第二，要考查材料是否具有典型性。第三，要看其有没有具体完整的故事和生动感人的情节，能否写成通讯。

（二）选好报道角度，认真提炼主题

确定了报道对象，选好典型材料后，还必须选好报道角度，从新的角度去观察，去分析这些材料，要努力做到在浩如烟海的新闻通讯中不出现雷同现象，不人云亦云、千人一面。提炼主题要做到：首先，主题要正确。如果主题不正确，即使题材很好，写得很生动，也是无法同读者见面的。其次，视点要高。要从全局着眼，把人物或事件所反映的问题同全局联系起来。最后，视角要新。要写新近发生的事件、新近发现的新人、新形势下出现的新情况、新局面下遇到的新问题。做到发现新课题，变换新角度，提出新思想，提示新主题。要在“高”立意的前提下，写出“新”观念。不论从公众利益还是审美心理看，“新”是通讯写作的必由要求。

（三）安排结构，因文而异

通讯的结构没有固定格式，可以多种多样，但应以表现主题思想的原则，根据不同的内容和要求来精心谋篇布局，安排好层次，力求把通讯写得生动、形象、新颖、深刻。

通讯的结构形式大体上有以下三种：

1. 纵式结构

这是一种按照事物发展的时间顺序，或按照作者观察、认识事物的逻辑顺序来组织材料，安排层次的布局方式，即是一种发展、延伸、推进的结构方式。采用这种结构形式写作的优点是：有头有尾，有始有终，循序而进，易于理解。其弱点是：容易导致平铺直叙、令人乏味。事件通讯多按纵式结构安排形式，人物通讯和概貌通讯也经常采用这种结构。

2. 横式结构

这是一种运用空间转换的方式，或者采用并列铺排的方式组织材料，安排层次的布局方式，即是一个多视角、多侧面扩展的结构方法。采用这种结构形式写作的优点是中心突出，报道面广；其弱点是容易使文章显得散乱。工作通讯多用横式结构安排层次，人物通讯也常用横式结构安排形式。

3. 纵横式结构

这是一种运用时间与空间交替变换的方式组织材料，安排层次的布局方式，即是一种纵横交错的结构方法。这种结构又称为电影分镜头式结构，它往往是以时间为经线，以空间为纬线来布局谋篇，兼有纵式结构与横式结构的优点。

具体地讲，通讯结构一般由三部分组成：一是开头，二是主体，三是结尾。

开头概述事情的情况，简介人物，交代中心思想或提出问题等。这部分要紧扣主题，抓住读者，与全文浑然一体。主体是通讯的主要部分，可根据文章的内容篇幅，划分若干层次，还可以在各层次前加小标题或序列词，以使层次分明、醒目。结尾是通讯的收束，要强健有力，耐人寻味，起到深化主题，激发感情，引人深思的作用。通讯结构三部分的写法，是多种多样的，要因文而异，而不应囿于一种模式。

（四）表现手法，灵活多样

一篇好的通讯，须将叙述、描写、议论、抒情等多种表达方式综合起来，灵活运用。叙述和描写便于完整地展开情节和刻画细节，形象地写人记事，状物绘景。通讯恰当地运用议论和抒情，深化主题，以情感人，加强文章的表达效果，当然，通讯中的议论和抒情要少而精，恰到好处，而不能空泛冗长，喧宾夺主。同时，好的通讯还可以适当借鉴文学、政治、影视艺术、绘画艺术等多种技法来表现人物和事件，更好地凸显通讯主题。

（五）遣词造句，质朴传神

形象性和感染性是通讯的重要艺术特色。通讯有时也借助语言的音响与色彩来加强效果，但主要是靠事实、形象、思想来打动读者。因而通讯的语言，既要准确、精炼、质朴，又要活泼、形象、传神。要恰当地运用一些成语、谚语、歇后语和富有哲理性的人物口头语以及各种修辞手法，把文章写得鲜明、生动、形象、感人。在写人物通讯和事件通讯时，还应使人物语言个性化，以体现人物的性格特征。通讯的语言应做到读起来亲切，听起来顺耳，品起来有味。

思考题

1. 通讯的魅力何在？在媒体激烈竞争的时代，通讯占有怎样的地位？

2. 选择一个先进教师，进行采访，写出一篇人物通讯，字数在2000字左右。

情景训练题

1. 2004年10月24日下午5时，天气非常恶劣，飞腾电脑公司职工王××因身患绝症绝望躺在床上，目光呆滞，这时门铃响了，王妻打开门一看，原来飞腾电脑公司刘总经理和他的秘书站在门口，他们专门带着职工的捐款两万五千元来慰问王××的。假若你是××市日报记者，请你以这件新闻事实写一篇消息。

2. ××市两年前道路狭窄，房屋破旧，人烟稀少，没有一点城市的特征，2004年后，由于该市市长精明能干，头脑灵活，进行招商引资，现如今××城市容貌焕然一新，路面拓宽了，高大的建筑物多了，商品琳琅满目，街道上看不到落叶和烟头，也没有什么脏物。

请根据上面的材料，运用“以小见大”方法写一篇小通讯，字数400字左右。

第四节 新闻评论

一、新闻评论的含义

新闻评论是对最近发生的新闻事件及其有关问题提出一定看法和意见的一种新闻文体。广义的新闻评论，是新闻言论的总称。新闻言论是报纸、广播、电视和时事政治性刊物传播的言论作品。

二、新闻评论的特点

(2) 新闻评论与重在反映情况、报道事实的消息和通讯有明显的不同。评论重在发表意见，阐明观点。旨在揭示事物的本质，指明意义和发展趋势，通过对事物的分析判断，给人以指导。

(2) 从文字表达方式看，评论以论理为主，以叙为辅，叙述是为了论理的需要。论理部分鲜明地表达了作者的立场。

(3) 很强的时效性。新闻评论评的是当下最新的新闻动态和事件，一旦时过境迁，就不再有发表的价值。

(4) 明显的针对性。评论要求抓住一个突出事件集中进行深刻剖析，不可在一篇评论中对多个事件泛泛而谈。

三、新闻评论的功能

（一）新闻评论的社会功能

1. 认识功能

包括认识事物本质，了解事物因果，预测失误趋势，提高认识能力。

2. 教育功能

包括弘扬社会正气，倡导社会规范，提高道德水准，促进社会文明。

3. 监督功能

包括监督权力机构，监督公权人士，监督利益团体，维护社会公正。

4. 协调功能

包括调节舆论温度，平衡社会心态，协调社会行为，避免传播误区。

（二）新闻评论的特殊作用

1. 引导作用

包括引导社会舆论，引导实际工作，引导社会生活，引导受众思想。

2. 解读作用

包括解释政策法规，解读新闻事件，分析社会现象，解除思想疑虑。

3. 表态作用

包括代表党或政府表态，代表媒介、公众、个人表态。

4. 深化作用

包括洞察事物本质，做出理性分析，把握普遍联系，指出变化规律。

四、新闻评论的种类

新闻评论的种类很多，分类方法也不一致。

（一）按评论的内容分

有政治评论、经济评论、文艺评论、时事评论等。

（二）按内容的重要程度分

有社论、评论员文章、短评、编者按、编后等。

（1）社论主要是就当下重大的、很具影响力或争议的社会事件进行全面论述。社论因其权威性会对现实工作和社会产生重大影响和直接指导。

（2）评论员文章讨论的问题较之社论来讲，一般都带有局部性质。如地区性、行业性的问题或经验成就的分析。

（3）短评主要就某一问题的某一个方面来分析，或分析具体观点、行为等。

（三）按内容性质分

可将评论分为提示性评论、立论性评论、驳论性评论、阐述性评论。

（1）提示性评论带有提醒的性质，即点出问题所在、事物的关键，让人们自己去思考。

（2）立论性评论是以倡导为宗旨的评论，也称倡导性评论。在这种评论中，倡导对象也就是评论对象。在新闻评论中，这种评论用途很广，占主导地位。

（3）驳论性评论是以批评、反驳为主的评论，它的写作目的主要是揭露、抨击社会上存在的错误思想和行为。

（4）阐述性评论是论述、阐明纲领、路线、方针、政策的评论。这种评论具有很强的指导性和推动作用。

五、新闻评论的写作

（一）新闻评论的写作要求

1. 富有理论性

一则评论如要上升到理论的高度，就必须脱离就事论事的圈子，去伪存真，运用马克思主义原理剖开现象深入本质，揭示事物的发展规律，提出深刻新颖的见解。这样才能让读者有耳目一新的感觉。

但是，富有理论性并不是指整篇地引用理论权威的观点，而是对理论的灵活运用，对具体问题的具体分析。空洞的说理也不能算是富有理论性，只有把理论和问题结合起来，得出正确的结论，揭示事件的本质，才算做有理论性的评论。

2. 感情充沛

好的新闻评论，要有情有理，晓之以理动之以情。天下为公的责任感和对祖国对社会的热爱更能感染读者，引起读者心中的共鸣，从而增加评论的说服力。

3. 适当的文学性

新闻评论虽然重在说理，但是如果面目呆板，长篇大论，会让读者觉得枯燥无味，有距离感，难以接受。适当运用文学笔法，增加文章的趣味性可读性，使抽象的理论变得生动形象易于被读者接受。

（二）新闻评论的写作要素

1. 论点

新闻评论的论点的基本要求是正确、突出、新颖、有针对性。没有论点的新闻评论，等于没有说明什么问题，论点模糊、不正确都会影响读者对问题的认识和理解。论点是评论者对所论述的问题的观点、立场和见解。是评论的灵魂和统帅。

2. 论据

论据是作者证明论点的根据，是新闻评论的基础或支柱。论点能否成立，取决于论据是否正确、是否充足、是否全面、是否真实。好的论据要有普遍意义，要有代表性。没有论据的论点就不能成立，也不能说服读者。

3. 论证

论证是运用论据证明论点的推理过程，也是论点和材料相统一的过程，是用材料论证论点的逻辑方法。不讲究论证方法，论点和论据之间缺乏必然的联系，论点和论据分家，会形成逻辑混乱，层次不清，论点同样得不到证明。

【实例】

人民日报社论：悲痛中凝聚不屈的力量

当阳光再临大地，时针指向2008年5月19日4时57分40秒，天安门广场，鲜艳的五星红旗缓缓下降。

当笛声警报长鸣，13亿中国人齐身肃立，低首默哀，历史定格在2008年5月19日14时28分。

这一刻，大江南北，长城内外，神州共悲；这一刻，山峦无语，江河呜咽，举国同哀！为四川汶川大地震中我们同胞失去的生命，为四川汶川大地震中我们同胞遭受的灾难……

这是中华人民共和国成立以来，第一次为严重自然灾害造成重大伤亡举行的全国性哀悼活动，也是第一次为自然灾害中罹难同胞降半旗志哀。

我们向遇难同胞致哀，向那些在黑暗中寂灭的生命致哀！截至5月19日12时，汶川大地震已造成33407人遇难，而这冰冷的数字还在无情地增长。他们是父亲、母亲、儿女、兄妹，是我们血脉相连的骨肉同胞，是共和国无法割舍的挚爱。这份痛楚，将由13亿中国人共同承受；这份哀伤，将由中华民族一起分担。

我们向遇难同胞致哀，向那些与死神不屈抗争的生命致敬！汶川大地震，是对脆弱生命的无情摧残，也是对生命意志的永恒见证。残垣断壁之下，多少生命依靠顽强的信念苦苦支撑，不管是否创造了生命奇迹，但他们都与死神搏斗过，与命运抗争过。

我们向遇难同胞致哀，向那种生死瞬间的人间大爱致礼！山崩地裂，造成了狰狞恐怖的自然断裂，却也呈现了可歌可泣的挚爱真情。在灾难来临的瞬间，多少人将生的希望让给别人；在生与死的边缘，多少人将死的选择留给自己。让我们记住他们的爱，记住这些普通生命绽放出的温暖光辉，记住中华民族优秀儿女的精神疆界。

人民高于一切，生命高于一切。一个文明进步的现代社会，一个以人为本的社会主义国家，一个全心全意为人民服务的执政党，必定把人的生命置于最高的价值地位。因为每一个公民都是国家的主人，失去任何一个生命，都是国家的损失，都是民族的哀伤。尊重生命，铭记苦难，将使一个国家在挫折中奋起，会让一个民族在磨难中前行。

7天7夜，在以胡锦涛同志为总书记的党中央的坚强领导下，气壮山河的生死营救，感天动地的举国驰援，爱心涌动的无私奉献，激发了中国人民和衷共济、万众一心的民族精神，再现了我们民族在艰难困苦面前不屈不挠、团结奋斗的光荣传统。历史会证明，地震能摧毁一些东西，但它必将以另一种形式重塑。世界将看到："一个能够出动十多万救援人员的国家，一个企业和私人捐款达到上百亿的国家，一个因争相献血、自愿抢救伤员而造成交通堵塞的国家，永远不会被打垮！"

救援还在继续，挑战仍在眼前。愿全民哀悼凝聚起抗震救灾、重建家园的顽强信念，用我们的不屈斗志和实际行动激励国人，告慰逝者。

"任何困难都难不倒英雄的中国人民。"

【评析】

社论是报刊上发表的代表编辑部意见的带有指导性的新闻评论。它是新闻评论中等级最高的一种形式，是报刊的主要言论，通常刊登在报刊最显著的地方。社论具有鲜明的政治性和现实性，社论对现实的运动和斗争，有极大的组织和推动作用。

综合训练

□知识训练

一、名词解释

1. 消息 2. 倒金字塔式结构 3. 导语 4. 通讯 5. 新闻评论 6. 立论性新闻评论

二、简答题

1. 消息有什么特点?
2. 按写作的内容兼方法可以把消息分成哪几种类型?
3. 消息的标题有何特征?
4. 通讯和消息有什么异同之处?
5. 通讯的种类有哪些?
6. 怎样提炼通讯的主题?
7. 新闻评论有什么样的特点?
8. 按写作目的与性质不同，可以把新闻评论分为哪几类?
9. 写作新闻评论应选择怎样的评论对象?
10. 新闻评论主题的提炼应遵循什么样的原则?

□能力训练

一、阅读下列一则消息，请指出存在的问题，并加以修改。

凭魄力赢得比赛

——记中文系参加的一次知识竞赛

邓小平思想研究协会主办的每年一度的知识竞赛在大学生活动中心二楼隆重举行。代表中文系的乘风队承载了中文系全体同学的厚望，在半决赛中努力拼搏。在抢答题这一环节，由于速度慢了，落后新闻系55分，同时被经济系甩下30分。而在接下来的主观题答题中，乘风队再次由于失误，让人叹息。在与经济系相差37分的情况下，没有人能想象乘风队会在最后一次风险题中打败经济系，进入决赛。由于本次竞赛是四进二的活动，音乐系由于分数过低无缘进入决赛。

在最后一环节风险题中，乘风队凭自己的魄力选了最具挑战性的两道30分题。这也是乘风队最后的奋力一搏。如果答错题也会相应的扣除30分，这是乘风队最后的机会了，终于在选择了现场求助这一求助方式后，乘风队成功地答对了题目，从而获得30分。而另一道题由于答案有歧义，评委在最后报结果时为乘风队加了15分。中文系终于以微弱优势赢得经济系，与新闻系一起进入决赛。

这次比赛在全场雷鸣般的掌声中，圆满结束。中文系也树立了自己的形象，赢得敬佩。我们拭目以待中文系在今后的决赛中取得更大胜利。

二、阅读下列消息，请先拟出标题，然后以之为对象，写一篇新闻评论。

14日，北京工商大学化学系的毕业生们在乘坐火车去北戴河的旅途上，遭遇了被“要求集体让座”的尴尬场面，这让毕业生们很不服气。据毕业生讲，列车员解释说集体让座是给相关领导，这让他们觉得不可思议。

14日下午1时许，李明和十几个同学一起赶到北京火车站，乘坐北京去往沈阳的和谐号D11去北戴河旅游。李明告诉记者，这是他们班毕业前夕的最后一次旅游，大家都已经落实了工作单位，准备奔赴全国各地工作，所以都很期待这次旅行和同学们好好地游玩。

火车是1点55分开车，李明等同学上到火车上找到自己的座位，李明等人购买的座位都是正向的，但突然过来的工作人员要求李明等同学集体起来，坐到另外的反向的座位上去。这让李明等同学很诧异：“我们明明买的是正向的座位，为什么要求我们换座位？”李明的座位是13号，之前的座位全部被换掉。

大约过了几分钟，上来一些人坐在了李明他们的座位上，列车员向李明等同学解释，座位是让给一些领导的。希望李明等同学支持他们的工作。李明等人感到很不服气：“如果是领导出行就可以随便调换别人的座位，那我们作为乘客的权利谁来保障？如果是自愿让座，我们没有意见，但火车上不是要求对号入座吗？他们有什么权力让我们集体把座位让给别人？”

记者随后联系到北京火车站，工作人员表示，火车上一般都是让旅客对号入座，不会随意调换旅客的座位，像李明所反映的这种情况很特殊，他们需要进行了解。截至记者发稿时，没得到铁路方面的调查结果。

北京君泰律师事务所的王凯昕律师告诉记者，火车上每个位置都是特定的，提供的服务对每个人不一样，所以毕业生们买到这个票，就相当于跟列车成立一种合同关系，除非特别紧急的情况，像抢救孕妇或者有人受伤抢救病人才可以要求变更座位。毕业生们可以要求铁路方面进行道歉。

三、采访身边的一个先进集体或个人，写一篇人物通讯。

第十一章 申论写作

第一节 申论的含义和特点

一、申论的含义

“申论”，就词义本身来说，“申”即申述、申明，“论”即论说、论证。从2000年开始至今，“申论”已经成为我国中央机关、各省市（自治区）选拔公务员的考试科目。申论考试主要模拟公务员日常工作所具备的基本能力和素质而设定，围绕给定材料考查应考者的阅读理解能力、综合分析能力、提出问题和解决问题能力、文字表达能力等。

二、申论的特点

（一）命题的模拟性

众所周知，申论考试是为了选拔国家各级机关所需公务员，所以无论是哪一年还是哪一个省的申论命题，均体现出模拟公务员日常工作实务的特点。首先，申论的材料所涉及的社会热点问题，均是各级政府相关部门所面临和应对的问题；其次，从历年申论的命题思路来看，一般都是对某一热点问题的认识、分析和解决，这也是各级政府部门的常规工作思路；再次，申论要求的题目设定中常常给定某公务员角色限定，要求依此拟定一份公文。如2010年国家公务员考试（市级）中第三题：A市市政府准备大力宣传推进对近海水域的污染整治工作，请你结合给定资料，以市政府工作人员的身份，草拟一份宣传纲要。

（二）材料的广泛性

申论所给定的材料一般是社会热点问题。从近几年国家公务员考试材料来看，2008年考查怒江水利开发问题，2009年考查粮食安全问题，2010年考查海洋资源的开发和保护问题，2011年考查黄河治理问题。这些材料涉及政治、经济、法律、文化、教育等诸多方面，字数较多，范围较广，涉及问题和矛盾较为复杂。但是，这些材料中的问题一般已为大众所熟知，也有初步的讨论和定论，所以，需要考生在日常生活中注意收集、思考和整理。

（三）内容的非专业性

申论是面向各个学历层次、各个专业的考试，主要测查考生的基本素质能力，并不倾向于测查某一专业的知识。从历年的题型来看，虽然会涉及法律、土地管理等专业领域，但对于该问题的理解和解答，只需要具备一些基本常识就足够了。所以，在做应考准备时，不能采取死记硬背某专业知识的方式，应注意社会热点问题及政府工作常识的收集、整理，应注重对于申论所考查的几种能力的训练。在答题时，作答应符合申论要求，内容不能过于专业化。

（四）作答的针对性

申论考试的题目是完全针对给定资料所设定的，是完全针对测查考生阅读理解能力、综合分析能力、提出问题和解决问题能力、文字表达能力而设定的。所以，考生在作答时应牢牢把握以下几点：首先，注重对给定资料的阅读、理解、分析，理清资料中的相关问题、因果关系；其次，作答应认真审读作答要求，细致分析资料中既定的环境、条件；最后，组织答案时应紧密结合材料，有针对性地回答问题。

（五）行文的逻辑性

很多考生把申论的写作等同于一般意义的写作。我们常说的“写作”一般是指文艺创作，充分运用形象思维，进行最感性的认识、最大胆的想象；而申论的写作则主要运用逻辑思维。所谓“逻辑思维”，是指舍弃具体表象，借助概念、判断、推理等思维形式能动地反映客观现实的理性认识过程。申论考试中几个题目，一般按照对于某一问题的认识、分析、解决这一思路逐一设定，符合人们认识事物的思维规律；申论中每一题目的思考及作答必须建立在对感性材料的理解、分析、综合之上，尤其是申论考试的最后一题，必须确立主旨及这个主旨统帅之下的各个分论点；再落实到具体的行文，从结构安排到语言表达，都需要依靠严谨、清晰、理性的逻辑思维来组织。

三、申论的格式和结构

纵观近10年的申论试卷，申论试题一直保持较为稳定和规范的结构。根据《中央机关及其附属机构2010年度考试录用公务员考试大纲》的规定：“申论试卷由注意事项、给定资料和作答要求三部分组成。”

（一）注意事项提示考生在作答过程中应该注意的事项

例2010年国家公务员考试的注意事项：

1. 本题由给定资料和作答要求两部分构成。考试时限为150分钟。其中，阅读给定资料参考时限为40分钟，作答参考时限为110分钟。满分100分。

2. 监考人员宣布考试时，你才可以答题。

3. 请在题本、答题卡指定位置填写自己的姓名，填涂准考证号。

4. 所有题目一律使用现代汉语作答在答题卡指定位置。未按要求作答的，不得分。

5. 监考人员宣布考试结束时，考生应立即停止作答，将题本、答题卡和草稿纸都反过来留在桌上，待监考人员确认数量无误、允许离开后，方可离开。

历年来基本上没有太大变化的注意事项，至少给考生以下两点提示：

一是时间。以2010年国家公务员考试为例，注意事项指出“阅读资料参考时限为40分钟，作答参考时限为110分钟”，很多考生为了抓紧时间答题，并未在阅读资料上花足够的时间，十几分钟囫囵吞枣地看一遍给定资料就匆匆做题，殊不知这样反而本末倒置，降低答题效率。上文关于申论的特点介绍已经说明，申论的题目和作答都是针对给定资料而来的，一份高水平的申论答卷一定是建立在对给定资料的充分解读和答题时间的正确把握上。

二是细节。在答题卡指定位置作答，这些细节问题一定要注意，有的考生没有在指定的区域答题，因此没有得分，这种情况一定要避免。

（二）给定资料

申论的给定资料涉及我国政治、经济、教育、文化等诸多方面，大多是围绕一个热点问题、稍做加工整理的“半成品”。称其是“半成品”，主要因其一般由十几则小材料组成，这些材料围绕申论考试的主题，从不同方面进行阐述。每则材料可能节选自一篇消息或发言稿，可能是一个具体事例，可能是一组组数据，也可能是某个人或某个群体的评论，而且这些材料之间没有必然的先后顺序、逻辑关系。另外，近几年申论考试的给定资料也出现过谈话稿，一般由一位记者就某一社会热点问题采访某位官员或专家。针对不同类型的给定资料，考生一定要认真分析把握。

（三）申论要求

从近几年的申论考试来看，虽然不断有一些尝试和改变，但还是未脱离认识问题、分析问题、解决问题的传统思路，这是由申论考试的性质和目的决定的。

例如2010年国家公务员申论考试（市级）的申论要求：

第一题：认真阅读给定资料，简要回答下面两题。（20分）

（1）“渤海碧海行动计划”近期目标难以实现有多方面的原因。请依据“给定资料1”分别进行概括。（10分）要求：准确、全面。不超过200字。

（2）“给定资料3”中，环保专家认为“兵库县堪称‘环保错位’的典型”。请结合资料内容，对“环保错位”的实质进行阐释。（10分）要求：准确、简明。不超过100字。

第二题：针对W市在进一步建设“宜居城市”工程中存在的具体问题，参考给定资料，提出解决的具体建议。（20分）要求：①准确全面，切实可行；②条理清楚，表达简明。不超过300字。

第三题：A市市政府准备大力宣传推进对近海水域的污染整治工作，请你结合给定资料，以市政府工作人员的身份，草拟一份宣传纲要。（20分）要求：①对有关宣传内容的要点进行提纲挈领的陈述；②体现政府精神，使全市各界关心、支持污染整治工作；③通俗易懂。不超过400字。

第四题：结合给定资料中的具体事例，以“海洋的健康”为题目，自选角度，写一篇文章。（40分）要求：中心明确，事实与观点紧密结合；语言畅达，条理清楚；总字数800～1000字。

以上题为例，纵观近几年的试卷，我们可以将申论要求的题型分为以下四类：一是概括类，一般对给定资料中的问题、原因、观点、矛盾、名词进行归纳概括；二是分析类，一般是对资料中某一观点、现象、事实的分析；三是对策类，一般是对资料中的某一问题给出解决的建议对策；四是写作类，一般分为应用类写作和论述类写作。

第二节　如何写好申论

一、申论的作答方法

（一）认真审题

拿到一份申论试卷，了解注意事项以后，首先必须认真审读题目要求，然后再审读给定资料，这样安排顺序的原因如下：

一是了解给定资料的大致主题。如上文列举的2010年国家公务员申论要求，根据四个题目的审读，我们获取了“渤海碧海行动计划”、“对近海水域的污染整治工作”、“海洋的健康”等信息，大致可推定出给定资料可能讨论的是海洋的保护和治理问题。

二是确定作答的具体问题、基本要求。首先，清楚角色限定。不同的角色限定决定回答的内容和语言表达。如上文列举的2010年国家公务员申论考试的第三题，限定了市政府工作人员的身份。其次，确定每一题涉及的材料。问题限定的是某一则材料，还是某几则材料，审题时一定要辨别清楚。如上文列举2010年国家公务员申论考试的第一题，明确指出“依据给定资料1分别进行概括”。再次，辨明问题的数量。关于这一点，很多考生容易忽视，想当然地认为一题就是一个问题。如2009年国家公务员申论考试第二题的第1小题：对“给定资料3”中林老板的心态进行分析，并指出他的心态所反映的本质问题。要求：观点明确，分析恰当，不超过200字。仔细审读之后发现，这个问题要求考生首先分析林老板的心态，然后指出其心态所反映的本质。这其实是两个问题。最后，注意字数限制和其他要求。申论考试的每一题都有字数的限制，考生在审题时就需要注意，作答字数不符合要求，过多或过少都会相应扣分。申论考试每一题题干下都有“要求”，除此之外，题干内也隐藏了一些特殊的要求，比如说是自拟题目还是题目已定。

我们在审题时一定要字斟句酌，探索出题者的思路，谨防出题者预设的陷阱。

只有清楚地了解了问题和要求，我们才能有目的、高效率地阅读和分析资料。

（二）解读资料

从近10年的给定资料来看，2001年国家公务员申论考试的资料是1500多字，而2010年国家公务员申论考试的资料是6000多字，不仅字数越来越多，而且理解难度也越来越大。

在解读资料时，考生一定要带着申论要求里的问题，从芜杂的材料里淘汰无用的信息，标注出有用的信息，为进一步归纳、分析打下坚实的基础。在筛选关键信息时，我们可以从以下两个层面来解读：

1. 事实与观点

细读每一则材料，标注或归纳出对答题有帮助的关键信息。申论资料庞杂繁多，但可以大致分为事实和观点。申论资料里的事实一般是一个个真实的事件、事例，或是具体的数据、图表，这些事件、数据和图表只需要快速浏览，大致了解即可，考生需要关注的是观点。申论资料里的观点一般在陈述事实的前面或后面，也有可能夹杂在事实的中间或单独形成段落，考生需要自己去辨别、标注。

以 2010 年国考申论给定资料为例，阅读资料 1 的第一段发现，字数虽然很多，但主要是援引大量的数据，这就是“事实”，而这些“事实”想说明的“观点”其实只有一句话：“我国海洋资源丰富”，再往下读，可以看见第二段段首的关键句：“国家海洋局某负责同志指出，要看到我国海洋资源这些数字相对于我国庞大的人口规模来说是非常有限的”，还可以看见第三段段尾的关键句：“渤海是中国北方经济社会发展的生命线，上世纪 80 年代以来，随着环渤海地区经济的快速发展和开发力度加大，渤海的污染日益加剧”。因此，上述三段所表明的关键信息就很清楚了：我国海洋资源丰富，但相对于庞大的人口来说非常有限，而且海洋污染日益加剧。

2. 问题—原因—对策

申论历年来的考试大纲已经明确说明主要测查考生概括、分析、解决问题的能力，所以申论给定资料的内容也体现了这一点。同样，申论作答要求中的几个题目的设置同样贯彻这一点，只是每年考查的侧重点和题目在具体表述上会有一些变化。因此，我们在解读资料时也可以参照这一思路：提出问题—分析问题—解决问题。这样解读资料的好处在于：一是从原本庞杂烦乱的材料中理出一个较为清晰的逻辑思路，便于理解；二是这一思路很有可能暗合了作答要求的出题思路，便于资料中答题要点的梳理和集中。

关于“问题—原因—对策”这个解读资料的层面，同样以 2010 年国考申论给定资料为例。通过资料 1 前三段的关键信息，我们整理出的“问题”是：我国海洋资源破坏日益加剧。接着，我们从资料中可以看到这句话：“实际上，从世界范围看，海洋及其资源的破坏，波及面积相当大，其原因不单是污染，还包括过度捕捞、填海造地、盲目攫取海底能源等等。”所以，造成这一问题的“原因”有超标排污、过渡捕捞、填海造地、盲目攫取资源。资料 2 第一段开头，胡锦涛总书记提出：“要大力发展海洋经济，科学开发海洋资源，培育海洋优势产业，打造半岛蓝色经济区。”这句话就是“对策”的思路。

（三）概括类题型作答

从历年国家和各省公务员考试申论真题来看，我们大致可以把概括类题型分为以下几种：

1. 概括主要问题

申论考试的给定资料一般都是给出一个热点问题，而我们前面讲解读资料的思路时就已经提出按“提出问题—分析问题—解决问题”的思路，所以这一题是较为常规和简单的题型。我们只需要将在解读材料时标注出来的关键信息进一步加工整理即可。具体的作答应包含以下几个要点：主要问题、具体表现、主要影响和对策。

例如2009年国考第一题：

我国改革开放30年，取得巨大成绩，也面临许多问题，请概述“给定资料”反映的我国当前经济发展要解决的问题。要求：紧扣给定资料，全面，有条理，不必写成文章，不超过300字。(20分)

参考答案：

我国当前经济发展中面临的主要问题是产业结构和经济增长方式落后，无法支持经济持续健康发展。具体表现如下：我国一些地区和行业产业结构单一，低端的加工制造产业发展迅速，重工业发展水平较低；大量企业依靠国外订单的半成品加工，对外依赖严重；企业自主创新能力薄弱，缺乏自有品牌和核心技术；缺少资历雄厚、有一定竞争力的本土企业；这种不合理的结构不仅导致我国长期处于世界产业链的低端，而且使我国付出了环境高污染、能源高消耗的高昂代价，难以支持可持续发展。

因此，必须加快调整产业结构，推动产业升级，着力转变粗放型的经济增长方式，提高我国产业的核心竞争力，实现经济又好又快发展。

2. 概括主要内容

概括主要内容的题目有时会表述为“概括主要信息”、“整理一份摘要以供领导参看”、“将材料的内容进行汇总”，这类试题相当于对材料的缩写，即以更加简洁流畅、条理清楚的语言对材料进行归纳概括。所以，具体的作答一般包含以下几个要点：问题、原因、影响和对策。

例如2007年国考第一题：

根据“给定资料1、2”的内容，整理一份供有关负责同志参阅的材料。要求：概述全面，观点鲜明，条理清楚，语言流畅，不超过500字。(30分)

参考答案：

近年来，随着我国城市化进程加快，大量农民集体用地被国家征用，农民利益得不到满足，导致农民上访现象增多，甚至至出现了对抗事件，河北北焦村和西营村土地征用情况就比较有代表性，北焦村土地征用的基本情况为：第一，几乎所有耕地都已被占用，目前仅余30多亩耕地；第二，农民获得的补偿费用过低，无法弥补农民的损失。西营村土地征用的基本情况为：第一，补偿费用低；第二，目前为止，征地的学院只付给西营村补偿费用额的1/3；第三，村委会违反《农村委员会组织法》，贱卖土地，导致大量村民上访。

有专家认为，造成农村土地征用问题的原因主要是“政府低价征收、高价出售，从中获利；村委会贱卖土地，农民没有权利为自己的土地定价；土地补偿不足以支持农民创业，没有建立合理的安置和社会保障制度”。

这些问题的存在，使无地无业农民增多多，直接关系到农民生活、农村发展、农业稳定，严重影响了社会的稳定和发展。针对这些问题，我国政府已出台《关于深化改革严格土地管理的决定》，规范审批权，并对补偿作了新的承诺，该社会问题正在逐步得到解决。

3. 概括原因

在本教材“解读资料”部分就已经谈到，申论考试的给定资料一般都包括问题、原因、对策这样几大块关键信息，所以，关于这一题型的作答主要是审清题目的要求，就哪一则材料，概括什么原因，根据题目要求在材料中标注出关键信息，然后条理清楚地分点作答。

例如2010年国考（市级）第一题：

“渤海碧海行动计划”近期目标难以实现有多方面原因。请依据“给定资料1”分别进行概括。要求：准确、全面。不超过200字。(20分)

参考答案：

《计划》近期目标难以实现的原因如下：一是渤海地区资源开发过于频繁，导致污染严重；二是相关地方政府和管理部门各自为政，难以进行海陆空一体化的综合治理；三是法制不健全，《计划》缺乏法律强制效力，直接影响治理效果；四是渤海湾是封闭的内海，自我交换能力差，一旦污染，自我更新周期长。

4. 概括观点

这类题型需要首先审清题目要求，然后在材料中标注出关键信息。在作答时，对所概括的观点一定要细致分析，理清解答思路。如果是两个针锋相对的观点，表述时最好体现出矛盾的焦点，如果是几个观点，大致可以以并列关系分点陈述。

例如2008年国考第一题：

在怒江开发水电资源问题上有重大争议。请根据“给定资料1～8”指出争议的焦点是什么，并对主张怒江水电开发和反对怒江水利开发的理由分别加以概述。要求：指明“焦点”，概括全面，条理清楚，语言流畅，不超过500字。(20分)

参考答案：

针对怒江水电资源开发问题，各方存在较大争议，而争议的焦点在于：怒江水电资源开发对当地社会、经济和环境是利大于弊还是弊大于利。

主张开发的认为：

(1) 当地可供开发利用的自然资源有限，生存条件恶劣，水电资源的开发是促进当地经济发展的有效途径之一。

(2) 怒江地理条件优越，适合发展水电，能够改善当地百姓的经济状况，还能对社会产生巨大的经济效益。

(3) 怒江开发有利于筹集资金进行生态移民，更好地保护怒江的生态资源，符合循环经济的要求。

反对开发的认为：

(1) 怒江开发水电资源与解决当地百姓的贫困问题没有直接的因果关系，反而会产生泥沙淤积、污染加剧，破坏当地生态环境。

(2) 开发怒江水电资源会破坏当地丰富的自然文化遗产，改变当地居民的生活方式和传统，产生大量移民，这些问题难以得到很好的解决。

(3) 怒江是完好的自然生态区，保留它符合国家生态安全长期目标。

(4) 从我国过去的历史经验来看，部分地方由于缺乏对水电项目可行性的反复论证，使得目前尚有近千万的水库移民生活在贫困当中，许多当地群众并没有从水电资源的开发中直接受益。

5. 概括名词含义

这类题型在近几年申论考试中出现频率较高，一般是解释给定资料中出现的一个或两个名词的含义。这些名词可能是考生比较陌生的专业术语，也可能是考生比较熟悉的常见词汇，但是，不管属于哪一种情况，都一定要结合给定资料进行概括。所以，对于这一题型的作答，主要是根据名词出现的上下文进行总结概括。

例如2010年国考（省级）第一题第1小题：

"给定资料1"提到，权威部门指出，如果再不采取果断措施，渤海将在十几年后变成"死海"。这里的"死海"是什么意思。要求：准确、简明。不超过100字。(10分)

参考答案：

这里的"死海"是指由于人类对海洋的超标排污和过度开发，导致海水水质持续恶化、野生动植物大量灭绝、自然灾害增多、环境自我调节能力大大下降的海域。

（四）分析类题型作答

这一题型是在近几年的申论考试中才出现，而且出现频率较高，主要考查应考者对于资料的综合理解和分析能力，根据近几年的考题，我们大致可将分析类题型分为以下三种：

1. 启示分析题

启示分析题一般要求考生思考材料中特定的现象和问题，或是从材料中的某句话，得到什么启示。材料中特定的现象或问题一般分为正面案例和反面案例两种，对于正面案例的优点和经验需要吸取，而对于反面案例的缺点和教训需要引以为鉴。明白这点，考生只需要首先审清题目要求，然后细致解读材料，归纳出合理的思路分条作答即可。

例如2010年国考（省级）第二题：

依据给定资料，谈谈你从下面一段文字中得到哪些启示。(20分)

荷兰的"围海造田"与我国的"围湖造田"有着相似的初衷，而"退耕还海"与"退耕还湖"都反映了人类可贵的自省；还应该注意到，荷兰人的"退耕还海"虽然只涉及3平方公里的海域，但留给人们的思考却是很宝贵的。

要求：分析全面，条理清晰，不超过300字。

参考答案：

无论是"退耕还海"还是"退耕还湖"，都是牺牲人类经济社会的局部利益来复原、改善自然环境。这带给我们几点启示：第一，人类在改造自然时应统筹规划，兼顾长远利益和眼前利益，只注重眼前利益，可能会带来无法估量的损失；第二，人类在改造自然、发展经济的同时必须注意协调好经济与环境之间的关系，开发要适度、合理，要符合自然资源的承受力，否则会导致严重后果；第三，在经济发展过程中要广泛吸取民众意愿，要坚持对发展思路、方式的错误进行反省，不断改进发展方式，促进经济与环境协调，保障人类社会的可持续发展。

2. 解释分析题

解释分析题一般要求考生对给定资料中某句话或某类现象进行分析，谈谈“理解”和“观点”。对于这类题型，考生在作答时既要紧密结合给定资料解释其表面含义，又要进行更深一步的分析，揭示其本质。所以，考生可以按照由表及里的逻辑顺序来分析作答。首先，结合给定资料阐述其表面含义；然后结合资料，进行更深一层的解析，尤其着重解读题目中话语或现象出现的上下文；最后，总结上述分析，得出最重要的本质含义。

例如 2010 年国考（省级）第一题第 2 小题：

请结合给定资料中的具体事例，谈谈你对“海洋的污染将毁灭鱼儿的家园，但让人类不寒而栗的毁灭绝非仅此而已！”这句话的理解。要求：准确、简明。不超过 150 字。（10 分）

参考答案（略）

3. 评价分析题

这类题型也属于近几年出现的新题型，一般要求考生对给定资料中的观点、现象、措施等“谈谈理解”、“进行评价”。这些观点或现象有可能是一种，也有可能是两种以上，所以考生在审题时，首先要确定需要评价的对象，然后采取不同的应对方法。如果就某一种观点或对象进行评价，考生首先须明确表明自己的态度，即对其持肯定态度还是否定态度，然后根据资料相关信息进一步说明自己为何持这种态度。如果就两种或两种以上的观点或现象进行评价，可能需要根据题目要求，考虑首先对这些观点和现象进行简要的概述，然后亮明自己的观点，即肯定什么、否定什么，最后根据给定资料做进一步的论证说明。

例如 2009 年国考（省级）第三题第 1 小题：

“给定资料 5”对内地省区“欢迎沿海地区产业专业”的口号提出质疑，请对此进行分析，谈谈你的见解。要求：观点明确，分析恰当，条理清楚，不超过 300 字。（20 分）

参考答案（略）

（五）对策类题型作答

我国中央机关及各省市公务员申论考试的大纲中明确规定，考查考生提出和解决问题的能力，所以这一题型在历次申论考试中出现频率最高。作答这类题型的前提是准确概括出给定资料所反映的问题，如果问题都没弄清楚，提出对策解决就更无从谈起了。其次，审清题意。有的题目设定了角色，假定考生是某职能部门的工作人员，有的题目限定了角度。如 2003 年国考第一题：“对给定资料进行分析，从政府职能部门制定政策的角度，就如何减少事故，保障安全，提出对策建议，供领导参考。”再次，认真解读给定资料，标注出解决问题的基本思路和具体措施。给定资料中都会直接或间接地给出解决问题的思路、意见、对策、措施，考生可以直接引用或转化运用。关于具体作答，以下分类论述：

1. 根据问题提出对策

这类题型是最常规的对策类题型，一般直接要求针对材料中某一问题给出解决对策。作答这一题型同样需要首先审清题意，清楚需要解决什么问题，清楚答题要求。其次，解读给定资料，寻找解决思路。考生可以从材料里某些专家或官员的谈话中找到解决思路，也可以从材料的问题或原因里分析出解决对策，还可以从材料里国内外某些成功经验中吸取对策。再次，根据上述的分析逐条列出对策。每条对策一定要明确执行主体、执行步骤、执行目的，可以参照如下形式：主旨句＋相关部门＋具体操作＋目的或效果。例如：加强培训。交通管理部门应加强对电动车驾驶员的技能和安全培训，保障其安全行驶。最后，逐条筛选、存优汰劣，按照一定的逻辑思路分条作答。针对不同情况，可以并列排列，也可以按照实施对策的急缓程度来排列。另外，在分条列出对策之前，最好用简洁的语言做个铺垫，一般是用一两句话简单地概述问题、原因或对策思路，在对策写完以后再简单地总结一下，强调一下解决问题、实施对策的重要性、意义。

2. 对策有效性分析

对策类题型一般要求考生根据某个问题给出解决办法，但申论中的这一题型却反其道而行之，给出若干条对策，请考生判断正误，指出错误，给出修改意见。所以，考生在作答时，首先，需要审清题目的内容和具体要求，比如说解决什么问题，有没有角色限定，有没有其他特殊要求。其次，考生需要根据给定资料逐条核查对策，一般可从以下几点核查：是否针对材料和题目中问题列对策；是否合情、合理、合法，即是否符合基本国情和民情、符合基本伦理道德规范、符合国家法律法规；观点是否过于片面、偏激。最后，按照题目要求逐一解答。

例如2009年国考（省级）第三题第2小题：

某学术团体为贯彻党的十七届三中全会精神，就我国粮食问题召开研讨会，在关于解决问题对策的讨论中，有人发表了“四点对策”：

其一，建议加大农业投入，以使粮食产量满足人类不断增加的需求，我国粮食生产有很大潜力，只要持续加大农业投资，我国的粮食产量就不仅完全可以在长期内满足国内需求，而且可以保证出口。

其二，建议科学地分配全球粮食，近年随着全球能源供需矛盾凸显，石油价格上涨，一些国家把粮食加工生产成生物燃料。当欧美一部分人填满他们油箱的时候，很多人正为如何填饱他们的胃而苦苦挣扎，要优先满足人类最基本的需求，科学地解决全球有限粮食合理分配的问题。

其三，建议大力倡导粮食节约，据某市场调查显示，该市饮食行业及单位食堂的就餐者，平均每人每天浪费大米14克，每天浪费大米多达7000公斤，如果在全国调查，粮食浪费一定是一个惊人的数字，要厉行节约，这是我国可持续发展能力不断增强的重要保证。

其四，建议切实加强国际合作，发达国家要向发展中国家提供相关政策指导，世界银行和国际货币基金组织应向受到粮价攀升冲击严重的发展中国家提供近期紧急粮食援助，并对如何促进发展中国家在长期提高粮食生产能力方面给予切实帮助。

这“四点对策”在内容表述上都存在问题，请指出这份“对策”存在的问题，并提出修改意见。(20 分)

要求：(1) 明确提出存在哪些问题；

(2) 写出相关的修改意见（包括写出需要补充的内容）；

(3) 条理清楚，表达简明，不超过 400 字。

参考答案：

上述对策主要存在两个问题：一是不针对实际问题，不合情合理。对策提出使粮食产量满足人类不断增加的需求，已脱离解决我国粮食安全问题范围，超出我国政府职能范围，同时，依靠国际组织粮食救助也不符合我国坚持粮食自给自足的基本方针。二是观点片面。仅仅依靠持续加大农业投资，不能完全解决粮食问题，粮食生产受多种因素影响。而且大力倡导粮食节约，仅仅注重消费环节是远远不够的，必须从生产、运输、加工等多个环节全程推进。

可以从以下几点修改：一、严格保护耕地，保证粮食产量的持续稳定增长。二、加大政策扶持力度。允许农民以多种形式流转土地承包经营权，发展适度规模经营，降低农业生产成本，增加种田补贴，提高农民生产积极性。三、加强科技力量。各级政府加大农业科技投入，为粮食稳产高产进一步发挥积极作用。四、大力倡导节约。各粮食主管部门大力宣传节约粮食的重要性，在生产、储存、运输、加工、消费等各个环节形成全面节约的良好风尚。

3. 综合型对策

这类题型是近几年申论试题中出现的新题型，一般要求考生结合给定资料针对某一问题先概括或分析，然后再提出对策。根据已出现过的试题，有的要求“先找出原因”，然后“再提出对策”；也有的要求先对某一问题或事件进行总结、分析，然后再有针对性地提出对策。例如：简析福州“净菜进城”对解决城市垃圾问题的启示。关于这个题目的作答，首先应结合给定资料分析福州“净菜进城”的经验，然后再依此提出解决城市垃圾的对策。

（六）论述写作类题型作答

论述写作类题型是申论考试的最后一题，也是分值最高的一题，要求考生依据给定资料和题目要求，在规定的字数内，针对某一问题全面论说自己的观点。这一题型主要是测查考生的概括能力、分析能力、解决问题能力、逻辑论证能力、语言表达能力。

这一题型大致可分为三种：一是策论文。题目明确要求考生依据给定资料，针对某一问题或现象提出对策，并行之成文。考生在应对这一类题型时，可以按照“提出问题—分析问题—解决问题—总结问题”的框架组织文章，当然，提出对策、解决问题必须是写作的重点和中心。二是议论文。题目一般没有任何体裁、格式的规定，也没有强调提出对策、解决问题，只要求考生依据给定资料，写一篇文章或议论文。申论里的议论文与一般写作中的议论文是有区别的，考生可以按照策论文的样式，侧重于解决问题，也可以换一种写作方式，先提出总论点，然后再分为几个分论点详细阐述，侧重于分析问题。三是应用文。这类题目明确限制了写作体裁，要求考生依据给定资料，针对某一特定问题或情境写一篇通知、通告、调查报告等，一般是常用的行政公文和事务文书。文章具体写作内容一般无外乎“提出问题—分析问题—解决问题—总结问题”，至于写作样式和具体格式，本教材其他章节有详细介绍，请参阅。

1. 立意

所谓“立意”，即选取文章的写作角度，确立主题。主题是文章的核心和统帅。申论的题干中，有时会指定角度和主题，考生一定要严格按照要求作答。如果是自由选取角度，考生在确立主题时一定要注意以下原则：

一是针对性。确立的主题一定要针对题干要求和给定资料的主要问题。例如，2009年国考申论的给定资料中讨论了推进产业升级和保证粮食安全两个问题，考生一定要围绕这两个问题来确立主题，细致地解读材料。“他指出，发展粮食生产，一靠政策，二靠科技”，我们就可以依此确立一个主题：依靠政策和科技保证粮食安全。如果换一个主题“优化农业产业结构”，虽然非常好，也符合国家政策，但是与给定资料关联性不大，建议慎重选择。

二是明确性。一篇文章只能有一个主题，不能有两个或两个以上主题。确立一个主题以后，所有分论点、所有文章的段落必须围绕主题展开，以主题统率全篇。同时，选取切入角度时要适中，主题不能过大。例如，在申论1000字左右的文章里讨论“如何落实科学发展观”，显然就不合适，只能流于空泛。

三是正确性。申论考试是模拟政府工作实务，有的题目甚至直接假定某职能部门工作人员角色，因此，考生所确立主题一定要服从主流意识形态，要体现政府立场，要符合基本方针政策。另外，确立的主题也必须符合基本常识和逻辑。例如，“发展公共交通彻底解决道路拥堵”这一主题就过于片面，仅依靠发展公共交通，就能彻底解决道路拥堵吗？考生在确立主题时，一定要依据给定资料和题目要求，认真思考。

2. 拟题

拟题，是指拟定文章标题。申论文章的标题必须严格按照题干要求拟定，如果题干中已经指定了标题，考生绝不能自作聪明重新拟定，如果说明题目自拟，考生可以自己拟定。

标题是一篇文章的眼睛和旗帜，申论文章中的标题主要有以下两大类：①提示内容，在题目中明确文章所论述的问题、现象和事物。例如，2008年国考申论给出的标题是“从怒江水电开发说开去”，就是典型的提示内容的题目。②体现论点，直接体现文章的主题和中心论点。例如，下面这个标题“加强政府监管　完善网络安全”，前六个字体现论点，后六个字提示内容，既说明了文章所要论及的问题，又体现了对这一问题的基本观点。

拟定文章标题时要遵循以下三项原则：①准确。即标题书写符合基本格式要求，没有错别字和语病。一般情况下，标题居中，副标题从主标题下第三个字开始写，申论文章中的标题最好不要出现标点符号，用空格来代替。②鲜明。通过标题清楚地揭示文章论述什么问题，对这一问题的基本态度和观点。例如，“对症下药　标本兼治”，看到这一标题，必定一头雾水，不知道文章论述的问题和内容。③简洁。标题一定要凝练概括，字数不能太多，绝不能超过一行。如果字数太多，可以考虑用主副标题的形式进行拆分。

3. 开头

一般文章的写作中有“凤头”之说，可见，开头是需要认真修饰雕琢的地方。申论文章写作的开头同样需要认真谋划。一般来说，申论的开头是提纲挈领地提出问题，引出总论点，常见的开头方式有以下几种：

议论开头。交代背景，肯定成绩，然后运用转折连词话锋一转，指出存在的问题及其影响和危害，引出论点。例如：

近年来，我国农村金融体制改革逐步加快，并取得了阶段性进展。但总的看来，目前我国农村金融体制改革仍然滞后，严重制约我国社会主义新农村建设。因此，必须加快农村金融体制改革以适应社会主义新农村建设的需要。

叙述开头。概述给定资料里主要内容或典型性事件，引出主要问题，然后表明态度，引出论点。例如：

俗话说“人命关天”，健康的身体是工作、生活的前提。药品作为与人民群众生命安全关系最密切的、本应为保障人们身体健康的特殊商品，却在近些年频频危及人民群众的生命安全。从早前的“PPA”风波再到最近的“齐之药”、“欣弗”事件，民生用药安全问题已经波及百姓用药的安全“大堤”，冲击着广大人民群众的生命安全防线。应予以足够重视。

引言开头。开头引用警句、名言、诗句或俗语等，引出问题和论点，以增强语言表达效果。例如：

“长太息以掩涕兮，哀民生之多艰。”这是两千多年前爱国诗人屈原的名句，至今犹能发人深省。改善民生，责任重于泰山。一个漠视群众冷暖，对群众疾苦麻木不仁，对城乡居民关注的各种民生问题视而不见的干部，不会是一个合格的干部，更不会是一个受人民群众拥护爱戴的干部。各级领导干部唯有牢记民生责任，才能时刻为民着想，多为民谋利益；唯有以扎扎实实的行动换取民生之福祉，才能不辜负中央的重托和人民的期望。

4. 主体

这里的主体是指文章中心的几个段落，是整篇文章中详细阐述问题和对策的重要部分。主体的谋篇布局必须层次分明、逻辑清晰。根据文章的结构方式，大致可分为两种：

一是递进结构。按照认识、解决问题的基本规律，由浅入深、由表及里展开论述。开头提出问题、引出论点，然后从问题的原因、影响着手分析，接着有针对性地提出几点对策，最后总结问题。如果是策论文，那么对策就是写作重点和中心，所以每一条对策就是一个分论点，要从对策的必要性、具体操作、效果等方面详细展开。如果是议论文，侧重于分析，在分析问题时就要承接上一段的总论点，理出几个分论点，从问题具体表现、形成原因、影响等方面阐述，然后再提出对策、总结问题。

二是并列结构。这种结构方式是指开头提出问题，引出总论点以后，紧接着就分解出几个分论点，每一个分论点都展开分析并提出对策，将分析问题和解决问题糅合在一起，难度相对较大。

5. 结尾

今人在文章写作对于结尾的说法是“豹尾”，即强调其简洁有力；古人对于结尾的要求是“结语如撞钟，清音有余”，即重视结尾的含蓄有味。申论文章的结尾写作同样可以吸取以上经验，可以简洁干脆地强调观点、补充意见，或引起进一步思考。

重申观点，首尾呼应。文章开头已提出问题，引出论点，结尾可以再一次强调论点，以引起重视，首尾呼应。例如：

总之，根据解决农村农民问题的这两种思路，尽管存在这样那样的问题，但只要运用得当，就会让国家的支持和保障取得最大的利益，就会极大促进政治经济社会的协调发展，并最终解决农村农民问题。

运用排比，强调意义。结尾如何做到简洁有力？排比这种修辞手法是最好的手段。在陈述意义时，最好按照递进关系即意义由小到大进行排列。例如：

做好农民增收工作，关系到农民生活水平的保障和提高，关系到农村农民问题的顺利解决，关系到整个社会的安定繁荣。

补充意见，升华思考。申论写作不同于一般写作，要求语言准确、规范、严谨，不能过于含蓄，因此，可以通过这种方法达到“语尽意未尽”。例如：

解决海洋污染问题是一个长期工程、系统工程，绝不能一蹴而就，需各级人民政府和全社会的积极努力配合。

二、申论写作注意事项

1. 认真审题

考生作答申论时一定要先看清题目要求，然后带着问题阅读资料，标注关键信息。

2. 依据给定资料

给定资料是申论作答的最主要参照来源，作答时的概括、分析、对策都要从材料里找依据、找思路，不能脱离材料进行解答。但要注意的是，不能完全照搬或大段摘抄材料。

3. 思路清晰、逻辑严密

每一题的作答都要保证思路清晰、逻辑严密，令阅卷者一目了然。概括、分析和对策的作答最好将要点分条列项地罗列出来，可以用汉字序号，也可以用“首先、其次、再次、最后”等关联词语。在论述类作答时，文章总论点、分论点一定要清晰准确，每个段落的详略与过渡也要合理安排。

4. 要点全面、语言简练

首先，每一个要点的归纳概括要全面，重点要素不能有遗漏；其次，尽量多找要点，确保要点全面，如果找到的要点过多，但是作答字数有限，就要按照重要程度和与题目的相近程度来挑选要点；再次，语言表达力求简明准确。因为申论每一题的作答都有字数限制，而且语言表达的简明概括也属于测查能力之一。

5. 字迹清楚、卷面整洁

作答时书写端正、整洁，令人赏心悦目，无形中会增加印象分。反之，书写潦草、乱涂乱改会降低给分，而且申论考试阅卷的评分标准中也明确规定，卷面整洁，无明显涂改，优秀者加1～2分；字迹潦草，涂改卷面则扣分。

综合训练

□知识训练

一、判断题

1. 由于时间紧急，申论的注意事项可以忽略，以提高效率。

2. 申论主要考阅读理解能力和分析、解决问题的能力，语言表达无关紧要。

3. 申论写作在提出对策时要把握自己的虚拟身份，并注意对策的针对性与可行性。

二、简答题

申论的写作步骤包括哪些？

□能力训练

一、中央、国家机关与海关、公安边检系统从高等院校2000年应届毕业生中考试录用国家公务员“申论”试题

（一）注意事项

1. 申论考试是对应考者阅读理解能力、综合分析能力、提出和解决问题能力、文字表达能力的测试。

2. 参考时限：阅读资料40分钟，作答110分钟。

3. 仔细阅读给定资料，按照后面提出的“申论要求”作答。

（二）给定资料

1. 缓解和消除贫困仍然是中国今后一项长期的历史任务。为加快解决在一定程度和特定地区仍然存在的贫困问题，我国于2001年5月召开中央扶贫开发工作会议，对21世纪前10年中国的农村扶贫开发工作进行了全面部署。这次会议后，我国正式颁布了《中国农村扶贫开发纲要（2001 — 2010年）》，提出其后10年中国农村扶贫开发的目标任务、指导思想和方针政策。

2. 经过20多年的努力，中国的贫困人口已基本解决了温饱问题，贫困地区的生产生活条件已经有了较大幅度的改善，抵御自然灾害的能力明显增强，具有了一定的发展能力；在过去扶贫开发的实践中，已创造和积累了很多成功经验，并探索出了一些行之有效的做法。这些都有助于使今后的扶贫开发迈上新的台阶。实践证明，经济增长是解决贫困问题的关键。根据测算，20世纪90年代中国农村贫困人口养活与经济增长的弹性系数为−0.8，即GDP每增长一个百分点，农村贫困人口就降低零点八个百分点。经济的稳步增长将扩大劳动力需求，有利于贫困地区劳动力的就业。同时，随着综合国力的不断增强，国家可以投入更多的力量促进贫困地区开发建设，为贫困地区的发展提供坚实的物质基础。

3. 陕西是一个贫困面大、贫困人口多、贫困程度深的欠发达省份。2001年全省贫困人口有817万人，占全国贫困人口的9.1%；其中未解决温饱的382万人，低收入的435万人。全省50个县被定为国家扶贫开发重点县，27个县被定为省级扶贫开发重点县，10700个行政村被确定为扶贫开发工作的重点村。2002 — 2003年，陕西省以解决贫困人口的温饱和增加他们的收入为目标，整村推进，全面抓好移民扶贫、信贷扶贫、科技扶贫、外资扶贫和社会扶贫等项工作。到2003年底，陕西贫困地区人均占有粮食达到368公斤；人均纯收入达到1580元，较2000年增长17.9%。2001 — 2003年，陕西省共解决109万农村贫困人口的温饱问题，帮助161万低收入人口实现了脱贫。

4. 市场经济是优胜劣汰的竞争性经济，它要求市场主体的平等地位和自主权。中国农民在与市场的强势主体进行竞争时，其不利因素是显而易见的。同时，农民的生产自主权也常遭到干预，有些乡镇政府常常打着农业结构高速的旗号强制农民种植指令性作物。在种田无利乃至亏本时，农民没有休耕的自主权，有些乡镇政府对那些自愿休耕的农民强行收取“撂荒费”。其实，即便农民拥有平等的市场主体地位，因为极其分散的小农经济必然在市场经济的竞争中走向破产和衰落。

5. 农民的全面发展，离不开乡镇体制的重构。一位外国学者指出，“乡镇自主权在各种自主权中是最难实现的，也是最容易受到侵犯的。为了进行有效的防御，乡镇政府必须全力发展自己。”我国乡镇体制改革的成败和农民自由发展的程度，取决于国家宏观制度的设计和创新。从国家宏观层面上来说，要统筹城乡发展，尽快改变城乡二元结构，要普遍实行免费式义务教育。当前，有些地方进行了乡镇体制改革的试验，这说明我国正在实现从计划经济向市场经济的进一步转变，从传统人治向现代法治的进一步转变，从单纯追求经济增长向政治经济社会协调发展的进一步转变。

6. 要集中力量继续重点帮助贫困群众发展有特色的种养业项目。依靠科技进步，优化品种，提高质量，增加效益。以有利于改善生态环境为原则，加强生态环境的保护和建设，实现可持续发展。以市场为导向，选准产品和项目，搞好信息服务、技术服务、销售服务。积极推进农业产业化经营。按照产业化发展方向和要求，对具有资源优势和市场需求的农产品生产，进行连片规划建设，形成有特色的区域性主导产业。引导和鼓励具有市场开拓能力的大中型农产品加工企业到贫困地区建立原料生产基地，为贫困农户提供产前、产中、产后系列化服务，形成贸工农一体化、产供销一条龙的产业化经营。增加财政扶贫资金和扶贫贷款。改善贫困地区的基本生产生活条件。以贫困乡、村为单位，加强基本农田、基础设施、环境改造和公共服务设施建设。到2010年，在国家重点扶持的贫困区域内，基本解决人畜饮水困难，做到绝大多数行政村通电、通路、通邮、通电话、通广播电视；做到大多数贫困乡有卫生院、贫困村有卫生室，基本控制影响贫困地区群众生活生产的主要地方病。

7. 要鼓励多种所有制经济组织参与扶贫开发。除了政府动用资源进行扶贫外，国家将进一步动员社会各界参与扶贫，增加社会扶贫的资源。根据扶贫开发规划，继续做好东部沿海发达地区对口帮扶西部贫困地区的东西部扶贫协作工作，进一步扩大协作规模，增强帮扶力度。鼓励农民发展生态农业、环保农业。转变贫困地区群众的生育观念，积极倡导贫困地区的农民实行计划生育，把扶贫开发与计划生育结合起来。要开展扶贫领域的国际交流与合作。在扶贫领域，世界银行与中国的合作最早，投入规模最大。世界银行与中国目前已经开展的西南、秦巴、西部三期扶贫贷款项目，援助总规模达6.1亿美元，覆盖9个省区、91个贫困县，800多万贫困人口。一些国家、国际组织和非政府组织也与中国在扶贫领域开展了广泛的合作。联合国开发计划署在中国开展了一些扶贫开发和研究项目。欧盟、英国政府、荷兰政府、日本政府、德国技术合作公司、亚洲开发银行、福特基金会等也都在中国开展了扶贫开发项目，并取得了很好的成效。

8. 由于农民没有制度化的权益表达渠道，也缺乏有效的司法救济，不堪重负和欺压的农民只能选择越级上访；而农民越级上访一旦成功，县乡村三级具体责任人就可能遭受丢掉“乌纱帽”等重大损失。在这种背景下，打击报复上访的农民代表就显得尤为突出。为防止权益受损害的农民“运用法律武器”到法院起诉，一些基层政权明确要求法院在农民负担、计划生育、社会治安综合治理等方面不予立案。这样一来，保障在“全社会实现公平和正义”的法院就对最需要司法救济的受害农民关紧了大门，由此造成了遍布全国各地的农民上访现象。

9. 一位外国学者在谈到中国农民权利问题的时候，曾回顾了美国对黑人权利保护的问题。在美国内战之前，法律上规定黑人不能享有与白人同样的权利，在内战之后即便是法律做了修改，形式上是平等了，但是一百多年来，美国的黑人事实上还是没有享受到平等权利。解决美国黑人的平等问题，用了非常多的时间，很多人、很多职业团体都参与到这个过程中。举一个例子，在教育方面，以前黑人和白人不能同校，后来就这个事情上诉到最高法院，最高法院裁定黑人和白人应当同校，不应给白人和黑人分别建立一套教育体制。即便最高法院做了这种裁决，但实施起来也非常困难，五十年过去了，这个裁定虽得以实现，但仍然存在问题。

10. 我国农民对国家经济发展的贡献是双重的。广大农民工，为务工地城市做出了贡献，为推动社会发展提供了强有力的经济支撑。同时，这些农民工所创造的价值也带回家乡，给家乡的经济发展以有力的支撑。因此在经济欠发达的地区，提出了“劳务经济”这个词，农村剩余劳动力的专用带动了当地经济发展。以河南省信阳市为例，它外出人口是180万，其中农民工是147万，最近一两年来，每年所创造的，据不完全统计，带回家乡的大体上是64个亿。信阳市的市级财政收入才11个亿，农民工创造的价值相当于它的6倍。四川是全国劳力输出最多的省份，每年有800多万人实现异地就业，通过邮局寄回家乡的资金每年约200亿元。

11. 信阳市的务工者都集中在珠三角、长三角和京津沪，在这三大经济圈，信阳的农民工是做了很大贡献的。从另外一个方面来讲，河南信阳外出农民工解决了147万人的就业，这减缓了政府多么大的压力！新世纪、新阶段，农民工应作为工人阶级的新成员，按照社会主义市场经济这个规则，给予他们合法的经济地位和社会地位，包括他们的政治地位。

12. 一位学者指出，农民工问题是中国的大问题。过去毛泽东讲过农民是中国革命的根本问题，实际上今天农民问题仍是中国建设的根本问题。他认为，促进城市经济发展、沟通城乡贸易，都是农民工完成的，许多犯罪活动也是农民工干的，出现这种情况的一个原因就是农民工的权利没有得到保障。他还认为，农民工的作用，非常了不起。首先作为广大农民解放思想的一个主体力量，他们把城市的许多观点、想法带到农村，带给父母，带给兄弟姐妹，使农民开拓了眼界，知道了自己的地位、自己的弱势。同时他们又是带领广大农民奔小康的主体力量。他们不仅繁荣了城市经济，还繁荣了农村经济，引进了一些基本技术，把更多的兄弟姐妹带到了城市。

13. 2003年审计署大规模扶贫资金审计，缘于新疆的一次扶贫资金调查。2002年10月，新疆自治区监察厅、扶贫办、计委、财政厅、审计厅、农行自治区分行联合组成扶贫资金检查组，对和田、喀什、克州、阿克苏等地区的8县1市1998年至2001年的以工代赈资金和财政扶贫资金的管理使用，扶贫贴息贷款的投放和回收，1998年至2000年三项扶贫资金审计中发现的违规违纪问题的整改情况以及山东省援助资金的使用情况进行了检查。结果发现违反规定、挪用扶贫资金的问题突出，变更项目审批计划，随意变更扶贫项目和资金用途。另外，还存在挤占扶贫资金、账目不清等问题。据不完全统计，8县1市中，2001年前被挤占挪用扶贫贴息贷款3000多万元，目前能收回的仅有30%。

（三）申论要求

1. 给定资料中提到扶贫资金被挤占挪用的问题。下面列出了解决这一问题的A—E五项措施，其中不正确的是哪几项？请写出这几项的序号，并分别说明为什么不正确。说明的字数不超过200字。(20分)

A. 要加大县乡两级的财政投入。近年来，乡镇撤并，农村税改，县乡财政收入逐年减少，只有加大县乡两级财政投入，才能解决扶贫资金的挤占挪用问题。

B. 要加大对扶贫专项资金使用的监督检查。监督必须贯穿资金分配使用的全过程。要开展事前、事中、事后的全面监督，才能解决扶贫资金的挤占挪用问题。

C. 扶贫主管部门要严格履行项目审批程序。若出现以立假项目或虚报项目投资而套取扶贫资金的事件，扶贫主管部门应承担法律责任。

D. 必须对扶贫资金管理使用情况实行多部门联合的监督检查，同时扶贫资金的监督管理权必须归属各级纪检部门，才能杜绝扶贫资金的挤占挪用。

E. 要实行扶贫资金的统一管理，不能“谁争取的资金谁使用”。封闭式的资金分配方式，会使一部分直接安排在部门或项目中的资金脱离了财政的监督管理。

2. 根据给定资料，概述我国近年来农村扶贫开发工作的基本方针政策。概述文字要简明扼要，不超过 200 字。(25 分)

3. (1) 给定资料罗列了解决我国农村农民问题的多种意见，其中反映了两种不同思路，请对这两种思路分别加以简述。简述文字要简明扼要，不超过 150 字。(20 分)

(2) 请以“评解决我国农村农民问题的两种思路”为题，写一篇 800～1000 字的文章。要求观点明确，分析具体，条理清楚，语言流畅。(35 分)

附录一

中国共产党机关公文处理条例

（经中共中央批准　中共中央办公厅1996年5月3日发布）

第一章　总　　则

第一条　为适应中国共产党机关（以下简称党的机关）工作的需要，实现党的机关公文处理工作的科学化、制度化、规范化，制定本条例。

第二条　党的机关的公文，是党的机关实施领导、处理公务的具有特定效力和规范格式的文书，是传达贯彻党的路线、方针、政策，指导、布置和商洽工作，请示和答复问题，报告和交流情况的工具。

第三条　公文处理是包括公文拟制、办理、管理、立卷归档在内的一系列衔接有序的工作。

第四条　公文处理应当坚持实事求是、按照行文机关要求和公文处理规定进行的原则，做到准确、及时、安全、保密。

第五条　党的机关的办公厅（室）主管本机关的公文处理工作，并对下级机关的公文处理工作进行业务指导。

第六条　党的机关的办公厅（室）应当设立秘书部门或者配备秘书人员具体负责公文处理工作，并逐步改善办公手段，努力提高工作效率和质量。秘书人员应当具有较高的政治和业务素质，工作积极，作风严谨，遵守纪律，恪尽职守。

第二章　公文种类

第七条　党的机关公文种类主要有：

（一）决议　用于经会议讨论通过的重要决策事项。

（二）决定　用于对重要事项作出决策和安排。

（三）指示　用于对下级机关布置工作，提出开展工作的原则和要求。

（四）意见　用于对重要问题提出见解和处理办法。

（五）通知　用于发布党内法规、任免干部、传达上级机关的指示、转发上级机关和不相隶属机关的公文、批转下级机关的公文、发布要求下级机关办理和有关单位共同执行或者周知的事项。

（六）通报　用于表彰先进、批评错误、传达重要精神、交流重要情况。

（七）公报　用于公开发布重要决定或者重大事件。

（八）报告　用于向上级机关汇报工作、反映情况、提出建议、答复上级机关的询问。

（九）请示　用于向上级机关请求指示、批准。

（十）批复 用于答复下级机关的请示。

（十一）条例 用于党的中央组织制定规范党组织的工作、活动和党员行为的规章制度。

（十二）规定 用于对特定范围内的工作和事务制定具有约束力的行为规范。

（十三）函 用于机关之间商洽工作、询问和答复问题，向无隶属关系的有关主管部门请求批准。

（十四）会议纪要 用于记载会议主要精神和议定事项。

第三章 公文格式

第八条 党的机关公文由版头、份号、密级、紧急程度、发文字号、签发人、标题、主送机关、正文、附件、发文机关署名、成文日期、印章、印发传达范围、主题词、抄送机关、印制版记组成。

（一）版头 由发文机关全称或者规范化简称加“文件”二字或者加括号标明文种组成，用套红大字居中印在公文首页上部。联合行文，版头可以用主办机关名称，也可以并用联署机关名称。在民族自治地方，发文机关名称可以并用自治民族的文字和汉字印制。

（二）份号 公文印制份数的顺序号，标注于公文首页左上角。秘密公文应当标明份号。

（三）密级 公文的秘密等级，标注于份号下方。

（四）紧急程度 对公文送达和办理的时间要求。紧急文件应当分别标明“特急”、“加急”，紧急电报应当分别标明“特提”、“特急”、“加急”、“平急”。

（五）发文字号 由发文机关代字、发文年度和发文顺序号组成，标注于版头下方居中或者左下方。联合行文，一般只标明主办机关的发文字号。

（六）签发人 上报公文应当在发文字号右侧标注“签发人”，“签发人”后面标注签发人姓名。

（七）标题 由发文机关名称、公文主题和文种组成，位于发文字号下方。

（八）主送机关 主要受理公文的机关。主送机关名称应当用全称或者规范化简称或者同类型机关的统称，位于正文上方，顶格排印。

（九）正文 公文的主体，用来表述公文的内容，位于标题或者主送机关下方。

（十）附件 公文附件，应当置于主件之后，与主件装订在一起，并在正文之后、发文机关署名之前注明附件的名称。

（十一）发文机关署名 应当用全称或者规范化简称，位于正文的右下方。

（十二）成文日期 一般署会议通过或者领导人签发日期；联合行文，署最后签发机关领导人的签发日期；特殊情况署印发日期。成文日期应当写明年、月、日，位于发文机关署名右下方。决议、决定、条例、规定等不标明主送机关的公文，成文日期加括号标注于标题下方居中位置。

（十三）印章 除会议纪要和印制的有特定版头的普发性公文外，公文应当加盖发文机关印章。

（十四）印发传达范围 加括号标注于成文日期左下方。

（十五）主题词　按上级机关的要求和《公文主题词表》标注，位于抄送机关上方。

（十六）抄送机关　指除主送机关以外的其他需要告知公文内容的上级、下级和不相隶属机关。抄送机关名称标注于印制版记上方。

（十七）印制版记　由公文印发机关名称、印发日期和份数组成，位于公文末页下端。

第九条　公文的汉字从左至右横排，少数民族文字按其书写习惯排印。公文用纸幅面规格可采用 16 开型（长 260 毫米，宽 184 毫米），也可采用国际标准 A4 型（长 297 毫米，宽 210 毫米）。左侧装订。

第十条　党的机关公文版头的主要形式及适用范围：

（一）《中共××文件》用于各级党委发布、传达贯彻党的方针、政策，作出重要工作部署，转发上级机关的文件，批转下级机关的重要报告、请示。

（二）《中国共产党××委员会（××）》用于各级党委通知重要事项、任免干部、批复下级机关的请示，向上级机关报告、请示工作。

（三）《中共××办公厅（室）文件》、《中共××办公厅（室）（××）》用于各级党委办公厅（室）根据授权，传达党委的指示，答复下级党委的请示，转发上级机关的文件，批转下级机关的报告、请示，发布有关事项，向上级机关报告、请示工作。

（四）《中共××部文件》、《中共××部（××）》用于除办公厅（室）以外的党委各部门发布本部门职权范围内的事项，向上级机关报告、请示工作。

第四章　行文规则

第十一条　行文应当确有需要，注重实效，坚持少而精。可发可不发的公文不发，可长可短的公文要短。

第十二条　党的机关的行文关系，根据各自的隶属关系和职权范围确定。

（一）向上级机关行文，应当主送一个上级机关；如需其他相关的上级机关阅知，可以抄送。不得越级向上级机关行文，尤其不得越级请示问题；因特殊情况必须越级行文时，应当同时抄送被越过的上级机关。

（二）向下级机关的重要行文，应当同时抄送发文机关的直接上级机关。

（三）党委各部门在各自职权范围内可以向下级党委的相关部门行文。党委办公厅（室）根据党委授权，可以向下级党委行文；党委的其他部门，不得对下级党委发布指示性公文。部门之间对有关问题未经协商一致，不得各自向下行文。

（四）同级党的机关、党的机关与其他同级机关之间必要时可以联合行文。

（五）不相隶属机关之间一般用函行文。

第十三条　受双重领导的机关向上级机关行文，应当写明主送机关和抄送机关，由主送机关负责答复其请示事项。上级机关向受双重领导的下级机关行文，应当抄送其另一上级机关。

第十四条　向上级机关请示问题，应当一文一事，不应当在非请示公文中夹带请示事项。

请示事项涉及其他部门业务范围时，应当经过协商并取得一致意见后上报；经过协商未能取得一致意见时，应当在请示中写明。除特殊情况外，请示应当送上级机关的办公厅

（室）按规定程序处理，不应直接送领导者个人。

党委各部门应当向本级党委请示问题。未经本级党委同意或授权，不得越过本级党委向上级党委主管部门请示重大问题。

第十五条 对不符合行文规则的上报公文，上级机关的秘书部门可退回下级呈报机关。

第五章 公文起草

第十六条 起草公文时应当做到：

（一）符合党的路线、方针、政策和国家的法律、法规及上级机关的指示，完整、准确地体现发文机关的意图，并同现行有关公文相衔接。

（二）全面、准确地反映客观实际情况，提出的政策、措施切实可行。

（三）观点明确，条理清晰，内容充实，结构严谨，表述准确。

（四）开门见山，文字精练，用语准确，篇幅简短，文风端正。

（五）人名、地名、时间、数字、引文准确。公文中汉字和标点符号的用法符合国家发布的标准方案，计量单位和数字用法符合国家主管部门的规定。

（六）文种、格式使用正确。

（七）杜绝形式主义和繁琐哲学。

第十七条 起草重要公文应当由领导人亲自动手或亲自主持、指导，进行调查研究和充分论证，征求有关部门意见。

第六章 公文校核

第十八条 公文文稿送领导人审批之前，应当由办公厅（室）进行校核。公文校核的基本任务是协助机关领导人保证公文的质量。公文校核的内容是：

（一）报批程序是否符合规定；

（二）是否确需行文；

（三）内容是否符合党的路线、方针、政策和国家的法律、法规及上级机关的指示精神，是否完整、准确地体现发文机关的意图，并同现行有关公文相衔接；

（四）涉及有关部门业务的事项是否经过协调并取得一致意见；

（五）所提措施和办法是否切实可行；

（六）人名、地名、时间、数字、引文和文字表述、密级、印发传达范围、主题词是否准确、恰当，汉字、标点符号、计量单位、数字用法及文种使用、公文格式是否符合本条例的规定。

第十九条 文稿如需作较大修改，应当与原起草部门协商或请其修改。

第二十条 已经领导人审批过的文稿，在印发之前应再作校核。校核的内容同第十八条（六）款。经校核如需作涉及内容的实质性修改，须报原审批领导人复审。

第七章 公文签发

第二十一条 公文须经本机关领导人审批签发。重要公文应当由机关主要领导人签发。联合发文，须经所有联署机关的领导人会签。党委办公厅（室）根据党委授权发布的公文，由被授权者签发或者按照有关规定签发。领导人签发公文，应当明确签署意见，并写上姓名和时间。若圈阅，则视为同意。

第八章　公文办理和传递

第二十二条　公文办理分为收文办理和发文办理。收文办理包括公文的签收、登记、拟办、请办、分发、传阅、承办和催办等程序。公文经起草、校核和领导审批签发后转入发文办理，发文办理包括公文的核发、登记、印制和分发等程序。

（一）签收　收到有关公文并以签字或盖章的方式给发文方以凭据。签收公文应当逐件清点，如发现问题，应当及时向发文机关查询，并采取相应的处理措施。急件应当注明签收的具体时间。

（二）登记　公文办理过程中就公文的特征和办理情况进行记载。登记应当将公文标题、密级、发文字号、发文机关、成文日期、主送机关、份数、收发文日期及办理情况逐项填写清楚。

（三）拟办　秘书部门对需要办理的公文提出办理意见，并提供必要的背景材料，送领导人指示。

（四）请办　办公厅（室）根据授权或有关规定将需要办理的公文注请主管领导人批示或者主管部门研办。对需要两个以上部门办理的，应当指明主办部门。

（五）分发　秘书部门根据有关规定或者领导人指示将公文分送有关领导人和部门。

（六）传阅　秘书部门根据领导人批示或者授权，按照一定的程序将公文送有关领导人阅知或者批示。办理公文传阅应当随时掌握公文去向，避免漏传、误传和延误。

（七）承办　主管部门对需要办理的公文进行办理。凡属承办部门职权范围内可以答复的事项，承办部门应当直接答复呈文机关；凡涉及其他部门业务范围的事项，承办部门应当主动与有关部门协商办理；凡须报请上级机关审批的事项，承办部门应当提出处理意见并代拟文稿，一并送请上级机关审批。

（八）催办　秘书部门对公文的承办情况进行督促检查。催办贯穿于公文处理的各个环节。对紧急或者重要公文应当及时催办，对一般公文应当定期催办，并随时或者定期向领导人反馈办理情况。

（九）核发　秘书部门在公文正式印发前，对公文的审批手续、文种、格式等进行复核，确定发文字号、分送单位和印制份数。

（十）印制　应当做到准确、及时、规范、安全、保密。秘密公文应当由机要印刷厂（或一般印刷厂的保密车间）印刷。

第二十三条　公文处理过程中，应当使用符合存档要求的书写材料。需要送请领导人阅批的传真件，应当复制后办理。

第二十四条　秘密公文应当通过机要交通（或机要通信）传递、密电传输或者计算机网络加密传输，不得密电明传、明电密电混用。

第九章　公文管理

第二十五条　党的机关公文应当发给组织，由秘书部门统一管理，一般不发给个人。秘书部门应当切实做好公文的管理工作，既发挥公文效用，又有利于公文保密。

第二十六条　党的机关秘密公文的印发传达范围应当按照发文机关的要求执行，下级机关、不相隶属机关如需变更，须经发文机关批准。

第二十七条　公开发布党的机关公文，须经发文机关批准。经批准公开发布的公文，同发文机关正式印发的公文具有同等效力。

第二十八条　复制上级党的机关的秘密公文，须经发文机关批准或者授权。翻印件应当注明翻印机关名称、翻印日期和份数；复印件应当加盖复印机关戳记，复制的公文应当与正式印发的公文同样管理。

第二十九条　汇编上级党的机关的秘密公文，须经发文机关批准或者授权。公文汇编本的密级按照编入公文的最高密级标注并进行管理。

第三十条　绝密级公文应当由秘书部门指定专人管理，并采取严格的保密措施。

第三十一条　秘书部门应当按照规定对秘密公文进行清理、清退和销毁，并向主管机关报告公文管理情况。

销毁秘密公文，必须严格履行登记手续，经主管领导人批准后，由二人监销，保证不丢失、不漏销。个人不得擅自销毁公文。

第三十二条　机关合并时，全部公文应当随之合并管理。机关撤销时，需要归档的公文立卷后按照有关规定移交档案部门，其他公文按照有关规定登记销毁。工作人员调离工作岗位时，应当将本人保管、借用的公文按照有关规定移交、清退。

第十章　公文立卷归档

第三十三条　公文办理完毕后，秘书部门应当按照有关规定将公文的定稿、正本和有关材料收集齐全，进行立卷归档。个人不得保存应当归档的公文。

第三十四条　两个以上机关联合办理的公文，原件由主办机关立卷归档，相关机关保存复制件。机关领导人兼任其他机关职务的，在履行其所兼职务过程中形成的公文，由其兼职的机关立卷归档。

第十一章　公文保密

第三十五条　公文处理必须严格遵守《中华人民共和国保守国家秘密法》及有关保密法规，遵守党的保密纪律，确保党和国家秘密的安全。

凡泄露或出卖党和国家秘密公文的，依照有关法律、法规的规定进行处理。

第三十六条　党内秘密公文的密级按其内容及如泄露可能对党和国家利益造成危害的程度划分为“绝密”、“机密”、“秘密”。不公开发表又未标注密级的公文，按内部公文管理。

第三十七条　发文机关在拟制公文时，应当根据公文的内容和工作需要，严格划分密级与非密级的界限；对于需要保密的公文，要准确标注其密级。公文密级的变更和解除由发文机关或其上级机关决定。

第十二章　附　则

第三十八条　本条例适用于中国共产党各级机关。

第三十九条　本条例由中共中央办公厅负责解释。

第四十条　本条例自发布之日起施行。

附录二

党政机关公文处理工作条例

（中办发〔2012〕14号）

（2012年4月16日由中共中央办公厅和国务院办公厅联合印发）

第一章 总 则

第一条 为了适应中国共产党机关和国家行政机关（以下简称党政机关）工作需要，推进党政机关公文处理工作科学化、制度化、规范化，制定本条例。

第二条 本条例适用于各级党政机关公文处理工作。

第三条 党政机关公文是党政机关实施领导、履行职能、处理公务的具有特定效力和规范体式的文书，是传达贯彻党和国家的方针政策，公布法规和规章，指导、布置和商洽工作，请示和答复问题，报告、通报和交流情况等的重要工具。

第四条 公文处理工作是指公文拟制、办理、管理等一系列相互关联、衔接有序的工作。

第五条 公文处理工作应当坚持实事求是、准确规范、精简高效、安全保密的原则。

第六条 各级党政机关应当高度重视公文处理工作，加强组织领导，强化队伍建设，设立文秘部门或者由专人负责公文处理工作。

第七条 各级党政机关办公厅（室）主管本机关的公文处理工作，并对下级机关的公文处理工作进行业务指导和督促检查。

第二章 公文种类

第八条 公文种类主要有：

（一）决议。适用于会议讨论通过的重大决策事项。

（二）决定。适用于对重要事项作出决策和部署、奖惩有关单位和人员、变更或者撤销下级机关不适当的决定事项。

（三）命令（令）。适用于公布行政法规和规章、宣布施行重大强制性措施、批准授予和晋升衔级、嘉奖有关单位和人员。

（四）公报。适用于公布重要决定或者重大事项。

（五）公告。适用于向国内外宣布重要事项或者法定事项。

（六）通告。适用于在一定范围内公布应当遵守或者周知的事项。

（七）意见。适用于对重要问题提出见解和处理办法。

（八）通知。适用于发布、传达要求下级机关执行和有关单位周知或者执行的事项，批转、转发公文。

（九）通报。适用于表彰先进、批评错误、传达重要精神和告知重要情况。

（十）报告。适用于向上级机关汇报工作、反映情况，回复上级机关的询问。

（十一）请示。适用于向上级机关请求指示、批准。

（十二）批复。适用于答复下级机关请示事项。

（十三）议案。适用于各级人民政府按照法律程序向同级人民代表大会或者人民代表大会常务委员会提请审议事项。

（十四）函。适用于不相隶属机关之间商洽工作、询问和答复问题、请求批准和答复审批事项。

（十五）纪要。适用于记载会议主要情况和议定事项。

第三章　公文格式

第九条　公文一般由份号、密级和保密期限、紧急程度、发文机关标志、发文字号、签发人、标题、主送机关、正文、附件说明、发文机关署名、成文日期、印章、附注、附件、抄送机关、印发机关和印发日期、页码等组成。

（一）份号。公文印制份数的顺序号。涉密公文应当标注份号。

（二）密级和保密期限。公文的秘密等级和保密的期限。涉密公文应当根据涉密程度分别标注“绝密”“机密”“秘密”和保密期限。

（三）紧急程度。公文送达和办理的时限要求。根据紧急程度，紧急公文应当分别标注“特急”“加急”，电报应当分别标注“特提”“特急”“加急”“平急”。

（四）发文机关标志。由发文机关全称或者规范化简称加“文件”二字组成，也可以使用发文机关全称或者规范化简称。联合行文时，发文机关标志可以并用联合发文机关名称，也可以单独用主办机关名称。

（五）发文字号。由发文机关代字、年份、发文顺序号组成。联合行文时，使用主办机关的发文字号。

（六）签发人。上行文应当标注签发人姓名。

（七）标题。由发文机关名称、事由和文种组成。

（八）主送机关。公文的主要受理机关，应当使用机关全称、规范化简称或者同类型机关统称。

（九）正文。公文的主体，用来表述公文的内容。

（十）附件说明。公文附件的顺序号和名称。

（十一）发文机关署名。署发文机关全称或者规范化简称。

（十二）成文日期。署会议通过或者发文机关负责人签发的日期。联合行文时，署最后签发机关负责人签发的日期。

（十三）印章。公文中有发文机关署名的，应当加盖发文机关印章，并与署名机关相符。有特定发文机关标志的普发性公文和电报可以不加盖印章。

（十四）附注。公文印发传达范围等需要说明的事项。

（十五）附件。公文正文的说明、补充或者参考资料。

（十六）抄送机关。除主送机关外需要执行或者知晓公文内容的其他机关，应当使用机关全称、规范化简称或者同类型机关统称。

（十七）印发机关和印发日期。公文的送印机关和送印日期。

（十八）页码。公文页数顺序号。

第十条　公文的版式按照《党政机关公文格式》国家标准执行。

第十一条　公文使用的汉字、数字、外文字符、计量单位和标点符号等，按照有关国家标准和规定执行。民族自治地方的公文，可以并用汉字和当地通用的少数民族文字。

第十二条　公文用纸幅面采用国际标准 A4 型。特殊形式的公文用纸幅面，根据实际需要确定。

第四章　行文规则

第十三条　行文应当确有必要，讲求实效，注重针对性和可操作性。

第十四条　行文关系根据隶属关系和职权范围确定。一般不得越级行文，特殊情况需要越级行文的，应当同时抄送被越过的机关。

第十五条　向上级机关行文，应当遵循以下规则：

（一）原则上主送一个上级机关，根据需要同时抄送相关上级机关和同级机关，不抄送下级机关。

（二）党委、政府的部门向上级主管部门请示、报告重大事项，应当经本级党委、政府同意或者授权；属于部门职权范围内的事项应当直接报送上级主管部门。

（三）下级机关的请示事项，如需以本机关名义向上级机关请示，应当提出倾向性意见后上报，不得原文转报上级机关。

（四）请示应当一文一事。不得在报告等非请示性公文中夹带请示事项。

（五）除上级机关负责人直接交办事项外，不得以本机关名义向上级机关负责人报送公文，不得以本机关负责人名义向上级机关报送公文。

（六）受双重领导的机关向一个上级机关行文，必要时抄送另一个上级机关。

第十六条　向下级机关行文，应当遵循以下规则：

（一）主送受理机关，根据需要抄送相关机关。重要行文应当同时抄送发文机关的直接上级机关。

（二）党委、政府的办公厅（室）根据本级党委、政府授权，可以向下级党委、政府行文，其他部门和单位不得向下级党委、政府发布指令性公文或者在公文中向下级党委、政府提出指令性要求。需经政府审批的具体事项，经政府同意后可以由政府职能部门行文，文中须注明已经政府同意。

（三）党委、政府的部门在各自职权范围内可以向下级党委、政府的相关部门行文。

（四）涉及多个部门职权范围内的事务，部门之间未协商一致的，不得向下行文；擅自行文的，上级机关应当责令其纠正或者撤销。

（五）上级机关向受双重领导的下级机关行文，必要时抄送该下级机关的另一个上级机关。

第十七条　同级党政机关、党政机关与其他同级机关必要时可以联合行文。属于党委、政府各自职权范围内的工作，不得联合行文。

党委、政府的部门依据职权可以相互行文。

部门内设机构除办公厅（室）外不得对外正式行文。

第五章　公文拟制

第十八条　公文拟制包括公文的起草、审核、签发等程序。

第十九条　公文起草应当做到：

（一）符合党的理论路线方针政策和国家法律法规，完整准确体现发文机关意图，并同现行有关公文相衔接。

（二）一切从实际出发，分析问题实事求是，所提政策措施和办法切实可行。

（三）内容简洁，主题突出，观点鲜明，结构严谨，表述准确，文字精练。

（四）文种正确，格式规范。

（五）深入调查研究，充分进行论证，广泛听取意见。

（六）公文涉及其他地区或者部门职权范围内的事项，起草单位必须征求相关地区或者部门意见，力求达成一致。

（七）机关负责人应当主持、指导重要公文起草工作。

第二十条　公文文稿签发前，应当由发文机关办公厅（室）进行审核。审核的重点是：

（一）行文理由是否充分，行文依据是否准确。

（二）内容是否符合党的理论路线方针政策和国家法律法规；是否完整准确体现发文机关意图；是否同现行有关公文相衔接；所提政策措施和办法是否切实可行。

（三）涉及有关地区或者部门职权范围内的事项是否经过充分协商并达成一致意见。

（四）文种是否正确，格式是否规范；人名、地名、时间、数字、段落顺序、引文等是否准确；文字、数字、计量单位和标点符号等用法是否规范。

（五）其他内容是否符合公文起草的有关要求。

需要发文机关审议的重要公文文稿，审议前由发文机关办公厅（室）进行初核。

第二十一条　经审核不宜发文的公文文稿，应当退回起草单位并说明理由；符合发文条件但内容需作进一步研究和修改的，由起草单位修改后重新报送。

第二十二条　公文应当经本机关负责人审批签发。重要公文和上行文由机关主要负责人签发。党委、政府的办公厅（室）根据党委、政府授权制发的公文，由受权机关主要负责人签发或者按照有关规定签发。签发人签发公文，应当签署意见、姓名和完整日期；圈阅或者签名的，视为同意。联合发文由所有联署机关的负责人会签。

第六章　公文办理

第二十三条　公文办理包括收文办理、发文办理和整理归档。

第二十四条　收文办理主要程序是：

（一）签收。对收到的公文应当逐件清点，核对无误后签字或者盖章，并注明签收时间。

（二）登记。对公文的主要信息和办理情况应当详细记载。

（三）初审。对收到的公文应当进行初审。初审的重点是：是否应当由本机关办理，是否符合行文规则，文种、格式是否符合要求，涉及其他地区或者部门职权范围内的事项是否已经协商、会签，是否符合公文起草的其他要求。经初审不符合规定的公文，应当及时退回来文单位并说明理由。

（四）承办。阅知性公文应当根据公文内容、要求和工作需要确定范围后分送。批办性公文应当提出拟办意见报本机关负责人批示或者转有关部门办理；需要两个以上部门办理的，应当明确主办部门。紧急公文应当明确办理时限。承办部门对交办的公文应当及时办理，有明确办理时限要求的应当在规定时限内办理完毕。

（五）传阅。根据领导批示和工作需要将公文及时送传阅对象阅知或者批示。办理公文传阅应当随时掌握公文去向，不得漏传、误传、延误。

（六）催办。及时了解掌握公文的办理进展情况，督促承办部门按期办结。紧急公文或者重要公文应当由专人负责催办。

（七）答复。公文的办理结果应当及时答复来文单位，并根据需要告知相关单位。

第二十五条　发文办理主要程序是：

（一）复核。已经发文机关负责人签批的公文，印发前应当对公文的审批手续、内容、文种、格式等进行复核；需作实质性修改的，应当报原签批人复审。

（二）登记。对复核后的公文，应当确定发文字号、分送范围和印制份数并详细记载。

（三）印制。公文印制必须确保质量和时效。涉密公文应当在符合保密要求的场所印制。

（四）核发。公文印制完毕，应当对公文的文字、格式和印刷质量进行检查后分发。

第二十六条　涉密公文应当通过机要交通、邮政机要通信、城市机要文件交换站或者收发件机关机要收发人员进行传递，通过密码电报或者符合国家保密规定的计算机信息系统进行传输。

第二十七条　需要归档的公文及有关材料，应当根据有关档案法律法规以及机关档案管理规定，及时收集齐全、整理归档。两个以上机关联合办理的公文，原件由主办机关归档，相关机关保存复制件。机关负责人兼任其他机关职务的，在履行所兼职务过程中形成的公文，由其兼职机关归档。

第七章　公文管理

第二十八条　各级党政机关应当建立健全本机关公文管理制度，确保管理严格规范，充分发挥公文效用。

第二十九条　党政机关公文由文秘部门或者专人统一管理。设立党委（党组）的县级以上单位应当建立机要保密室和机要阅文室，并按照有关保密规定配备工作人员和必要的安全保密设施设备。

第三十条　公文确定密级前，应当按照拟定的密级先行采取保密措施。确定密级后，应当按照所定密级严格管理。绝密级公文应当由专人管理。

公文的密级需要变更或者解除的，由原确定密级的机关或者其上级机关决定。

第三十一条　公文的印发传达范围应当按照发文机关的要求执行；需要变更的，应当经发文机关批准。

涉密公文公开发布前应当履行解密程序。公开发布的时间、形式和渠道，由发文机关确定。

经批准公开发布的公文，同发文机关正式印发的公文具有同等效力。

第三十二条　复制、汇编机密级、秘密级公文，应当符合有关规定并经本机关负责人批准。绝密级公文一般不得复制、汇编，确有工作需要的，应当经发文机关或者其上级机关批准。复制、汇编的公文视同原件管理。

复制件应当加盖复制机关戳记。翻印件应当注明翻印的机关名称、日期。汇编本的密级按照编入公文的最高密级标注。

第三十三条　公文的撤销和废止，由发文机关、上级机关或者权力机关根据职权范围和有关法律法规决定。公文被撤销的，视为自始无效；公文被废止的，视为自废止之日起失效。

第三十四条　涉密公文应当按照发文机关的要求和有关规定进行清退或者销毁。

第三十五条　不具备归档和保存价值的公文，经批准后可以销毁。销毁涉密公文必须严格按照有关规定履行审批登记手续，确保不丢失、不漏销。个人不得私自销毁、留存涉密公文。

第三十六条　机关合并时，全部公文应当随之合并管理；机关撤销时，需要归档的公文经整理后按照有关规定移交档案管理部门。

工作人员离岗离职时，所在机关应当督促其将暂存、借用的公文按照有关规定移交、清退。

第三十七条　新设立的机关应当向本级党委、政府的办公厅（室）提出发文立户申请。经审查符合条件的，列为发文单位，机关合并或者撤销时，相应进行调整。

第八章　附　则

第三十八条　党政机关公文含电子公文。电子公文处理工作的具体办法另行制定。

第三十九条　法规、规章方面的公文，依照有关规定处理。外事方面的公文，依照外事主管部门的有关规定处理。

第四十条　其他机关和单位的公文处理工作，可以参照本条例执行。

第四十一条　本条例由中共中央办公厅、国务院办公厅负责解释。

第四十二条　本条例自 2012 年 7 月 1 日起施行。1996 年 5 月 3 日中共中央办公厅发布的《中国共产党机关公文处理条例》和 2000 年 8 月 24 日国务院发布的《国家行政机关公文处理办法》停止执行。

参考书目

1. 陈合宜．秘书学．广州：暨南大学出版社，1997.

2. 杨元华等．秘书写作．上海：复旦大学出版社，2001.

3. 杨文丰．现代应用文书写作．北京：中国人民大学出版社，2001.

4. 劳动和社会保障部，中国就业培训技术指导中心．秘书国家职业资格培训教程．北京：海潮出版社，2003.

5. 彭继良．新编公文写作大全．南宁：广西人民出版社，1998.

6. 汪祥云，蒋瑞松．应用文写作．上海：上海交通大学出版社，2000.

7. 欧阳周．实用文秘写作教程．长沙：中南工业大学出版社，1998.

8. 于成鲲．现代应用文．上海：复旦大学出版社，2003.

9. 梁福有．应用写作．北京：中国农业出版社，2002.

10. 阳晴．新编实用文体大全．北京：气象出版社，2002.

11. 张洁．新编办公室文秘写作大全．北京：光明日报出版社，2002.

12. 郭庆，恩奎．生活礼仪文书写作与范例．广州：华南理工大学出版社，2003.

13. 吴俊．大学写作．上海：华东师范大学出版社，2003.

14. 沈黔．公文写作．昆明：云南大学出版社，2002.

15. 刘海涛，金长民．写作学新教程．南京：南京大学出版社，2002.

16. 陈家生．写作．北京：高等教育出版社，1999.

17. 刘明华，徐泓，张征．新闻写作教程．北京：中国人民大学出版社，2003.

18. 金振邦．阅读与写作．北京：中央广播电视大学出版社，2002.

19. 徐中玉．大学写作．上海：复旦大学出版社，2004.

20. 阳晴．新编实用文体大全．北京：气象出版社，2002.

21. 何坦野．应用文体辨析．杭州：浙江大学出版社，2004.

22. 魏璇．水利水电工程施工组织指南．北京：中国水利水电出版社，1999.

23. 中华人民共和国国土资源部．土地开发整理标准．北京：中国计划出版社．

24. 黄风春．土地开发整理工程质量指标体系的制定．福建省国土资源厅网站，2005.

图书在版编目(CIP)数据

应用写作教程/邓志强主编．—2版．—合肥：合肥工业大学出版社，2017.12(2023.7重印)
ISBN 978-7-5650-3707-8

Ⅰ.①应… Ⅱ.①邓… Ⅲ.①汉语—应用文—写作—教材 Ⅳ.①H152.3

中国版本图书馆CIP数据核字(2017)第308556号

应用写作教程(第2版)

主　编　邓志强　　　　　　　　　　　责任编辑　王　磊

出　版	合肥工业大学出版社	版　次	2014年11月第1版
地　址	合肥市屯溪路193号		2017年12月第2版
邮　编	230009	印　次	2023年7月第4次印刷
电　话	艺术编辑部：0551-62903120	开　本	787毫米×1092毫米　1/16
	市场营销部：0551-62903198	印　张	16.5　　字　数　406千字
网　址	press.hfut.edu.cn	印　刷	安徽昶颉包装印务有限责任公司
E-mail	hfutpress@163.com	发　行	全国新华书店

ISBN 978-7-5650-3707-8　　　　　　　　　　　定价：45.00元